多文化共生時代の
英語教育

森本俊・佐藤芳明／編著

田中茂範・阿部一／監修

IIZUNA SHOTEN

はしがき

　平成26年12月に公表された中央教育審議会の『新しい時代にふさわしい高大接続の実現に向けた高等学校教育，大学教育，大学入学者選抜の一体的改革について』の答申において，「グローバル化の進展の中で，言語や文化が異なる人々と主体的に協働していくためには，国際共通語である英語の能力を，真に使える形で身につけることが必要」(p. 7) であるという提言がなされた。ここに示されているように，われわれが生きるグローバル社会は，言語的・文化的背景や価値観の異なる人々が共生する「多文化共生社会」であり，そこでは英語が「国際共通語」として用いられている。そして「真に使える英語力」を身につけることが，グローバル人材の育成において中心的な課題となる。

　このような状況を踏まえ，現在わが国の英語教育では，数多くの改革が行われている。小学校においては，平成32年度より外国語活動の開始が第3学年に引き下げられ，第5学年から英語が教科化されることとなった。中学校・高等学校においては，「英語の授業は英語で行う」という方向性が打ち出されており，各学校は学習指導要領に基づき，英語教育の到達目標を「can-doリスト」の形で設定し，公表することが求められている。また，高等学校においては，平成26年度よりスーパーグローバルハイスクール（SGH）事業が実施されており，指定校ではグローバル人材を育成するための多様な教育プログラムが展開されている。大学入試においても，TOEICやTOEFL，英検，IELTSをはじめとする外部試験の積極的な活用や，センター試験に代わって実施される「大学入学共通テスト」におけるいわゆる四技能あるいは五領域を総合した試験のあり方などが日々議論されている。大学においては，日本国外の大学との連携などを通じて，世界水準の教育研究を行う「グローバル大学」を指定し，財政的援助を行う「スーパーグローバル大学創成支援」事業が実施されている。以上のような各学校種での改革に加え，学校種間の接続（小・中連携，中・高連携，高・大連携）をどのように図るかについても様々な教育実践が行われている。

　以上の取り組みは，実践的な英語コミュニケーション能力の育成に資するものである。しかし，ここでおさえておかなければいけないのが，英語力はグローバル・パーソンにとって必要条件であるものの，十分条件ではないという点である。多文化共生時代を生きるグローバル・パーソンには，文化や言語，利害や関心などが異なる人々とのやりとりにおいて，自己の意見を明確かつ主体的に伝える「たくましさ」と，違いを乗り越え創造的な合意形成を図る「しなやかさ」が求められるからである。したがって，英語教育は「たくましさと

しなやかさを兼ね備えたグローバル・パーソンの育成」という高次の目標の中に位置づけられなければならない。以上の前提に立ち，これからの英語教育のあり方をめぐる議論を真に実り多いものにするためには，以下の問いに対して明確な答えをもたなければならない。

- 多文化共生社会とはどのような社会であるのか。
- 多文化共生社会を生きるグローバル・パーソンには，どのような資質が求められるのか。
- 多文化共生時代に求められる「英語力」とはどのような力なのか。
- 真に使える英語力を育むためには，何を（WHAT）どのように（HOW）指導し評価する（ASSESSMENT）ことが求められるのか。

　本書の目的は，以上の問いを考察することを通し，多文化共生時代における英語教育のあり方について提言を行うことである。

　本書は，4つのパートから構成されている。Part 1「多文化共生時代を生きる」では，第1章において本書を貫くテーマである「多文化共生時代」とはどのような状況であり，それを生きていくグローバル・パーソンにはどのような資質が求められるのかを素描する。第2章では，これまでの英語教育学の歩みを振り返り，理論と実践の架橋の可能性について論じる。第3章では，英語教育を通して育成を図る「英語コミュニケーション能力」を，言語リソース（Language Resources）とタスク処理（Task Handling）の相互作用として動態的にとらえる理論的枠組みを提示する。

　Part 2「Language Resources論——語彙力・文法力・慣用表現力」では，言語リソースを構成する語彙（第4章，第5章），文法（第6章）および慣用表現（第7章）に焦点を当て，それらをどのようにとらえ，学習・指導を通してリソース化していくのかを，理論と実践両面から議論する。

　Part 3「英語力を育むための実践的指導」では，英語教育をめぐる様々なトピックをオムニバス的に取り上げ，多角的な視点から学習・指導のあり方を探究する。第8章では，授業の根幹を成すエクササイズをデザインする際に求められる理論的枠組み（エクササイズ論）を素描する。第9章では，われわれがA New Communicative Wayと呼ぶ，教科書を使った新たな指導法を提案する。続く第10章では，コミュニカティブな活動を牽

引する発問を取り上げ，発問力・応答力を鍛える指導について議論を行う。第11章では，チャンクおよびチャンキングという概念を提示し，それらを活用した指導のあり方を探究する。第12章は，グローバル・パーソンに求められる創造的合意形成を導く力を育成するために必要不可欠な，スピーチ，ディスカッション，ディベートを軸とした授業実践について取り上げる。第13章および第14章では，映画や洋楽の歌詞を素材にした授業展開の可能性について，具体的な指導事例を提示しながら考察する。第15章では，英語教育におけるアクティブ・ラーニングとICTの活用について，第16章では，CALLとMALLに焦点を当てて，ICTを活用した英語学習について取り上げる。第17章では，通訳や翻訳の知見を応用した英語教育の可能性を模索し，第18章では，表現モードとしての声の鍛え方について掘り下げ，第19章では，文章作成力を育成するための指導のあり方を探究する。

Part 4「カリキュラム・シラバス・評価のあり方」では，英語教育を語る上で欠かすことのできない「カリキュラム・シラバス論」（第20章）と「評価論」（第21章）を取り上げる。ここでは，第3章で提示したコミュニケーション能力の理論を，カリキュラム・シラバスおよび評価とどのように接続することができるかが主要なテーマとなる。

以上の4パート，21章の議論を通し，多文化共生時代を生きるグローバル・パーソンに求められる英語力の育成を，どのように教育現場で実践していくことが可能かを探求していきたい。本書は，中学校・高等学校をはじめとする教育現場において英語教育に携わっておられる先生方に加え，英語教育に関心をもつ一般の読者を念頭に置いている。執筆にあたり，学術的な議論に終始せず，豊富な指導事例を通して内容を理解していただけるよう心掛けた。

本書は，「これからの時代に求められる英語教育のあり方を示していただきたい」という株式会社いいずな書店の前田道彦社長からの要請に応え，ALIPS (Applied Linguistics in Practice Society) が行った研究の成果をまとめたものである。最後に，田中茂範先生および阿部一先生には，本書の基本的な枠組みを示すだけでなく，監修者として多くの貴重なコメントを頂いた。執筆陣を代表し，ここに心からの謝意を表したい。

平成29年7月

森本　俊・佐藤　芳明

目次

はしがき ……………………………………………… 3

目次 ……………………………………………………… 6

Part 1 　**多文化共生時代を生きる** …………………………… **9**

　第1章　多文化共生時代の英語教育――多文化共生状況を生きる
　　　　　ために求められるもの（田中茂範）……………… 10

　第2章　英語教育学と英語教師（阿部 一）………………… 19

　第3章　英語力とは何か――言語リソースとタスク処理
　　　　　（森本 俊・田中茂範）………………………………… 28

Part 2 　**Language Resources論**
　　　　　――語彙力・文法力・慣用表現力 ……………… **41**

　第4章　基本語力を育む（中村俊佑）………………………… 42

　第5章　拡張語彙力を育む（佐藤芳明・佐藤 健）………… 58

　第6章　文法力を育む（弓桁太平）…………………………… 72

　第7章　慣用表現力を育む（中村俊佑）……………………… 87

Part 3 　**英語力を育むための実践的指導** ……………… **105**

　第8章　英語教育のエクササイズ論（森本 俊・田中茂範）… 106

　第9章　教科書を使ったコミュニカティブな指導
　　　　　――A New Communicative Way（田中茂範）……… 121

　第10章　コミュニカティブな英語教育における発問力（田中茂範）
　　　　　…………………………………………………………… 137

| 第11章 | チャンキング的発想を活かした指導（北村友宏・田中茂範）………… 149 |

| 第12章 | 自己表現力・対話力を鍛える指導（川村正樹・田中茂範）………… 161 |

| 第13章 | 映画テクストを使った文法指導（田中茂範）………… 176 |

| 第14章 | 洋楽歌詞を使った文法指導（佐藤芳明）………… 193 |

| 第15章 | 英語教育におけるアクティブ・ラーニングの実践とICTの活用（森本 俊）………… 207 |

| 第16章 | ICTを活用した英語学習——CALLとMALLに焦点を当てて（吉原 学・森本 俊）………… 220 |

| 第17章 | 通訳・翻訳活動を活かした英語学習（河原清志）…… 233 |

| 第18章 | 表現モードとしての声を鍛える（阿部 一・石原佳枝）………… 252 |

| 第19章 | 文章作成力を鍛える（佐藤芳明）………… 264 |

Part 4　カリキュラム・シラバス・評価のあり方 ………… **279**

| 第20章 | カリキュラム・シラバス論（森本 俊）………… 280 |

| 第21章 | 評価論（森本 俊）………… 293 |

あとがき ………… 308

参考文献 ………… 310

さくいん ………… 322

執筆者一覧 ………… 335

Part 1

多文化共生時代を生きる

第1章

多文化共生時代の英語教育
多文化共生状況を生きるために求められるもの

本章のポイント

（1）多文化共生を議論する際，「個が直面する文化」を踏まえた「多文化を生きる」という視点が求められる。

（2）英語教育における高次の目標は，多文化を生きる状況において，一人ひとりの生徒がたくましく，そしてしなやかに人生を切り拓いていけるようなグローバル・パーソンとして育つことを支援することである。

（3）グローバル・パーソンには，人間の尊厳を大切にし，世界的視野で考え行動でき，多様な人たちと創造的な協働を行う資質が求められる。

キーワード

多文化共生，たくましさ，しなやかさ，個の視点，直面する文化

■ はじめに ― 多文化共生状況とは何か

　英語教育の現在を考えるにあたり，「多文化共生」がキーワードになる。「多文化」とは，グローバリゼーションの加速化に伴い，遭遇する人々の文化的背景が多様化していることを意味するコトバである。以前は，英語を教える際に，米国や英国を念頭に置き，日本対米国のようなbiculturalな関係に注目してきた。しかし，今や，筆者の大学の一日を思い起こしても，アメリカ人やインド人，コンゴ人，インドネシア人，中国人などと出会う機会がある。まさに，多文化が日常の中に入り込んでいる状況である。英語についても「外国語としての英語」という意識から「国際語としての英語」という意識にシフトし，bi- の関係はmulti- の関係へと変化してきているのが現状である。

　多文化は，当然，多様性（diversity）と結びつく。そして，多様性は個性の，そして創造性の源泉であるが，同時に利害や価値の対立を生む可能性をも孕んでいる。生物多様性（biological diversity）の議論に見られるように，多様性を失うということは生物の存続や生態系の破壊と関わる問題であり，自然かつ必要な現象である。しかし，同時に多様性とは「違いがたくさんある」ということであり，違いに対しての寛容さが十分でなかったり，その違いが利害に結びついたりする場合には，対立（conflict）に繋がる。

　そこで，多文化状況にあって求められるのが「多様性を抱え込んだ共生」という概念である。平成26年の中教審による「高大接続」に関する答申でも，この多文化状況を念頭に，

多様な人々と「協働する力」が教育の柱の1つとして掲げられている。多文化の中で共生するためには，協働する力が不可欠となるからである。しかし，ここで「共生」とはどのようなことかを考えておかなければならない。

「共生」は英語にすれば"living together"となるが，いわゆる「共棲（symbiosis）」と区別するため，"conviviality"という英語を用いることがある（井上，1986）。多文化共生という考え方の背景には，動物世界に見られるような「棲み分け」の発想はない。それぞれの縄張りを荒らさないで共に生きるというのが棲み分け，すなわち共棲である。自然界では棲み分けが基本的に機能する。しかし，人間が関与するとそうはいかない。絶えることのない地域紛争がそれを物語っている。ビジネスにおいても，「競争」という名の下の「戦い」が繰り広げられ，勝ち負けが生まれている。グローバル化は棲み分けの境界線を取り払い，「いつでも，どこでも，誰とでも」という多文化状況を生み出している。では，そういう状況の中で共生するとはどういうことか。これを考えることが，多文化共生時代の英語教育の目標を定める上で必要である。

本来は「饗宴」と関連のある"conviviality"という言葉を「異質の他者」を想定して再定義したのが，社会学者Ivan Iliich (1973) である。イリイチは次のように説明している。

I intend it [conviviality] to mean autonomous and creative intercourse among persons, and the intercourse of persons with their environment. （"conviviality"という用語を使うことで私が意図しているのは，人々の自律的で創造的なやり取りであり，人々の自らが置かれた環境とのやり取りである。）

ここで言うpersonsは「様々な人たち」である。仲間同士の閉じた空間ではなく，異質の他者にも開かれた空間内での創造的なやり取りがconvivialityなのである。異質の他者とのやり取りは必然的に自律的で，創造的なものにならざるを得ない。予定調和的にはやり取りが展開しないからである。すなわち，異質の他者と切磋琢磨しながら対立（利害対立・価値対立）を乗り越え，双方が承諾できるようなアイディアを生み出し，よりよい社会を形成するという意味合いが"conviviality"という用語には含まれているのである。

さて，アナン前国連事務総長は2013年に"Pluralism: A key challenge of the 21st century"と題した演説をオタワで行った。その中で彼は次のように述べている。

"If diversity is seen as a source of strength, societies can become healthier, more stable and prosperous. …. We have to promote dialogue to combat fear, intolerance and extremism." （もし多様性が力の源泉としてみなされるなら，社会はより健全に，より安定的に，そして繁栄したものになるだろう。〈中略〉われわれは恐れ，非寛容，そして過激主義と戦うために対話を促進しなければならない

第1章　多文化共生時代の英語教育──多文化状況を生きるために求められるもの

のである。)

　アナン氏は，一方で「多様性」の大切さを認めながらも，同時に多様性は偏見や紛争の引き金でもあり，多様性を豊かな社会の「力」にするためには，対話が必要であることを強調している。

　英語を使う状況は多文化状況であり，そこでは違いとどう向き合うかという問題が出てくる。そこで多文化共生時代において，個人一人ひとりが多文化をどう生き，夢を開花させていくかという視点が英語教育のデザインには必要である。すなわち，英語は「グローバル言語」としての役割を担う言語であり，「英語が使える日本人」の育成を掲げる英語教育は，「多文化を生きる」と同様に「多文化共生」という視点を欠くわけにはいかないということである。なお，「多文化を生きる」は，「多文化の中を生きる」とはいささか意味合いが異なる。「多文化を生きる」という言い方は，多文化と向き合いつつ生きるという「個が直面する状況」を念頭に置いている。英語で言えば living multiculturalism となる。一方，「多文化の中を生きる」における多文化とは「生活のコンテクスト」を念頭に置いている。英語にすれば living in multiculturalism である。われわれは，「多文化を生きる」というスタンスに現実味があると考えている。

英語教育の高次の目標

　多文化を生きるためには，異なるものとの共生を実践する必要がある。そこで，英語教育の高次の目標を掲げると，以下のようになる。

「多文化を生きる状況において，一人ひとりの生徒がたくましく，そしてしなやかに人生を切り拓いていけるようなグローバル・パーソンとして育つことを支援すること。」

　多文化を生きる状況では，異なるものに対してどう対応し，違いとどう向き合うかが最大のポイントとなる。中高の英語教育の文脈で言えば，異なる文化をどうとらえるかという問題と関連する。これまで「言語は文化なくしては語れない」という常識があり，かつては，英語を学ぶということは，その言語が使われる文化を学ぶことであるという見方が優勢であった。そして，それは，英語の適切さを決める規範（言語規範）も英語が使われる文化が決めるものであるという見方を伴っていた。しかし，多文化状況では，言語と文化の対応関係を想定することが難しい。英語という1つの言語を共通語として，異なる文化を背景にする者同士が使うというのが実情だからである。例えば，コンゴ共和国の出身者と日本人が英語で会話をする場面で，アメリカ文化の規範云々は意味を成さない。これが多文化で英語を使うということである。

　以前，C. W. ニコル (Nicol) 氏に英語検定教科書の導入の課の書き下ろしをお願いし

たことがあった。依頼したのは「国際人（international person）」についてであったが、ニコル氏が提出した原稿は「地球人（earth person）」に関するものであった。彼によると「国際」という概念には国があり、国を越えていく発想が“international”にはある。そして、国際人になるためには、自国と他国の文化・歴史・価値観を学び、理論武装しなければならない。しかし、ニコル氏は、「自分は国際人になるよりも、地球人でありたい」と原稿の中で述べている。“earth”には「地球」の意味があるが、「球体としての地球（globe）」や「国境で分けられた多数の国からなる地球［世界］（world）」ではなく、「植物が育ち、人が立つことができる土地を意識した地球」である。そして、地球人として生きるためには、知らない土地でたとえ相手に笑われても、一緒に笑えばよいと言う。知ったかぶりをする必要はない。相手とともに食事をし、違いの楽しみ方を学んでいけばよいのだと。そして、論を締めくくるにあたりニコル氏は、出身地ウェールズの次の諺を引用している。

“He who wears armor falls with a big crash!”

そして、That means that if you try to protect yourself too much, you will only make bigger mistakes. と続けている。いくら理論武装しても限界があるし、理論武装をしすぎると自然な振る舞いができなくなってしまう。そこで、国際人としてではなく、同じ地球人として向き合い、やりとりをすることを通して、人間関係を創り上げていくことが大切だという主張である。

これは、まさに多文化共生時代で求められるグローバル・パーソンの姿を表しているように思われる。それは、「個の視点をもつ」ということ、つまり個として他者と向き合うということである。

個の視点

多文化共生状況においては、文化同士が共生するわけではない。異文化間コミュニケーションにおいて、文化同士がコミュニケーションするわけではないことと同様である。しかし、われわれは「異文化コミュニケーション」と聞くと、「異文化」に関心が向かい、個への関心が薄れることがある。コミュニケーションをするのは人と人であり、共生するのも人と人である。そこで、英語教育の高次の目標設定を行う際には、「個の視点」をもつことが極めて重要となる。そして、個の視点を採用した場合、多文化における「文化」の概念も変化することに気づく必要がある。

英語教育では、英語の指導を行う際に、言語だけでなく、文化にも注目しなければいけないと言われてきた。そこで、「米国（西洋）ではこれこれしかじかである」という説明が行われることがあった。しかし、国際語としての英語という観点からは、言語と文化の対応を想定することはできない。そこで、多文化共生時代における「文化」の意味を明らかに

第1章 多文化共生時代の英語教育——多文化状況を生きるために求められるもの

しておく必要がある。

　通常，文化論を展開する際には，「そこにある文化」が前提になる。「そこにある文化」は，従来の文化人類学の研究対象としての文化であり，文化内での行為の分析を通して文化の構造やパターンを抽出するという試みがなされている。それは，観察対象，分析対象としての文化である。われわれが，「日本文化」や「タイ文化」，「アメリカ文化」などについて文化論を展開する場合は，たいてい，風俗・習慣・価値観などの目録として文化が特徴づけられ，その目録を構成する原理を構造やパターンとして抽出する。例えば「日本文化論」を論じる鍵概念として「甘え」や「粋」，「縦社会・横社会」などが用いられるのがその例である。しかし，ここでいう文化はどこまでいっても「集合概念」としての文化であって，「○○文化論」として記述されたものはひとつの言説に他ならない。さらに言えば，現象から読み取られた構造や傾向というものは，一般化された何かであり，平均化された何かである。平均は個性を捨象しているが故に，個人を代表し得ない。これがいわゆる「ステレオタイプ」の問題と繋がる。「九州男児は…だ」や「最近の日本の若者は…だ」というのは一般化された物言いであり，それは時に偏見の原因にもなる。上でニコル氏が「理論武装（armor）」の表現を用いて意図したのは，まさにこの個別性を捨象し一般化された知識の落とし穴である。

　一方，多文化を生きる個人は「そこにある文化」ではなく，「直面する文化」を経験する。そして，「直面する文化」とは，個人が「今・ここ」のコンテクストにおいて直面する何かである。それは，個別具体的な風景や人工物であることもあるが，重要なのは直面する「人」である。すなわち，ここで言う「直面する文化」とは「他者」のことであり，その他者がもたらす違い（他者の他者性）が文化に他ならない。多文化を生きるとは，まさしく，他者がもたらす違いとどう向き合うかということになる。

　では，「そこにある文化」と「直面する文化」を区別することがどうして必要なのであろうか。それは，「個の問題」と「文化の問題」を切り分けることが，多文化をたくましく，そしてしなやかに生きていく上で求められる課題だからである。具体例として，タイに赴任したJICA（国際協力機構）の中村さん（仮名）の場合を考えてみよう。彼は相手国の受け入れ担当者であるタイ人のタンさん（仮名）と出会い，しばらくの間，両者は良好な関係を保っていた。しかし，あることがきっかけで，中村さんはタンさんのことが徐々に信用できなくなる。具体的には，一緒にプロジェクトをするはずだったがすぐ諦め，粘りがなくやる気を示さないことや，スタッフ会議の時刻に平気で遅れて現れるといったことが度重なった。そして，中村さんは，「タイ人はこうだから困る。こうした場合，日本では〜なのに」と呟き，問題を文化の違いとして理解し，納得しようとし始める。中村さんからしてみると理解できない行動だが，文化の違いを持ち出すことで，納得を得ることができる。しかし，ここで起こっているのは，個の問題と文化の問題のすり替えである。一度，文化問題として納得してしまえば，個の問題の解決の糸口が見えなくなり，問題解決は遠のくだけとなる。

14

Part 1 多文化共生時代を生きる

「タイ人は〜だ」という文化記述は，ステレオタイプである。ステレオタイプは平均化された概念であるが故に，個人へ適用しようとしても，うまくいかない。ステレオタイプが偏見や差別を誘発するというのはそのためである。そして，最悪の場合，中村さんはタイ文化の中でカルチャーショックを受け，タイ人のことを信じられなくなるということが起こり得る。これは，英語教育が目指すグローバル・パーソン像の対極にある事例である。

多文化を生きるには，あくまでも「個の視点」を堅持することが必要である。上の事例は，個の問題を文化の問題に置き換え，文化の違いを持ち出すことで，一応の納得を得るという構造を示している。しかし，ここで個の視点を堅持するということは，具体的にどのようなことだろうか。上の事例においては，「確認作業」を怠らないことである。相手の意図がわかれば，行動の意味づけも変わるはずである。固定的な思考の枠組みをしなやかに変えていくには確認作業が不可欠となる。

他者とのやりとりにおいて自己の常識を問い直す態度をもたなければ，相手の常識もわからないし，新たな常識を共有することもできない。換言すると，「意味世界の再編成」が必要なのであるが，そのためには，次のような問いかけが有用であると精神科医レインら（Laing, Phillipson & Lee, 1966）は述べている。

①あなたはXをどう思っているか
②相手はXをどう思っているか
③あなたがXをどう思っていると相手は思っているか

この相互的な確認作業が必要なのは，やりとりの連鎖の中で，「空想」が関係するからである。人は，他者の言動には何らかの意図があると信じ，それを解釈しようとするが，相手の意図は直接見たり，聞いたりすることはできない。そこに，「空想」が入り込む。そして，その空想を承認したり，棄却したりするためには，相手との確認作業が必要となる。ステレオタイプの導入は，上の確認作業の①の段階で行われる。そして，ステレオタイプを援用して状況を解釈し，納得しようとするのではなく，②と③の確認作業まで進めば，自らの解釈を調整することができるのである。これがグローバル・パーソンに求められるしなやかな意味づけである。

①で「『タンさんは時間を守らないルーズな人だ』と私は考えている」が得られ，「タイ人は時間にルーズだ」というステレオタイプをもつかもしれない。また，プロジェクトを簡単に放り出したことから「タイ人はすぐ諦め，粘りがない」というステレオタイプをもつかもしれない。しかし，②の確認作業をすることで，以下のような確認ができたとしよう。

時間に遅れること：タンさんにとって大切なのは「人生を楽しむこと（サヌック（楽しい）とサバイ（心地よい））」であり，「時間の奴隷にはなりたくない」と考え，「ゆったりとした時

15

第1章 多文化共生時代の英語教育──多文化状況を生きるために求められるもの

間の流れの中で生活」している。

すぐ諦め，粘りがないこと：タンさんは不快なことに固執したくないと考えており，無理だと考えたら弾力的にそれに対応するという生き方をしてきた。

　タンさんの言動に対する中村さんのネガティブな意味づけは「時間を遵守し，最後まで諦めない」ということを肯定的に受け止める日本人的な価値観（常識）に裏打ちされたものである。しかし，タイ人の側から見たとき，中村さんの意味づけ方は，タイ人を適切に記述するものであるという保証はない。常識が常識として通じないのである。そこで，相手の感じていることを確認するのが確認作業の②である。そして，②を通して，「自分は今こう理解しており，こういう気持ちである」とリアクションを行うのが確認作業③である。

　通常は，相手の意図を確認する作業②までで十分だろう。ここで重要なことは，多文化状況では，思い込みが誤解を生み，それが人間関係をぎくしゃくさせ，破綻させる可能性があるということである。そこで，相互に確認することで，やりとりの拠り所となる共通の基盤を築くことができ，それが信頼関係の構築につながるのである。日本人同士のやりとりでも，会話がもつれ，迷走することがある。また，誤解（空想）が致命的な問題につながることがある。そこで，「確認をする」という行為は不可欠であり，多文化状況においてはなおさらである。

■ グローバル・パーソンに求められる資質

　グローバル・パーソンは「たくましさ」と「しなやかさ」を備えた存在でなければならないと上で述べた。ここでは，少し別の角度からグローバル・パーソン像を描いてみたい。

　グローバル・パーソンは，多文化共生の実践者である。そして，理念的には，われわれが考えるグローバル・パーソンとは，「人間の尊厳を大切にし，世界的視野で考え行動でき，多様な人たちと創造的な協働を行うことができる人」のことを指す。このグローバル・パーソンの定義には「人間の尊厳」「世界的視野」「創造的協働」という3つのキーワードが含まれている。われわれは，これらのキーワードはグローバル・パーソンに求められる資質であると同時に，教育の目標でもあると考える。それぞれのキーワードの意味を簡単に説明しておこう。

　第一に，「人間の尊厳」は「生命や身体，名誉，プライバシー，良心，思想，信条といった，尊く，厳かで，侵してはならない人間としての価値」であり，他者との関わりにおいて最も重要な原理（倫理）である。尊厳には「国家の尊厳」や「民族の尊厳」といった集合レベルの尊厳もあるが，われわれが問題にするのは「個人の尊厳」である。それは善し悪しや，優劣の比較を超えた普遍的価値であり，それを尊ぶ「行為」によってのみ創造される「実践的価値」である。異なる者に向き合う際に，この原則は絶対的に重要なものである。い

わゆる偏見と戦う手段が「人間の尊厳」ということの実践である。これは極めて困難な課題であるが，高次の教育目標としては掲げておく必要があるだろう。

第二に，「世界的視野」は，「今・ここ」の視座（standpoint）から世界を幅広くとらえる視野（horizon）である。そして「今・ここ」の立ち位置（ローカル）から世界的視野（グローバル）を得るための原理が「視点」（perspective）である。新たな視点を得ることで，新たな地平を拓くことが可能となる。ここで言う「世界的視野」とは，単に同心円状に広がる空間としてのイメージではなく，多様な世界（多様な焦点をもつ世界）を内包する空間のイメージである。つまり，多文化を内包した視野を広げることが，ここで言う「世界的視野」を得ることである。生徒が世界的視野をもつようにするためには，生徒の立ち位置（視座）に新たな視点を提供することで，見える世界（視界）が変わるということを教育の中で実践していくことが必要である。

第三の「創造的協働」は，様々な対立を乗り越えるために生産的なコミュニケーションを行い，当事者同士が受諾可能と考える魅力的なアイディアを導き出す行為である。多文化状況では様々な課題と向き合わなければならず，社会問題の解決は実効性のあるアイディア（ヴィジョン・政策案）を必要とする。そのためには，解決を阻害している難所を突き破るアイディアが求められる。しかし，そうしたアイディアを生み出すには，固定観念からの解放や，その組み換えが必要となってくる。それが，ここで言う「創造」である。しかし，創造と言っても，グローバル・パーソンは，単独で何かを創造するのではない。様々な背景をもつ人々とのコラボレーション（協働）の中で，皆が納得できる形で，問題を解決していくことが求められるのである（田中・深谷，1997）。

創造的協働を行うのに必要なのが対話力，すなわち，ディスカッションを行う力である。ディスカッションは，個々人がアイディアや情報を持ち寄って，新たなアイディアを共に創る創造的な営みである。個のアイディアの総和以上の，価値のあるアイディアを生み出す行為がディスカッションである。ディスカッションはアイディアの共創を可能にするだけでなく，その言語化・共有化においても重要な役割を果たす。

グローバル社会では，社会課題を解決するために，異なった考えをもつ者が一堂に会し，互いの固定的な思考の枠組みがもつ制約を乗り越えて，それぞれの思考を生産的・創造的に再編成することが求められる。ディスカッションは，生産的で創造的なアイディアを創出し，共有する場である。ディスカッション力をどう鍛えるかという問題については，第12章で詳しく議論することとする。

おわりに

英語教育を実践する教師は，高次の目標をしっかりともち，それに向かって教育実践を行わなければならない。そのためには，英語が使用される状況を理解し，その中で英語を使用するために求められるものが何であるかを考える必要がある。そこで，本章では，

多文化共生の中で英語を使用する状況を設定し，英語教育は「たくましさとしなやかさを備え，人間の尊厳を尊び，世界的視野で物を考え，多様な人々と創造的な協働を実践できるグローバル・パーソン」の育成の一助となるものでなければならないと述べた。もちろん，生徒一人ひとりが将来活躍する状況は異なるし，ここで設定したようなモデルが個別に必ずしもうまくフィットするわけでない。しかし，英語教育が英語力の育成を目指す以上，「なぜ英語か」「どういう状況で英語を使うのか」という問題設定を行い，その中で高次の目標を設定しなければならない。

（田中茂範）

■ 読書案内

田中茂範 (2016).『英語を使いこなすための実践的学習法: my English のすすめ』大修館書店.

筆者の英語教育観をコンパクトにまとめた書であり，本書を貫く編集原理と軌を一にするものである。本書と併せて読んでほしい書。

第**2**章

英語教育学と英語教師

本章のポイント

- （1）理論と実践は英語教育を駆動する両輪であり，いずれかを欠いて英語教育を語ることはできない。
- （2）指導法を表面的に採り入れるのではなく，その背後にある理論を理解しなければならない。
- （3）英語教育に万能薬はなく，教員は理論や実践を通した様々な知見を組み合わせて最適な方法を模索しなければならない。その際，「原理に基づいた折衷主義」（principled eclecticism）という考え方を採るべきである。

キーワード

英語教育学，英語教師，理論と実践，原理に基づいた折衷主義

はじめに

　英語教育を語る上で，理論は主に研究者が行うもので，実践するのは現場の教員という構図を思い描くことが多い。研究者の間には，経験的な勘に基づく指導はあくまでも教員個人に拠るものであり，科学的に検証されたものとしてみなすことはできないという考え方もある。一方，現場の教員の間には，理論は実際の現場においては役に立たず，現場での指導経験が乏しい研究者が論じたところで，それは理想論に過ぎないという意見も聞かれる。大学や大学院で英語教育学を学び，教師として教壇に立った者が，着任当初は理論をいかに応用するかについて情熱を燃やすが，時が経つにつれてそれが薄れていくといったことも往々に耳にする。

　では，英語教師にとって，理論は不要なのであろうか。いわゆる達人やカリスマ教師のテクニックを真似すればよいのであろうか。答えは否である。英語教育において理論と実践は切っても切れない関係にあり，両者が有機的，相互補完的に結びついたところに目指すべき英語教育の姿がある。理論があるからこそ，どのような指導法が学習者にとって有効であるのかを検証することができ，実践があるからこそ，理論の構築や検証が可能になるのである。

　本章では，以上の問題意識を基に，まず英語教育を語る背景知識としてこれまでの英語教育学の歩みを概観したい。コミュニカティブ・アプローチ（communicative approach）が主流となっている今日の英語教育が，どのような変遷を経てきたのかを理

第2章 英語教育学と英語教師

解することは，英語教師にとって必要不可欠である。そして，英語教師がどのようなスタンスで理論と日々の教育実践を架橋すべきかについて論じることとする。

オーディオ・リンガル・メソッドの隆盛

1950年代から60年代にかけ，英語教育で隆盛を極めたのが，オーディオ・リンガル・メソッド（audio-lingual method）と呼ばれる教授法である。オーディオ・リンガル・メソッドは，Charles Friesを筆頭に当時「科学的な」外国語教育方法論としてみなされたものである。

オーディオ・リンガル・メソッドの理論的基盤を提供したのが，Bloomfieldの構造主義言語学（structural linguistics）と，SkinnerやAllportに代表される行動主義心理学（behavioral psychology）である。構造主義言語学は，言語を構造のパターンとしてとらえ，言語間の差異を強調する立場を採った。この考え方に基づいて提唱されたのが，対照分析（contrastive analysis）という手法である（Lado 1957）。対照分析は，母語と第二言語の相違点を比較することを通し，学習を促進あるいは阻害するパターンを予測し，記述することを目標とした。両言語の比較は音素や形態素，文法，談話，語用論といった側面からなされ，母語と第二言語が一致する（congruent）項目においては学習が促進され，両者が異なったり（divergent），どちらかの言語に対応するものがなかったりする（zero）項目においては，学習が阻害されると予測された。この考え方に基づき，教材は対象言語を科学的に記述し，母語との相違点を明確にしたものであるべきと考えられた。

一方，行動主義心理学は，学習者の初期値を白紙の状態（tabula rasa）としてとらえ，学習を刺激に対する反応の形成として考えた。与えられた刺激に対して正しい反応をした場合は正の強化（positive reinforcement）が与えられ，誤った反応に対しては即座にそれを矯正することが重要とされた。学習は，一言で言えば「習慣形成」（habit formation）として考えられていたのである。

以上のような構造主義言語学と行動主義心理学を基盤として提唱されたオーディオ・リンガル・メソッドは，以下のような言語・学習観に基づいていた。

(1) 言語学習において，われわれは何度も何度も練習をしなければならない。子どもが母語を習得する際，何度も何度も繰り返しを行うように，外国語の学習においても反復練習を通した模倣（imitation）が必要である。

(2) 第二言語の正しい習得順序は，音→語→文である。

(3) 子どもが母語を身につけるように，まずは聞くことに集中し，その後話すことに移るべきである。読むことと書くことは，言語学習の後の段階において行われるべきである。

(4) 母語を身につける際，翻訳（translation）が不要であったのと同様に，第二言語の学習においても翻訳は必要ない。

(5) 母語の習得と同様，第二言語の文法を明示的に教える必要はない。

　以上の言語・学習観に基づき，オーディオ・リンガル・メソッドを用いた授業は，大量の模倣と反復を伴うダイアローグとドリルを中心に展開され，提示される言語材料や活動の手順は，教師によって厳密にコントロールされていた。学習者にはまず，練習と暗記をするためのダイアローグが与えられる。このダイアローグには，その授業で教えられる文法と語彙のみ（以前に学習したものを含む）しか用いられていない。ダイアローグを暗記した後，学習者はそこで用いられている文法を使ったパターン・プラクティス（pattern practice drills）やサブスティテューション・ドリル（substitution drills）を行い，与えられたキューに対して瞬発的に，正しく反応できるようになるまで繰り返し練習を行う。また，母語の干渉を抑えるため，一連の活動は第二言語のみで行われる。後にオーディオ・リンガル・メソッドは1950年代後半から60年代初頭にかけて日本にも導入され，オーラル・アプローチという名で一世を風靡することとなる。

■ オーディオ・リンガル・メソッドの衰退

　1960年代から70年代半ばにかけ，オーディオ・リンガル・メソッドに対する批判が巻き起こった。代表的なものとして，Wilga Riversが，著書 *The psychologist and the foreign language teacher* において行った批判が挙げられる。Riversは，有意味性を欠く機械的なパターン・プラクティスは学習者の意欲を削ぐばかりでなく，自発的な表現力の育成にはつながらないと主張した。また，オーディオ・リンガル・メソッドでは，言語が使用される文脈が捨象されるため，言語の形式（form）のみに関心が置かれ，意味（meaning）や機能（function）がなおざりにされてきたことを指摘した。その他にも，習慣形成のために必要な機械的な反復は単調・退屈であるとか，習慣として定着するまで文法の明示的な指導を控えるのは非効率的であるという批判が行われた。

　先にオーディオ・リンガル・メソッドの理論的基盤の1つとして，行動主義心理学の存在を挙げたが，心理学の分野でもこの間に行動主義的スタンス（behavioral stance）から認知的スタンス（cognitive stance）へのシフトが起きた。その契機が，Noam ChomskyがSkinnerの著書 *Verbal Behavior* に対して行った行動主義批判である。Chomskyは，言語習得とは刺激の存在を前提としない（stimulus-free）創造的な（innovative）営みであり，もし刺激に対する反応が言語習得を駆動するのであれば，子どもが一度も聞いたことのないような文を創造的に作り出すことや，周囲の会話が必ずしも文法的に正しいわけではなく，言い淀みや繰り返し，言い間違えなどを内包するにもかかわらず，子どもが母語を問題なく習得できること（刺激の貧困）に対して，納得のいく説明をすることができないと批判した。また，知能をはじめとする様々な個人差があるにもかかわらず，子どもは特に苦労もなく，驚くべき短期間で複雑な言語システムを構築すること

に対しても，合理的な説明を施すことができないと指摘した。

　Chomskyは，われわれには言語を習得するための能力が生得的に備わっていると主張し，それを言語習得装置（Language Acquisition Device: LAD）または後に普遍文法（Universal Grammar: UG）と呼んだ。言語習得は刺激と反応による習慣形成の産物ではなく，言語インプットがUGまたはLADを通して処理される中で，日本語や英語といった個別言語が立ち現われてくるというのが彼の主張であった。この考え方を，生得仮説（innateness hypothesis）と呼ぶ。

　認知的スタンスから外国語学習を見た場合，学習者は受動的な存在（passive being）ではなく，第二言語を習得しながら母語を再構築していく積極的な存在（active being）となる。行動主義心理学においてブラックボックス化されてきた，言語習得における認知的プロセスを解明することが主要な関心事となり，What's going on inside the learner?という問いに正面から向き合うことの重要性が叫ばれたのである。また，第二言語習得とは，有意味かつダイナミックなプロセスであり，学習者は常に認知的スキーマの再構築を行う。この考え方はJean Piagetの学習理論と軌を一にするものである。Piagetは学習を，学習者がもつ既存の知識体系（スキーマ）に対する不断の認知的同化（cognitive assimilation）と応化（accommodation）のプロセスとして理論化した。学習者に与えられるインプットは，常にスキーマとの関連性において処理され，スキーマの枠組みの中で処理されるものはintakeとして内在化（assimilation）される。一方，スキーマに合致しないインプットは，処理されずに除外されるか，スキーマ自体の調整（accommodation）を引き起こす契機となる。

コミュニカティブ・アプローチとは

　コミュニカティブ・アプローチ（communicative approach）は，1970年代初頭のイギリスに端を発する動きである。当時流行していたsituational approachと呼ばれる教授法は，例えば「銀行に行く」や「レストランに行く」といった場面（situation）を想定し，そこで用いられる表現を学ぶというものであったが，異なる場面でどのような言語が通常用いられるのかを予測するのは極めて困難であるという認識が高まり，その限界が明らかになりつつあった。そこで，イギリスの言語学者は，様々な場面で横断的に用いられる言語の「機能」（function）と「概念」（notion）を記述する試みを始めた。機能の例としては，「依頼」「提案」「感謝」などが挙げられ，概念の例としては，「時間」や「手順」「空間」「場所」が挙げられる。この考え方に基づいた，WilkinsのNotional SyllabusesやVan EkとAlexanderによるThreshold Level Englishは大きな影響を与えた。彼らの考え方は，欧州評議会（Council of Europe）による教材に反映されることとなった。

　コミュニカティブ・アプローチは，「強い」（strong）ものと「弱い」（weak）ものに大別することができる。前者がコミュニケーションは言語習得が起こるための絶対条件である

Part 1 多文化共生時代を生きる

と考える一方，後者はコミュニケーション活動をより高次の言語教育プログラムの中に位置づけることが必要であるという考え方に基づいている。

コミュニカティブ・アプローチの特徴として，特定の理論に立脚しているのではなく，様々な理論を折衷したものである点が挙げられる。例えば，AustinやSearle，Griceらが展開した発話行為理論（speech act theory）や，Hallidayの体系機能文法（systemic functional grammar），HymesやCanale & Swainらによるコミュニケーション能力（communicative competence）論などが挙げられる。Richards & Rodgers (1986)は，コミュニカティブ・アプローチの特徴を以下のように整理している。

(1) 言語は意味を表現するためのシステムである。
(2) 言語の主要な機能は，インタラクションとコミュニケーションである。
(3) 言語の構造は，機能上・コミュニケーション上の使用を反映する。
(4) 言語の主要な単位は文法や構造的な特徴ではなく，談話の中に現れるような機能的・コミュニケーション上の意味のまとまりである。

コミュニカティブ・アプローチに基づいたシラバスには，様々な形態が含まれるが，一般的には様々な機能や概念をリスト化し，それを表現するための言語材料が与えられる。また，コミュニカティブ・アプローチにおいては，他者とのコミュニケーションを図るパフォーマンスやタスク，活動が重視される。インフォメーション・ギャップ（information gap）など，学習者間のコミュニケーションを伴うタスクは，いずれも意味のやり取り（negotiation of meaning）を伴うものである。教師の役割は，タスクや活動をデザインし，ファシリテーターとして学習者に関わることである。したがって，教師には高度なクラス・マネジメント・スキルが求められる。

このように，オーディオ・リンガル・メソッドと比較してコミュニカティブ・アプローチには多様なあり方が許容されているが，いずれもコミュニケーション活動を通して学習者の第二言語習得を実現させるという共通項を有している。これまでの日本の英語教育を振り返ると，オーディオ・リンガル・メソッドの全盛期にはコミュニケーションではなく「文法」が重要視され，コミュニカティブ・アプローチが高まりを見せると，文法ではなく「コミュニケーション」重視，のように，文法とコミュニケーションの狭間で振り子が大きく一方に振れるという流れになってきた。しかし，現行の学習指導要領に明記されているように，文法はコミュニケーションを支えるものであり，「文法かコミュニケーションか」という二者択一的な問いは意味を成さない。コミュニカティブな授業の中にどのように文法指導を組み込んでいくのかという点は，これからの英語教育において重要な問いとなるであろう。

以上，これまでの英語教育学の歩みを俯瞰してきたが，重要な点は，それぞれの指導法の背景には，言語や学習に対する理論が存在すること，そして言語観や学習観が変わ

23

第2章　英語教育学と英語教師

れば，指導のあり方も変わるということである。

研究（research）とは

　英語教育における理論と実践の関係について論じる前に，ここで理論を構築・検証するための研究（research）とは何かについて確認しておきたい。一般に研究とは，対象となる構成概念（construct）を操作的に定義し（operational definition），それらの概念がどのような関係にあるのかについての仮説（hypothesis）を立て，データの収集・分析を通じて検証し，モデル化する営みである。理論は，記述的妥当性（descriptive adequacy）と説明的妥当性（explanatory adequacy），予測的妥当性（predictive adequacy）の3点を満たすことが求められる。記述的妥当性とは，理論が対象とする事象を過不足なく記述することができるかという問題であり，説明的妥当性とはその事象がどのようにして生じるのかを，いかに説明することができるかという問題である。そこから，新たな事象がどのように生じるのかについての予測を立てることができるかという，予測的妥当性が生まれる。

　これらの必要性を満たす上で極めて重要になるのが，対象とする構成概念をいかに操作定義するかである。例えば，英語力と動機づけの関係を検証する際，理論的世界（theoretical world）における「英語力」や「動機づけ」という概念が，現実世界（empirical world）においてどのように定義されるのかを明確にしなければならない。英語力については，ある研究ではTOEFLのスコアを，別の研究ではCEFRのレベルを用いることが考えられる。ここで大切なのは，TOEFLやCEFRが構成概念としての英語力をどの程度反映しているか，その操作定義が妥当であるかを検証することである。

理論と実践の関係

　英語教育においては，学習者が機能的な英語コミュニケーション能力を身につけることを支援することは大きな柱の1つである。その達成のためには，①何が問題なのか（What is the issue?），②何ができるか（What can be done?），③何をすべきか（What should be done?）を明確にしなければならない。①については，日々の教育実践を通して立ち現われてくる問題や，これまでの理論研究において積み残されてきた問題などが挙げられる。浮かび上がってきた問題に対して，どのように対処することが可能かを列挙するのが②の段階であり，その中からどの行動を採るべきかを判断するのが③である。この②と③のプロセスにおいて理論が果たす役割は，「なぜそうなのか」（why）という問いに対する答えを提供することである。例えば，ある問題に対し，A，B，Cという選択肢が考えられる場合，それぞれの選択肢の有効性は，直観ではなく理論的に説明されなければならない。そして，仮に3つの中からBが他と比べてより有効であると判断する場合においても，その根拠は理論に求められるべきである。このように，理論は，何ができるのか，

24

何をすべきなのかについての意思決定を行うための参照枠（frame of reference）となるのである。

　しかし，どんなに整合性が取れ，論理破綻のない理論でも，それが実際の英語学習にとって効果を及ぼすものでなければ机上の空論である。したがって，理論は現場を通して絶えず検証の目に晒されなければならない。現場から得られた知見が理論を精緻化することを促し，精緻化された理論がよりよい教育実践のあり方を提供するという流れが健全と言えよう。

　このように，英語教育において理論と実践は切っても切り離せない関係にあり，両者は二項対立的にとらえるべきものではない。理論があってはじめてより効果的な教育実践のあり方が見え，実践を通してはじめて理論の精緻化が可能となるのである。

理論と実践の架橋のために

　外国語教育について，H. D. Brown は主著 *Principles of Language Learning and Teaching* において，There is no panacea.（万能薬はない）と述べている。つまり，世の中にはあらゆる学習者にとって一律に有効な方法論は存在しないということである。なぜなら，学習者は一人ひとり様々な個性をもち，習熟度や年齢，動機づけ，学習スタイル，言語適性をはじめとする数多くの個人差（individual differences）を有しているからである。また，学習が行われる環境（input-rich なのか input-poor なのか）や，教師との相性，学校の教材やカリキュラムといった変数にも大きな影響を受ける。したがって，英語教師には，自らが置かれた環境の中で最適な指導のあり方を，理論と実践を通して模索するという態度が求められるのである。換言すれば，折衷主義（eclecticism）的なスタンスを採る必要がある。

　しかし，ここで留意すべきことは，理論や実践事例の知見を無批判的に採り入れるという意味での折衷主義（random eclecticism）に陥るのではなく，Brown が言うところの「原理に基づいた折衷主義」（principled eclecticism）の視点を採ることである。ここで言う原理とは，これまで英語教育の歩みの中で蓄積されてきた英語教育学や第二言語習得論における知見を指す。例えば，授業である指導法が効果を挙げた場合，それを無批判的に是として採り入れるのではなく，なぜそれが有効であったのかを，理論的な枠組みの中で検討しなければならない。なぜなら，その指導法が特定の学習者に対してたまたま効果を発揮したに過ぎず，別の学習者にとっては機能しないことも十分考えられるからである。このような意味で，実践から得られた経験を，理論のフィルターを通して批判的に検証する姿勢が英語教師には求められる。

　現在の英語教育では，Communicative Language Teaching（CLT）をはじめ，Focus-on-form や Task-Based Language Teaching（TBLT），Content and Language Integrated Learning（CLIL）など，様々なアプローチや方法論が提唱さ

れ，日々実践されている。また，アクティブ・ラーニング型授業の導入や，ICT (Information and communications technology) を活用した授業の可能性も模索されている。このような中，英語教師として求められる態度は，それぞれの利点・欠点を経験に基づく中庸の感覚でチェックし，自らの現場においてどのような形で採り入れることができるかを考察することである。コミュニカティブ・アプローチの隆盛とともに，オーディオ・リンガル・メソッドは衰退したが，だからと言ってオーディオ・リンガル・メソッドが重視した機械的なパターン・プラクティスには有効性がないのかと言えば，当然答えは否であろう。コミュニケーション力を身につける上で，正確さ (accuracy) はもちろん必要だが，同時に滑らかさ (fluency) を高めたり，知識を自動化 (automatize) したりするためには，一定程度のパターン・プラクティス的な要素も必要になってくるからである。大切なのは，機械的な訓練 (mechanical practice) と有意味な訓練 (meaningful practice) のバランスをどのように図るかである。オーディオ・リンガル・メソッドが現在英語教育における主流ではないとは言え，評価されるべき点は残されているのである。

研究成果を批判的に検証する

　ある指導法の有効性を検証する際，効果研究という手法が用いられることが多い。効果研究とは，学習者を特定の指導法を受ける実験群 (experimental group) と，受けない統制群 (control group) に分け，両者の間で学習の効果がどのように異なるのかを比較するというものである。一般に，効果の検証の際，指導前に行われる pre-test，指導直後に行われる post-test，その後一定の時間を経過した後に行われる delayed post-test の結果が用いられる。ここで例として，学習者を指導法 A を受ける実験群と，従来の指導を受ける統制群に分け，50分の授業を行ったとしよう。もし，直後・遅延テストにおいて実験群の得点が統制群の得点と比べて統計的に有意に高かった場合，指導法 A が有効であると断言してもよいのであろうか。答えは否であろう。ここで問わなければならないことは，わずか一回50分の授業で，そもそも指導の有効性を検証することは妥当なのか，指導に用いられた教材や言語活動による影響はないのか，その指導法が異なる言語項目の指導や，異なる習熟度の学習者に対しても有効なのであろうか，といった一連の問いを発することである。ある研究で有効だとされた指導法が，別の研究では有効ではなかったという事例は枚挙にいとまがない。現場の教員には，研究結果を鵜呑みにするのではなく，それを批判的に検証する態度が求められるのである。

どう一歩を踏み出すか

　上述したように，外国語教育に万能薬はない。教師には，それぞれのアプローチを無批判的に受け入れるのではなく，その長短を吟味し，可能な範囲で日々の教育実践に採り入れていく姿勢が求められる。その際，教師が健全な言語観・学習観を持ち合わせているか

否かが決定的に重要となる。

　現在，ワークショップや講演会を通して，英語教育の最新の知見に触れる機会は数多くある。その際，往々にして見られるのが，その場では感銘を受け，自分の授業に活かそうと決意するのだが，いざ現場に戻ると様々な事情で断念せざるを得ないというケースである。特に中学・高等学校の場合，授業で使用する教材や指導法，テスト，カリキュラムが予め学校で決まっており，特に同学年を複数の教員が担当する場合は，独自の路線を打ち出すのが難しい場合が大多数である。ここで重要なのは，自らの置かれた英語教育の枠組みを著しく逸脱しない範囲において得た知見を実践し，もしそれが効果を出した場合はなぜなのかを検討することである。そして，その実践例を他の教員と共有し，徐々に共通理解を図るというように，漸次的・戦略的に改善を図っていくことが必要である。

おわりに

　本章では，英語教育を語る上での前提知識として，オーディオ・リンガル・メソッドを端緒とするこれまでの英語教育学の流れを振り返った。理論と実践とは切っても切れない関係にあり，言語観や学習観が変われば，指導のあり方も変わるという点が主な論点であった。英語教師には，理論と実践を二項対立的なものではなく，相互補完的なものとしてとらえる姿勢が求められる。理論があってはじめてよりよい教育実践のあり方が見え，実践を通してはじめて理論の精緻化が可能となるのである。「明かり」や「羅針盤」として理論をとらえ，絶えずその明かりのもとで教育活動を実践し，リフレクションを重ねて自分なりの理論（哲学）を形作っていく姿勢がこれからの英語教師には求められるのである。

（阿部　一）

■ 読書案内

浦野研・亘理陽一・田中武夫・藤田卓郎・髙木亜希子・酒井英樹 (2016).『はじめての英語教育研究　押さえておきたいコツとポイント』研究社.

英語教育研究とは何かを基礎から平易に解説した好著。研究テーマの決定から研究の進め方，成果の公表の仕方など，実践的な内容を網羅しており，英語教育研究を行う上で欠かせない書。

Brown, H. D. (2014). *Principles of Language Learning and Teaching (6th ed.).* Pearson ESL.

第二言語習得に関する主要テーマを網羅した，英語教師にとって必読の書。本章で取り上げた「原理に基づいた折衷主義」(principled eclecticism) をはじめとした，英語教育を語る上で重要となる考え方が提唱されている。

第**3**章

英語力とは何か
言語リソースとタスク処理

本章のポイント

（1）コミュニケーション能力は，言語リソース（language resources）とタスク処理（task handling）の相互作用として動態的にとらえることができる。

（2）CAN-DOは，CAN-SAYと併せてはじめて有機的に機能する。

（3）いわゆる「4技能」は，タスクを処理するための「表現モード」として位置づけられなくてはならない。

キーワード

コミュニケーション能力，言語リソース，タスク処理，CAN-DO，CAN-SAY，表現モード

はじめに

　英語学習の目的は，学習者が実践的な英語コミュニケーション能力（communicative competence）を身につけることであり，英語教育はそれを支援するための営みである。しかし，それが目的とする英語コミュニケーション能力とは何であるかを問われると，明確な定義が必ずしも存在するわけではない。一方，近年の英語教育において，「英語で何ができるか」という行動的な側面を重視した英語力観が広く共有されるようになってきており，その象徴がcan-doリストである。can-doというコンセプトが導入されたことで，言語の学習者（learner）から使用者（user）へのシフトを図るという方向性が重視されるようになったが，それにより我が国の英語教育の内実が大きく改善したわけではない。本章ではcan-doの可能性と限界についての議論を出発点に，英語教育が目標とするところのコミュニケーション能力をどのようにとらえるべきかを素描していくこととする。

英語教育におけるcan-do研究

　英語教育においてcan-doの記述に対する関心が高まってきている。can-doの主たるねらいは，英語を使って何を行うことができるかを，「〜することができる」という具体的な能力記述文（descriptor）として明確化することにより，教員による指導と評価の改善に資することにある。また，can-doを設定することにより，「4技能」（この用語の適否については後に詳述する）を有機的に結びつけた総合的な指導を実践することが可能となる。さらに，学習者にとっては，「英語で〜することができた」「英語で〜することができるよう

になりたい」という意識が芽生えることで学習意欲が高まり，より自律した学習者としての態度・姿勢が身につくことが期待されている。

　以上の背景を踏まえ，平成23年6月に文部科学省の「外国語能力の向上に関する検討会」が取りまとめた「国際共通語としての英語力向上のための5つの提言と具体的施策」では，各中・高等学校が学習指導要領に基づき，生徒に求められる英語力を達成するための学習到達目標を「CAN-DOリスト」の形で具体的に設定することが提言された。これを踏まえ，中・高等学校は，学習到達目標を「CAN-DO リスト」の形で設定・公表するとともにその達成状況を把握し，国や教育委員会は，各学校が学習到達目標を設定・活用する際に参考となる情報を提供するなど，必要な支援を行うこととなった。文部科学省は平成25年3月に「各中・高等学校の外国語教育における『CAN-DO リスト』の形での学習到達目標設定のための手引き」を刊行し，can-doリストの具体的な設定手順等についての情報を提供している。

　can-do研究に多大な影響を与えているのが，欧州評議会（Council of Europe）による Common European Framework of Reference for Languages (CEFR) である（Council of Europe, 2001）。CEFR は，欧州における言語教育のための理論的基盤と言語能力に関する共通の参照レベルを提供することで，異なる言語間，学習機関間で同一基準による能力判断を可能とし，カリキュラム及びシラバスのデザインや，検定試験の作成などへの指針を与えるために開発された。CEFR は今や外国語教育の世界標準とみなされ，TOEFL や TOEIC，英検をはじめとする各種試験においてもその枠組みに基づいた can-doリストが開発されている。我が国でも CEFR の日本版である CEFR-J が開発され，カリキュラム編成や指導・評価への幅広い応用が期待されている。

CEFRの特徴

　CEFR では，「共通参照レベル」として言語使用者を「基礎段階の言語使用者（basic user）」「自立した言語使用者（independent user）」「熟達した言語使用者（proficient user）」の3つのタイプに分け，それぞれのタイプは，breakthrough (A1) と waystage (A2) が基礎レベルにおける言語使用者，threshold (B1) と vantage (B2) が自立した言語使用者，そして effective operational proficiency (C1) と mastery (C2) が熟達した言語使用者のように，2つのレベルに区分されている。そして，A1からC2までの各レベルにおいて，言語使用者が「何をできるのか」を様々な側面から can-do として記述している。

　CEFR における can-do は，評価者（＝教師）の観点，学習者の観点，テスト作成者などの観点から活用することが期待されている。教師にとって can-do の記述は，何をどう教えるかという指導のためのガイドラインとなり，学習者にとっては，何をどのようにして学習すべきなのかという，学習の目標と展望を知る手がかりになる。そして，テスト作成者

にとっては，テスト開発の指針になる。このようにcan-doの記述システムは，外国語教育に関わるすべての主体にとっての共通基盤を提供すると同時に，実効性を伴う抜本的改革をもたらす可能性を秘めている。

CEFRにおけるコミュニケーション能力モデル

can-doの記述を導く背景にあるのはコミュニケーション能力に関する理論であり，それをどのように概念規定するかは，理論をどのように構成するかに依る。これまでの研究においてコミュニケーション能力は，以下の図のように静的かつ要素還元的な方法で定義されてきた（Bachman, 1990; Canale & Swain, 1981）。すなわち，コミュニケーション能力はA, B, Cの要素から成り，さらにAはa, b, cから成る，といった具合に，当該概念を構成する要素をカテゴリカルに示し，さらにそれぞれのカテゴリーに対するサブ・カテゴリーを示すという方法である（この点を鋭く批判したのは田中茂範である）。

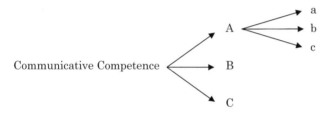

CEFRにおいても基本的な考え方は同様であり，コミュニケーション能力は以下のような枠組みで記述されている。

すなわち，communicative competence は言語能力，社会言語能力，語用論的能力によって構成され，それぞれはさらに下位能力によって構成されるというとらえ方である。このようなコミュニケーション能力に対する分類学的な見方は，その性質上，静的な記述にならざるを得ない。要素が枝分かれ的に分類されるが故に，要素間の有機的な連関を示すこ

とができないからである。例えば、言語能力に含まれるlexical competence（語彙能力）とsemantic competence（意味能力）は相互に排他的なものなのか、sociolinguistic competence（社会言語能力）とpragmatic competence（語用論的能力）は独立した範疇なのか、などといった疑問が出てくる。さらに、grammatical competence（文法能力）とfunctional competence（機能能力）は相互に関連しているはずなのに、この図式ではその関連性が見えてこない。このような問題は、実践的なコミュニケーション能力の育成を目標とする英語教育において重大な欠陥となり得る。というのは、コミュニケーション能力とは、個人に内在した総合的な能力であり、要素間の連関が欠如するということは、その総合性をとらえ切れないことになるからである。さらに、「個人Aのコミュニケーション能力とは何か」という素朴な問いに対して、「それは言語能力、社会言語的能力、語用論的能力から成り、それぞれはこれこれ云々である」という、複雑な回答を与えることになる。

　ひとたび以上のような定義が与えられると、can-doの記述においてもそれぞれの要素に関する能力を個別に記述せざるを得ないことになる。実際、CEFRでは、「社会言語的な適切さ」という項目について以下のようなcan-do記述を行っている。

Level C2（社会言語的な適切さ）

慣用的な表現やコロキュアルな表現を上手に使うことができ、しかも表現の裏の意味合いなどにも通じている。母語話者が当該言語を使う際の、社会言語的および社会文化的な意味に精通しており、それに適切に応じることができる。（以下、省略）

　言語能力の下位部門にあたる「語彙知識」及び「音声能力」についても、以下のようなcan-doの記述が見られる。

Level C2（語彙知識）

定型表現や口語表現を含む幅広い範囲の語彙を使うことができる。語の背後の意味合いに対しても意識的に理解することができる。

Level C2（音声能力）

微妙な意味合いを表現するために、イントネーションを変化させたり、文の正しい位置を強調したりすることができる。

　このようにCEFRが依拠するコミュニケーション能力モデルに基づいたcan-doの記述は、要素還元的なものとなっている。

　さらにCEFRでは、can-doの記述の一般性と個別性を高めるために、speaking, listening, writing, readingから成る「4技能モデル」に依拠したcan-doの記述を

行っている。

Level C2
「話すこと」(表現)
● その場の状況にふさわしく明瞭でよどみない説明や論点の提示ができ，効果的で論理的な論旨展開ができるので，聞き手は重要な点に注意して記憶することができる。
「読むこと」
● マニュアル，専門的な論文，文学作品のように，抽象的で文構成上も言語的にも複雑なテキストをほぼすべて容易に理解できる。
「書くこと」
● 明瞭かつ自然な流れで文章が書ける。効果的な論理展開によって問題を提示して複雑な手紙，報告書や論文を書くことができるので，読み手は重要な点に注意して記憶することができる。専門書または文学作品の概要や書評が書ける。
「聞くこと」
● 母語話者が早口で話したとしても，話し方に慣れるための時間が多少あれば，話し言葉のすべての種類(目の前の会話であろうと，放送であろうと)を理解できる。

（キース・モロウ，2013, p.192-193 より転載）

以上のように CEFR を概観すると，上記で示したコミュニケーション能力の理論的枠組みと，「4技能」モデルの観点がどのように関連するのかが明らかではなく，can-do が2つの異なる観点から記述されているという問題点が浮かび上がってくる。

■ タスク処理と言語リソースの相互関係としてのコミュニケーション能力モデル

われわれは can-do の記述は，その理論的裏づけをコミュニケーション能力の理論に一貫して求めるべきであるという立場を採用する。CEFR を代表とする従来のコミュニケーション能力モデルに対して，われわれはコミュニケーション能力を以下に示すようなタスク処理 (task handling) と言語リソース (language resources) の相互連関として動的にとらえるモデルを提案する (田中他, 2005)。

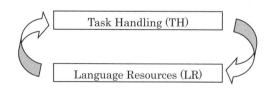

このモデルに依拠すれば，個人のコミュニケーション能力とは，「どのようなタスクをどれ

だけ機能的に，どのような言語リソースを使って，ハンドリング（遂行）することができるのか」という問いに還元することができる。このモデルは，発達的な観点から小学校から大学までを貫くカリキュラムの編成原理を求める際，包括的な指針として機能する可能性をもつ。なぜなら，小学校，中学校，高等学校，大学及び成人一般の各ステージにおいて，どのようなタスクを処理することが適切であり，それぞれのステージに妥当な言語リソースは何であるかを，具体的に記述することが可能となるからである。

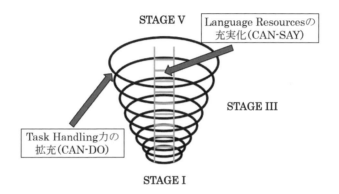

仮にStage Iを小学校5, 6年生とし，Stage Vをグローバル社会で活躍するビジネスパーソンとすれば，当然，Stage IとStage Vの言語世界は異なるはずである。言語世界の違いは，使用可能な言語の種類（言語リソース）と，遂行するタスクの2つの観点から記述することができる。例えば，小学生が海外のレンタカーショップで利用したい車を指定し，料金の交渉をするというタスクを行うことは想像しがたいが，ビジネスパーソンの場合は大いにあり得る。同様に，小学生が科目履修や単位認定といった言葉を使って会話をする場面はまずないであろう。すなわち，各発達段階における典型的なタスクと言語リソースがあるということであり，それぞれの発達段階のコンテント・シラバスとして両者のデータベースを作ると，発達的カリキュラムの姿が見えてくることとなる。そして，ステージが上がるにしたがって，タスク処理と言語リソースの力もらせん状（spiral）に発達していくことになる。もちろん，各発達ステージ内では，学習の進捗における個人差が生まれるが，それを最小限に抑える試みが英語教育である。

さて，ここで注目したいのは，タスク処理からはcan-doを，そして言語リソースからはcan-say（言語を使ってどのようなことが表現できるのか）を評価の基準として引き出せるということである。本章での主な主張は，英語教育・英語学習の評価はcan-doとcan-sayを両輪とした形で行うべしというものである。これまでのcan-do研究にはcan-sayの視点が欠落していたがゆえに，理論的整合性と応用可能性の高いcan-doシステムが開発されてこなかったと言える。以下，タスク処理と言語リソースそれぞれに焦点を当てな

第3章 英語力とは何か──言語リソースとタスク処理

がら，その重要性を議論していきたい。

■ タスク処理の観点

　タスク処理という観点の導入は，これまでの英語教育において無批判的に用いられてきた「4技能」モデルに問題を投げかけると同時に，代替案を提起するものである。speakingとwritingを産出スキル（productive skills）として，listeningとreadingを受容スキル（receptive skills）として分類することは，これまでの慣わしである。しかし，それぞれを等しく技能（skill）と呼ぶこと自体に不自然さが付きまとい，そこには少なくとも2つの本質的な問題を指摘することができる。

　第一に，「4技能」モデルでは，4つの技能を別個のものとして切り分ける。しかし，話すという行為は同時に自分の声を聞くということと連動するし，聞いている相手もそれに応答すべく構えている。つまり，相手のコトバを聞く際に，聞き手は相手のコトバを理解しつつ，応答の仕方を考えているということである。ここから，産出と理解は話し手と聞き手それぞれに割り当てられる相互に独立した行為ではなく，同一個人内で切れ目なく連続して行われる行為であるということになる。

　第二に，speakingをスキルと呼んだ途端に，コミュニケーションの目的の遂行ではなく，話すという行為そのものに関心が向き，それを評価することになるという問題が出てくる。つまり，発音やアイコンタクト，流暢さ，単語の使用，文法的な正確さ，表現の適切さなどが評価の基準となるのである。しかし，コミュニケーションの目的は，あるタスクを遂行することであり，評価の対象は，タスク遂行（task achievement）に向けられるべきである。例えば，相手を説得するというタスクの場合，結果として相手を翻意させることができるか否かが，本来評価の対象となるべきである。しかしながら，「4技能」モデルには，その性格上，技能的な側面に評価者の目を向けさせるという問題がある。

　では，タスク処理という概念装置を導入することで，「4技能」モデルをどのように乗り越えることができるのであろうか。タスク処理におけるタスクには，顔を洗う，朝食を食べる，のように必ずしも言語を伴わないnon-verbal taskと，言語を伴うverbal taskがある。タスクは，単純なものから複雑なもの，慣れ親しんだものから新奇なもの，手続き的な流れがあるものから高い偶発性を伴うものなど，多種多様なものが含まれる。実際，生きるということは，連続的に様々なタスクを処理することに他ならない。このように，タスクというものを広義にとらえると，あらゆる言語活動は，意識するしないにかかわらず，何らかのタスクを遂行するために行われるものであるということになる。

　言語教育では，主として，言語を使ったタスクに関心がある。ここで，「言語を使う」というところに着目すると，言語をどのように使うのかということに関心が向かう。それは，表現のモード（mode of expression）に注目するということである。タスク処理の観点から言えば，speaking, listening, writing, readingは，「スキル」というよりも「表現モ

ード」である。例えば，自己紹介を行うというタスクを遂行する際はspeaking（あるいはwriting）の表現モードが選ばれるだろう。つまり，speaking modeを使って，自己紹介というタスクをハンドリングするということである。同様に，自分が応援している野球チームの試合結果を確認するためにラジオ番組を聴くというタスクは，listening modeを通して遂行される。

　以上のようにタスクとモードの関係によってタスクをタイプに分類すると，speaking task, writing task, listening comprehension task, そしてreading comprehension taskの4種類となる。なお，listening modeとreading modeを使うタスクの場合には，音声あるいは文字から意味を編成するという「理解（comprehension）」のプロセスが必ず関与するため，タスク・タイプとしてはlistening comprehension task, reading comprehension taskと呼ぶのが適切である。タスク，モード，タスク・タイプの関係をまとめたものが以下の図である。

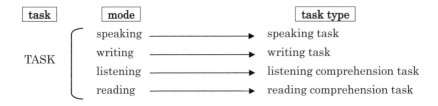

　speaking, writing, listening, readingをスキル（技能）ではなく，表現モードと見なすことで，言語活動のmulti-modalな特性をうまくとらえることが可能となる。例えば聞くという行為は，話すという行為と切れ目なく連動しており，そこから「モード間のシフト」（modal shift）という考え方が必要となる。さらに言えば，ほとんどのタスクは，2つ以上のモード間のシフトを伴うmulti-modal taskであり，それを複合タスク（composite task）と呼ぶことができる。例えば，「大学で経済学入門の講義を受講する」というのは主にlistening modeを使ったタスクであるが，講義を聴きながらノートを取るというwriting mode, 講義資料を読むというreading modeが複合的に組み合わさったタスクとしてとらえるべきである（田中, 2016）。

　では，「スキル」という概念は，ここでの枠組みの中でどのように位置づけることが可能であろうか。一言で言うなら，スキルはタスク処理の仕方に関する知識及び実践力を指す。例えば，大学におけるacademic presentationというタスクを想定してみよう。ある話題について調査した内容の説明を行うというのがここでのタスクであり，主たる表現モードはspeakingである（もちろん，PowerPointやKeynoteなどのプレゼンテーションソフトを利用する場合には，writing modeとreading modeが不可欠になるし，質疑応答ではlistening modeも当然関与する）。そして，効果的なプレゼンテーションを行うた

めには，academic presentation固有のスキルを援用すること（skill employment）が必要となる。具体的には，言語的に間違った際に自然な形で修正できるスキルや聴衆の理解度に応じて発表内容を適宜調整するスキル，聴衆からの質問に対して効果的に応答するスキル等が挙げられる。タスクと表現モード，スキルの関係は以下のように整理することができる。

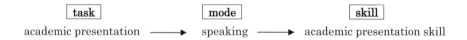

以上のように，academic presentationというタスクの遂行力を評価するためには，目的をどの程度達成することができたのかというタスク処理の観点，academic presentationにふさわしい言語を用いて表現できているかという言語リソースの観点，そしてプレゼンテーションを行う上で必要とされるスキルを援用できているかというskill employmentの観点，という3つの基準を採用することが求められる。

■ 言語リソースの観点

タスク処理のための必要条件として，言語リソースを措定しているところにわれわれのコミュニケーション能力論の特徴がある。あるタスクを遂行する際，単純な言語で行うこともあれば，洗練された言語で行うこともある。言語リソースは個人のもつ言語レパートリーであり，その内実の豊かさにおいては当然個人差が存在する。なお，厳密な言い方をすれば，言語リソースはタスク処理のための「言語的な資源」であって，実際のタスク処理においては，言語以外のリソースも当然関与する。そこで，タスク処理と言語リソースの相互連関として定義されるcommunicative competenceは，"communicative *language* competence"あるいは"communicative *language* ability"と呼ぶのが適切であるということになるが，ここでは用語上の問題には立ち入らない（柳瀬，2006を参照）。また，リソースはコミュニケーションの場面において実際に利用可能なものとして定義され，単に「知っている」ことを表す「知識」とは区別されなければならない。

英語教育においては，学習者の言語リソースの充実化とタスク処理の機能性を高めることの2つが主要な課題となる。このことは，タスク処理に照準を合わせたcan-doという基準設定と，言語リソースに照準を合わせたcan-sayという基準設定の両方を必要とすることを含意する。すなわち，英語教育プログラムの目的を可視化するためには，can-doとcan-sayの2つの側面を射程に入れる必要があるということである。

can-sayについて論じるには，言語リソースをどのようにとらえるかという理論的な構図が必要となる。さもなければ，アドホックな記述に終始することになるからである。言語リソースは，文法（grammar），語彙（lexicon），慣用表現（formula）の3つの要素か

ら構成される。しかし，語彙力や文法力がタスク処理のための「リソース」として機能するためには，以下の図のように，3つの要素が有機的に連関していなければならない。

　なぜなら，言語は体系であり，言語能力も統合的な表現・理解能力だからである。つまり，個人の中で「これは語彙力，これは文法力」といった具合に分断されているわけではない。見方を変えれば，語彙力と文法力の関係性，文法力と慣用表現力との関係性，慣用表現力と語彙力との関係性といった相互連関を意識した言語リソース論を構築しなければ，can-doと協働するcan-sayにはなり得ないのである。例えば，whichやwhoは語彙項目である。しかし，同時に両者は関係代名詞としての働きをもつ。だとすると，whichやwhoの意味から文法的な振る舞いを説明することによって，関係詞節の導入を図ることができるはずである。もう一つの例を挙げれば，haveはそれ自体が語彙項目であるが，文法的な観点からは現在完了形や使役構文をはじめとする様々な構文で用いられる。したがって，haveの語彙的特性を理解することにより，それらの構文的特徴を理解することができるのである。同様に，ほとんどすべての表現には発話者の行為意図が含まれる。行為意図とは「何をしたいのか」「何をして欲しいのか」に関する表現者の意図を指す。例えばThere is a wolf in the field.という表現にも，「野原にオオカミがいることを伝達する」という意図に加え，「驚きを表す（野原にオオカミがいる！）」「警告する（オオカミがいるから危ないぞ）」「注意する（家の戸締りをしておけ）」などの意図が込められている可能性がある。Can you bring me a glass of water?と言えば，文法的には法助動詞のcanを使った疑問文であるが，「相手に〜してもらう」という「依頼」の機能を果たしている。ここでは文法的な文を産出するという文法力と，ある行為意図を表現するという慣用表現力との間に不可分の関係が見られる。同様のことが，慣用表現力と語彙力の関係についても言える。言語には，ある行為意図を表すための慣用的な表現が存在する。例えば，Could you please …?は「依頼」を表すための定型表現である。しかし，このチャンクとしての定型表現もcould, you, pleaseという語に還元することが可能であり，これらの語を使う語彙力と，それによって依頼という行為意図を表現する慣用表現力には，切っても切れない密接な関係性がある。

　いずれにせよ，言語リソースを構成する3つの要素を認めた場合，それらは相互排他的な関係にあるのではなく，有機的に連関し合ったダイナミックな関係にあるというのがここでの論点である。このことを認めた上で，あえて3つの焦点として語彙力，文法力，慣用

第3章 英語力とは何か――言語リソースとタスク処理

表現力を取り出し，それぞれをcan-sayの対象として記述することが可能である。その際に重要なことは，語彙力，文法力，慣用表現力についての理論（定義）があってはじめて論理的に妥当なcan-sayの記述が可能となるということである。例えば語彙力に関する理論的考察がないままcan-doの記述を行えば，「簡単な単語を使って」や「基本的な語を使って」という文言を不用意に使ってしまうことになる。「簡単な単語」や「基本的な語」にはputやtakeなどが含まれるが，これらは必ずしも簡単な単語というわけではない。なぜなら，「簡単な」あるいは「基本的な」という形容詞で特徴づけられる基本語の使い方にこそ，実は高度な英語力が求められるからである。例えば，「目薬をさす」「フライパンを火にかける」「封筒に82円切手を貼る」はすべてput を使って，put eye drops in one's eyes，put the pan on the fire，put an 82 yen stamp on the envelopeのように表現することができるが，TOEFLやTOEICなどで高得点を取ることができる大学生の多くが，put をこのような状況で使い切ることに難しさを感じている。基本語力とは「基本語を使い分けつつ，使い切る力」と定義されるが，このような基本語力は単に英語に触れるだけでは身につけることのできない力である。したがって，基本語に関する記述を行うには，その意味理論が必要であり，それを欠いたまま「基本的な語を使って…することができる」といった類のcan-do記述を行えば，結局は表面的で根拠のない記述に陥ってしまう。

■ タスクの記述事例

以上の議論を踏まえ，ここでは具体例として「新しいスマートフォンを購入しようとしている両親に，候補である3つの機種について説明する」というタスクをどのように記述することができるかを考えてみたい。このタスクのcan-doは，「それぞれの機種を比較・検討するための情報をわかりやすく両親に伝えることができる」となる。そしてそのタスクを遂行する上で求められるcan-sayには，以下のようなものが含まれる。

can-say 対象を様々な観点から比較しながら描写することができる。
　　○「ある点においてAはBと似ている」ということが表現できる。
　　○「ある点においてAはBと違っている」ということが表現できる。
　　○「AとBは同じぐらい〜だ（同じぐらい〜ではない）」ということが表現できる。
　　○「AはBよりもっと〜だ」ということが表現できる。
　　○「ある集合の中でAが一番〜である」ということが表現できる。
　　○ 最上級を強調して「ずば抜けて一番〜である」ということが表現できる。

これらを，言語リソースを構成する3つの要素から見ると，以下のように記述することができる。

文法：as … as 〜を用いた原級比較；比較級・最上級を使った比較構文；by far を使った最上級の強調，対比を表す接続詞 while, etc.

語彙：size, weight, battery, functions, apps, carrier, screen, etc.

慣用表現：on the other hand, in contrast, moreover, what's more, etc.

　これらの言語リソースを用いることにより，While Model A is as light as Model B, it has a wider screen.や，Model B is the cheapest of the three. What's more, it is by far the lightest.といった表現を行うことが可能となる。また，skill employmentの観点からは，重さや価格といった，機種選択において重要となる要素や特徴を選択するスキルや相手の好み・こだわりを確認しながら適宜説明内容を調整するスキル等が本タスクの遂行上必要となる。

　以上のように，「対象を様々な観点から比較しながら描写することができる」というcan-doの記述だけでは不十分であり，その遂行のためにはどのような言語リソースが必要であるかというcan-say，そしてタスクを遂行する際に求められるskill employment，という3点が明確になってはじめて，can-doが実効性をもったものとして立ち現われてくるのである。

おわりに

　英語教育におけるcan-do研究の重要性は言を俟たない。もちろん，can doなのかbe able to doなのか，あるいはshould be able to doなのかなど，canの意味を巡る議論は必要である。しかし，can-do研究をより十全に行うためには，それを導くコミュニケーション能力論が必要となる。本章では，タスク処理と言語リソースの相互連関としてコミュニケーション能力をとらえる理論的枠組みを示した。そこから得られる帰結として，can-doとcan-sayを両輪とした，広義の意味でのcan-do研究を行う必要があることを論じた。また，狭義のcan-doはタスク処理の能力に照準を合わせたものであるが，その場合，「4技能」モデルからの脱却が必要であるという指摘を行った。さらに，言語リソースに注目したcan-sayの妥当性を担保するためには，それを構成する文法力・語彙力・慣用表現力をとらえる理論的な構図が求められるということを論じた。文法・語彙・慣用表現の全体像が示されることで，はじめてアドホックではなく，原理に基づいた（principled）can-sayの記述が可能となるからである。Part 2では，言語リソースを構成する文法力，語彙力，そして慣用表現力について，理論と実践の両面から詳しく見ていくこととする。

（森本　俊・田中茂範）

■ 読書案内

柳瀬陽介 (2006).『第二言語コミュニケーション力に関する理論的考察—英語教育内容

への指針―』渓水社.

コミュニケーション能力という概念がどのような変遷を辿り，発展してきたかについて批判的に検討した書。哲学的言語論及び自然科学的言語論的視点から，筆者独自のコミュニケーション能力論が展開される。

キース・モロウ（編）和田稔・高田智子・緑川日出子・柳瀬和明・齋藤嘉則（訳）(2013).『ヨーロッパ言語共通参照枠（CEFR）から学ぶ英語教育』研究社.

キース・モロウ編纂の *Insights from the Common European Framework* (Oxford University Press, 2004) の訳書。CEFR の基本的な理念をはじめ，コース，シラバス，教材設計にどのように活用することができるかについて解説した書。

Part 2

Language Resources 論

語彙力・文法力・慣用表現力

第**4**章

基本語力を育む

本章のポイント

(1) 基本語力とは，語を「使い分けつつ，使い切る」力である。

(2) 基本語は英語力のエンジン部分を成すものであり，体系的・継続的な指導・学習を通して身につけなければならない。

(3) 基本語力を身につけるためには，訳語に縛られず，その本質的な意味（コア）を図式を通して理解することが重要である。

キーワード

基本語力，コア，コア図式，「使い分け」と「使い切り」

■ はじめに

　語彙力とは何かという問いに対し，明確に答えることは容易ではない。通常は，「大学入試に必要な3,000語」のように，単語の「数」に注目して語彙力をとらえることが多いようである。しかし，仮に1万語の英単語を知っているとしても，それは英語力の要としての語彙力にはならない。テストで学習者の「語彙力」を評価するにしても，授業で語彙力を養成する指導を行うにしても，その定義が明確でなければ，妥当性のある評価及び指導を行うことはできない。

　本章では，語彙力を「基本語力」と「拡張語力」から構成されるものとしてとらえる視点を採る（なお，本章の議論は田中（2012, 2016）の語彙論を敷衍したものである）。基本語力とは，「語を使い分けつつ，使い切る力」であり，拡張語力とは「話題の種類＋語彙の量」として定義することができる。基本語を「使い分ける」とは，例えばspeak, say, tell, talk のように，意味的に類似した語を状況に応じて適切に用いることができる力を指す。ここでは，それぞれの語が意味的にどのような関係になっているのかについての知識（語彙間ネットワーク）に着目することが重要となる。一方，基本語を「使い切る」とは，語がもつ意味的可能性を十分に実現することができるかという視点である。例えば，基本動詞 put の場合，put the dishes on the table のような使い方はできる一方，「目薬をさす」（put eye drops in one's eyes）や「この表現を英語にする」（put this expression into English）といった状況では put を使うことができないケースが往々に見られる。この場合，put を十分に使い切れないと言うことができる。したがって，語を使い切るためには，語がどのような意味の構造をもっているかという，語彙内の意味構造

に関する知識を構築することが求められる。

　拡張語力については，どのような話題についてどのくらいの数の語を使って語ることができるかが問われることになる。例えば，「経済」や「金融」については深く語ることができる一方，「科学」や「スポーツ」についてはほとんど語ることができないという場合，語彙に偏りがあることになる。したがって，語の数に加え，どのような話題について語ることができるのかという「話題の幅」が重要となる（拡張語力については，第5章で詳細に論じる）。

　以上の語彙力の定義を踏まえ，本章では，まず基本語とはどのような特徴をもった語であるのかを素描し，英語学習におけるその重要性について考察を行う。その後，第二言語習得論の観点から，基本語の学習を阻害する要因について議論を行い，語のもつ核となる意味（コア）の視点から基本動詞と前置詞の意味世界を分析する。最後に，基本語力を育むためのエクササイズのあり方について，具体例を通して考えていきたい。

■ 英語学習における基本語の重要性

　基本語には，基本動詞や前置詞，副詞，形容詞，名詞に加え，代名詞や冠詞，接続詞，助動詞，関係詞といった語が含まれる。その中で中心的な役割を果たすのが，基本動詞と前置詞（空間詞的な副詞も含む）が組み合わさった句動詞であり，具体的には以下のような語が含まれる。

○基本動詞
be, have, take, give, make, break, cut, leave, run, do, work, come/go, get/catch, hold/keep, put/set, bring/carry, look/see/watch, listen/hear, speak/talk/tell/say, push/press, pull/draw, spread/extend, close/shut, fall/drop, lift/raise, remain/stay, lay/lie, hit/strike, throw/cast, clear/clean

○前置詞（副詞）
in, on, at, by, to, with, for, of, under, over, through, across, along, around, about, between, above, beyond, below, against, up, down, out, off, away, back

○句動詞
give { in, away, off, back, out }
take { in, on, over, up, out, off, away, back }
hold { off, on, in, out, over, up, down }

第4章　基本語力を育む

　以上を中心とした500語程度の基本語は，10万語を掲載する2,000ページ程度の辞典を想定すると，その約5割の分量を占めるほど，その意味の可能性が大きい。

　では，これらの基本語とは，どのような性質をもった語であろうか。第一に，基本語は，日常生活に関する話題から学術的な話題まで幅広く，高頻度で用いられている。BNC（British National Corpus）の話し言葉の出現頻度を分析すると，約7割が基本語で占められているという報告もなされている。以下は，新聞などで基本語がどのように用いられているのかについての例である。

【新聞の見出し】
Tokyo museum <u>makes</u> World Heritage list (The Japan Times ST, August 5, 2016)
（東京の美術館，世界遺産に）

【コマーシャルのキャッチコピー】
Quality never <u>goes out of</u> style. (Levi's)
（良質は決して流行遅れにならない）

【映画 Casablanca より】
A: May we <u>see</u> your papers? （証明書を拝見させてもらえますか）
B: I don't think I <u>have</u> them <u>on</u> me. （手元にはないと思います）

【名言・格言】
Experience is the name everyone <u>gives</u> to his mistakes.
(Oscar Wilde の名言)
（「経験」とは皆が自分の失敗に対して与える名前のことだ）

　基本語の第二の特徴として，その知識を文法や構文，慣用表現の理解へと接続することが可能である点が挙げられる。例えば，be は進行形（be + *doing*），受動態（be + *done*），be to *do* のような形で用いることができるが，それぞれの項目における be と，I <u>am</u> a high school student. や He <u>is</u> in the library. における be とどのようなつながりがあるのかについては，一般に指導の対象とはされてこなかった。be の核となる意味は，I'<u>m</u> here. （私はここにいる）のような「何かがどこかにある」（存在）である。そこから，「状態」に焦点が移ると，I'm happy. （私が幸せな状態にある→私は幸せだ）や He <u>is</u> running in the park. （彼は公園を走っている状態にある→彼は公園を走っている），He <u>was</u> beaten by his girlfriend. （彼は彼女にたたかれた状態にあった

→彼は彼女にたたかれた），You are to blame.（君がこれから責任を受ける状態にある→君に責任がある）のように意味が展開する。

　同様に，haveに関しても完了形（have + *done*）や，助動詞関連表現 have to *do*，使役動詞（have + 目的語 + *do/done*）において用いられるが，Do you have a pen? のような「～を持つ」というhaveの典型的な意味とのつながりには言及されないことが多い。have は，A have B において「A が B を自分のところに持つ」というイメージがあり，I have known him for 10 years. は，「私は彼を10年間知っている状態を持っている」ということから「彼と知り合って10年になる」という意味になり，I have to finish the report by next Monday. であれば，「レポートを次の月曜までに終えることに向き合っている状況を持っている→終えなければいけない」ということ，I'll have him do it. であれば，「彼がそれをするという状況を確保する→彼にそれをやらせる」という意味合いになる。

　基本語と構文の接続可能性について議論する上で格好の語が，基本動詞getである。get は，I got a new smartphone. のように，一般的に「～を手に入れる・得る」という意味で理解されているが，以下のように多様な構文的可能性をもつ。

(1) I got to the station.（私は駅に着いた）【動詞＋前置詞】

(2) He got angry.（彼は怒った）【動詞＋形容詞】

(3) The door got broken.（ドアが壊れた）【動詞＋*done*】

(4) She got the prize.（彼女は賞を獲得した）【動詞＋名詞】

(5) We'll get to know each other soon.（私たちはお互いにすぐ知り合いになるでしょう）【動詞＋to *do*】

(6) I'll get you a coffee.（コーヒーを淹れましょう）【動詞＋名詞＋名詞】

(7) Don't get me wrong.（悪く思わないで）【動詞＋名詞＋形容詞】

(8) I'll get my work done by tomorrow.（明日までには仕事を終えるよ）【動詞＋名詞＋*done*】

(9) I'll get him to carry your baggage.（彼に荷物を運ばせます）【動詞＋名詞＋to *do*】

　get の中心的な意味（コア）は「状態変化」であり，どのような状態変化が含意されるかにより，多様な構文が生まれてくる。ここでのポイントは，①誰［何］の状態が変化するのか，と，②どのような状態に変化するのか，の2点をつかむことである。①については，主語の変化と目的語の変化に大別され，上記の例では，(1) から (5) が主語の変化を，(6) から (9) が目的語の変化を表している。②については，大別するとBE状態への変化，HAVE状態への変化，DO状態への変化となる。(2) は BE の状態変化の一例であるが，

これは彼が怒っていない状態から怒った状態（He IS angry）へと変化したととらえることができる。一方，(4)は彼女が賞を取っていない状態から取った状態（She HAS the prize）への変化としてとらえることができるため，HAVE状態への変化となる。最後に，(5)では私たちがお互いを知らない状態から，知っている状態（We KNOW each other）への変化が示されており，DO状態への変化となる。このように，「状態変化」というコアを基点に，誰［何］がどのような状態へと変化するのかを理解することで，getの構文的可能性を実現することが可能となる。

基本語の第三の特徴として，ある概念領域における核となる語である点が挙げられる。例えば，「設置」という概念領域を考えた場合，その中心となるのがputである。putの本質的な意味は「あるところに位置させる」であり，その意味をより具体的に示すのが，setやplant, lay, installといった語である。これらの動詞はputを中心としてネットワーク上に配置される。

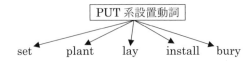

これらのPUT系設置動詞は，set the dishes on the table（皿をテーブルに並べる），plant green pepper in the garden（ピーマンを庭に植える），lay a baby in her crib（赤ん坊を寝台に寝かせる），install an air conditioner in his room（エアコンを部屋に設置する），bury the box in the ground（箱を地面に埋める）のように，putと構文上の共通点をもつ。

基本語力とは

学習者にhave, take, give, getのような単語を「知っているか」と問えば，「知っている」と答えるだろう。意味を問えば，「持つ」，「持っていく」，「与える」，「得る」のように，初級レベルの学習者でも答えることができるだろう。しかし，例えば「目薬をさす」（put eye drops）や「献血をする」（give blood）という状況を表現する際，putやgiveがすぐに頭に浮かぶかというと，疑問が残る。つまり，基本語を「知っている」ことと，「使える」ことは次元の異なる問題だと言える。

上述したように，基本語を使いこなす力（基本語力）は，語を「使い分けつつ，使い切る」力と定義することができる。「使い分け」とは，語と語が意味的にどのような関係になっているのかを理解し，状況に応じて適切な語を用いることである。例えば，発話動詞speak, talk, say, tell の使い分けは，多くの日本人学習者にとって困難だと言われている。以下の（　）に適切な発話動詞を入れるとしたら，何が入るだろうか。

Part 2 Language Resources 論——語彙力・文法力・慣用表現力

> ①Please (　　　　) me the way to the station.
> ②She didn't (　　　　) good-bye to him.

　正解は①が tell，②が say である。①は伝える相手と内容，②は具体的なセリフが後ろに続いている。tell のコアは「相手に何かを伝える」という情報の「伝達」に視点が置かれる。一方，say のコアは「何かを言う」であり，言う「内容」に焦点が当たった動詞である。そのため，駅への行き方を伝える①の状況では tell が用いられ，good-bye という具体的な発話内容に視点が置かれる②では say が用いられるのである。このように，それぞれの語がもつコアを意識することで，意味的に類似した語を使い分けることが可能になる。

　一方，「使い切る」とは，語がどのような意味構造をもっているのかを理解し，その意味の可能性（semantic potential）を十分に実現できるかということと関連する。動詞 break を例とした場合，多くの学習者は break a computer や break a toy のように，日本語の「こわす」に対応する状況に置いて break を適切に用いることができるが，break bread（パンをちぎる）や break the skin（肌を擦りむく）といった状況で break を選択できないケースが見られる。また，break the world record（世界記録を破る）や，break one's drinking habit（飲酒の習慣を断つ）のような，連続した状態を断つという意味で break を用いることができない学習者も多い。この事象を，語の「使い残し」（under-extension）と呼ぶ。一方，日本語の「こわす」に引きずられ，「お腹をこわした」と言う時に *I broke my stomach. としたり，「景観をこわす」に対して *break landscape と表現したりすることも往々に見られる。これは，本来用いられない領域に誤って break の意味を拡張してしまう，語の「使い過ぎ」（over-extension）の例である。以上のような語の「使い残し」や「使い過ぎ」という問題に陥らないためにも，語のコアに着目することが重要となる。なお，break のコアは，「外から力を加えて，形・機能・状態をコワス」であり，対象が物理的なものであれば，形や機能が損なわれることを意味する。一方，対象が継続した状態であれば，それが断たれるという意味になる。

基本語の習得はなぜ困難なのか

　基本語力は英語力の基盤であり，それを使い分け，使い切る力を身につけることは，英語学習の主要な柱となる。しかし，その重要性にも関わらず，基本語の習得は往々にして困難を伴うことが，これまでの研究から明らかになっている。その主な要因として，以下のような点が挙げられる。

(1) 学習者にとって，辞書や単語帳に記された訳語同士に意味的なつながりを見出すことは困難であり，結果として訳語を機械的に覚えていかざるを得ない（意味の分断）。

(2) ある英単語に日本語の訳語を充てると，その訳語に対して複数の英単語が充てられるということが理論上無限に続き，どこまでいっても対象語の意味を十全にとらえることができない（意味の無限遡及）。
(3) 日本語の訳語に縛られることで，語の「使い過ぎ」や「使い残し」といった問題が生じる。

まず，(1)および(2)についてであるが，試みに基本動詞putを辞書で引くと，以下のような語義が列挙されている。

置く，出す，はずす，動かす，入れる，くっつける，取りかかる，せいにする，投資する，委ねる，傾ける，寄せる，提出する，署名する，翻訳する，見積もる …

多くの学習者にとって，辞書に記載された訳語同士に関連性が見えないため，putにはたくさんの意味があるという感覚で，機械的に丸暗記をしてしまう。しかし，意味的に関連しない項目の暗記は学習効率が低く，短期的な記憶で終わってしまう点や，学習に対する動機づけが高まらないといった弊害がある。

ここで，重要なのは，辞書に挙げられている個々の語義はput本来の意味ではなく，putが使われ得る「状況」を表しているにすぎないことを自覚することである。つまり，putには核となる本質的な意味（コア）があり，それが様々な状況で用いられることにより，文脈依存的な語義が立ち現われてくるのである。

(2)は，意味の無限遡及という問題である。以下のように，put[E]には「置く・掛ける・入れる・課す・翻訳する」といったJ^n個の日本語[J]が対応する。そして，「置く」という日本語に対して，E^n個の英語が対応することになる。このように考えていくと，ある英単語EにJ^n個の日本語が，日本語J1にE^n個の英語が対応することになり，無限に意味が遡及していく。結局，一つの英単語EにJ^n個の日本語を当てはめたとしても，その意味の全体像をとらえることはできない。

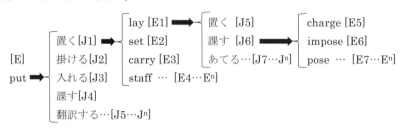

最後に，(3)については，基本語の習得研究において，学習者が基本語の意味を訳語と一対一に対応させて理解する学習方法を用いることが報告されている。例えば，「誕生日ケーキを切る」という時に，<u>cut</u> the birthday cakeと表現することができるが，「（野

菜の）水を切る」や「ハンドルを切る」という時に，日本語の「切る」という訳語に引きずられた結果，＊cut the waterや＊cut the steering wheelといった表現をしてしまうことがある。これらは，学習者が日本語の「切る」の意味を水やハンドルを切る状況にも転用させる「使い過ぎ」(over-extension)の例である。一方，Take an umbrella with you.（傘を持っていきなさい）という表現はできるが，How long does it take to the station?（駅までどのくらいの時間がかかりますか）や，I can't take it anymore.（もう我慢できない），Let me take your temperature.（体温を測らせてください）のような状況でtakeを使うことができない「使い残し」(under-extension)という問題も生じる。「使い残し」が生じるということは，その語がもつ意味的可能性を十分に実現できていないということである。

■ 基本動詞の意味論

　では，基本語はどのように学んでいけばよいのであろうか。われわれは，日本語の訳語に縛られることなく，語の本質的な意味である「コア(core meaning)」を理解することが重要であるという立場を採る。

　基本動詞takeを例に考察していこう。He took some medicine.におけるtakeは，薬を「取る，盗む，持っていく，飲む…」といった状況で用いられる。He took some medicine and got well.であれば，「薬を飲んで，体調がよくなった」ということだが，He took some medicine and got arrested.となれば，「薬を盗んで，逮捕された」といった意味合いになる。つまり，take some medicineの意味は一義的に決まるわけではなく，文脈に依存する。しかし，takeという同じ語が用いられているということは，そこに共通した意味（コア）が存在するはずである。それは，「何かを自分のところに取りこむ」として記述することができる。

　コアを図式的に表象したものを「コア図式」あるいは「コア・イメージ」と呼ぶ。コア図式は，平面にイラストで描けば静的な絵に過ぎないが，図式のある部分を「焦点化」したり，図式を抽象的な領域に「投射」させたり，あるいは図式同士を「融合」させたりするといった認知的操作を加えることにより，動的に語の意味の展開をとらえることが可能となる。以下，それぞれの原理について，例を示しながら見ていきたい。

　まず，「図式投射」の例として，driveを挙げてみたい。driveは，He can drive a car.のように，「〜を運転する」という意味で多くの学習者にとっては馴染みのある動詞である。しかし，「君のせいで，気が変になってしまうよ」(You're driving me crazy.)や「ストレスのせいでつい飲み過ぎてしまう」(Stress drives me to drink too much.)といった状況においてdriveを使いこなすことができる学習者は稀であろう。driveの原義はdrive a horseであり，まだ車が発明される以前，馬の手綱を引っ張って追い立てるといった意味であった。それが，馬を追い立てるところから，車に対象が投射され，drive

drive

a carで「車を運転する」という意味で用いられるようになった。The new engine is driven by solar energy.（新しいエンジンは太陽エネルギーで動く）のような例では，「何かを追い立てる」というコア図式がエンジンに投射され，「何かを動かす」という意味になり，Stress drives me to drink too much.では，ストレスが私を，酒を飲み過ぎるという行為に向き合うように追い立ててしまうというイメージとなる。心理状態に投射された場合は，A satisfying life drove away my feelings of depression.（充実した生活のおかげで，憂鬱な気持ちを追い払うことができた）や，You're driving me crazy.のように，誰かの気持ちを追い立ててある状態にするといった意味合いでも用いられる。

　次に，「図式の焦点化」の例としてrememberを取り上げてみよう。rememberのコアは「記憶に留めておいて必要な時に取り出す」であり，以下の図式としてとらえることができる。

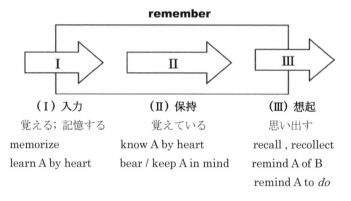

上図に示されているように，rememberには，（Ⅰ）「入力」（覚える；記憶する；暗記する），（Ⅱ）「保持」（覚えている），（Ⅲ）「想起」（思い出す）という3つの認知的な側面があり，それぞれが焦点化されることで以下のように用いられる。

（Ⅰ）の焦点化

　We had to remember the parts of the brain in our biology class.（生物の授業で，脳の部位を覚えなければなりませんでした）

　It's important to remember new words.（新しい単語を覚えるのは大切です）

（Ⅱ）の焦点化

　I'll always remember this day.（私はこの日を忘れません）

I'm not sure whether I can remember this information until next week.（この情報を来週まで覚えていられるか自信がありません）
(Ⅲ)の焦点化
That photo made me remember my high school days.（その写真を見て，高校時代を思い出しました）
I can't remember where I met her.（彼女にどこで会ったのか思い出せません）

以上を踏まえると，I can't remember her name. という表現は，「彼女の名前が覚えられない」（Ⅰ），「彼女の名前を覚えていられない」（Ⅱ），「彼女の名前が思い出せない」（Ⅲ）の3つの解釈が可能であり，曖昧性を含んだ表現となる。しかし，memorizeやlearn A by heartという表現を使えば，（Ⅰ）の側面，know A by heartやbear / keep A in mindとすれば，（Ⅱ）の側面，recall, recollectやremind A of Bという語を使えば，（Ⅲ）の側面に意味を限定することができる。

文法的に見ると，（Ⅰ）の側面は「〜を覚える」という未来の行為に言及する用法であるため，to doを目的語に取ることが多い。一方，（Ⅲ）の側面は「想起」であることから，過去の行為が対象となり，行為を概念化してとらえる動名詞を目的語として取ることが多い。このように，rememberが不定詞と動名詞のいずれを取るのかという文法的な理由も，図式のどの側面が焦点化されるのかをとらえることによって説明することが可能となる。

前置詞の意味論

次に，コアの視点から前置詞の意味世界をどのようにとらえることができるかについて見ていきたい。

例えば，日本語で「机の本を取って」と言う場合，英語では以下のような表現の可能性がある。

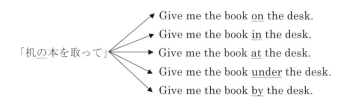

日本語には，名詞XとYの空間関係が明白な場合は敢えて言語化しないという特徴があるため，常識として「机の上に本があるだろう」という予測が働く。一方，英語では，XとYの空間関係を言語的に明示することが求められるため，本と机の関係を，前置詞を用いて表現しなければならない。そのため，少なくとも上記の5通りの表現の可能性がある。

また，前置詞は，物理的な空間関係を表すだけでなく，時間的，社会的，心理的な空間

関係にも応用される。例えば，前置詞 in は以下のように様々な空間関係において用いることができる。

【時間関係】in 1987, in the morning, in a week, in summer, in the future
【社会関係】in the drama club, in business, in the hospital
【心理関係】in love, in trouble, in need

ここでは，「空間内」という in のコアがそれぞれの関係に投射されている。There are seven days in a week. という用例の場合，a week が容器のようなものとしてとらえられ，その中に 7 つの days が含まれているという感覚となる。同様に，She is in the drama club も，クラブ活動を社会的な空間ととらえ，その中に彼女が存在していることが表されている。さらに，fall in love は「恋に落ちる」ということだが，love を三次元の空間に見立てることによって，その内部に落ちるといった空間的な描写となっている。なお，恋が冷めると言う場合は，fall out of love となり，ここにも空間の内部から外への心理的な移動が感じられる。

次に，over について見ていきたい。over のコアは，「（弧を描くように）…を覆って」であり，以下のようなコア図式で示すことができる。この図式には，4 つの焦点化され得る領域が存在する。

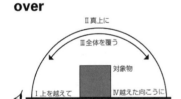

（Ⅰ）何かの上を越える軌道
（Ⅱ）何かの真上
（Ⅲ）全体を覆っている状態
（Ⅳ）何かを越えた向こう側に視点

The cat jumped over the fence. は，フェンスという障害物を越えてネコが弧を描くように移動するという状況が示されているため，（Ⅰ）に焦点化された例である。また，The plane is flying over the Pacific Ocean. では，太平洋の上空を飛行機が移動しているということから，（Ⅱ）に焦点化されている。なお，The plane is flying above the Pacific Ocean. と表現することも可能であるが，over を用いることにより出発地から目的地まで半円形の軌道を描きながら移動するという感覚となる。Put your hands over the face. という用例は，文字通り顔を覆うように手を位置づける感覚であり，（Ⅲ）の焦点化となる。最後に，There is a big castle over the mountain. という

用例では，物理的な移動は含意されておらず，話者の視線が山を越えていった先に城があるといった解釈となる。これは（Ⅳ）の焦点化の例である。

　以上の例は，いずれも物理的な空間関係を表したものであるが，over は抽象的な空間にも用いることができる。例えば，He ruled <u>over</u> the company for decades. と言えば，彼があたかも会社を覆うかのように影響力を行使してきたという（Ⅲ）のイメージが投射され，「彼は何十年にもわたってその会社を支配してきた」という意味となる。また，My grandmother is <u>over</u> 90. には，上図の（Ⅳ）が投射されており，90歳という山を越えたその先に今，祖母がいるという感覚となる。授業の終わりに，Class is <u>over</u>. と言うが，これも授業という時間を越えていったその先に今，いるということである。

　次に，前置詞のコアがイディオムの理解をどのように促進するかについて見てみよう。例えば，be concerned with と be concerned about は，前置詞の違いにより意味が異なるため，注意して覚えるべきものとして熟語帳や学習参考書で取り上げられている。

be concerned with：〜に関係がある
　The research <u>is concerned with</u> the English education in Japan.（その研究は日本の英語教育に関わるものだ）
be concerned about：〜を心配している
　<u>I'm concerned about</u> my grandmother's injuries.（私は祖母の怪我を心配している）

　ここでは，be concerned の後に異なる前置詞が用いられているため，当然両者には意味上の違いが存在することになる。端的に言うと，with を用いた場合は「関係・関心」，about を用いた場合は「心配」というニュアンスになる。その理由を with と about のコアの違いで理解してみよう。with のコアは「〜とともに」であり，一定期間持続する感情と結びつきやすい。したがって，「何かとともにあれこれ思いを巡らせる」というところから，be concerned with が用いられる。一方，about のコアは「〜の周辺・あたり」であり，漠然としている状況を表す。そこから，「色々な要因で」という曖昧性を含んだ表現となり，「祖母の怪我についてあれやこれやと思いを巡らせる」のように，「心配」という意味合いが生まれる。類似表現に be anxious about（〜について心配する）があるが，この表現では about 以外の前置詞を取ることはできない。心配や不安といった感情は，ある対象に対して漠然と感じるものであり，「あれこれ思い悩む」という性質をもつからである。

　このように，前置詞のコアを理解することで，これまで丸暗記を強いられてきたイディオムの学習を有意味なものにすることが可能となる。

　最後に，図式融合の例として基本動詞と前置詞・副詞が結びついた句動詞（phrasal verb）の意味を見ていきたい。

第4章　基本語力を育む

　　take overという句動詞を例に考えてみよう。take overは，「何かを自分のところに取り込む」というtakeの図式と，「（弧を描くように）…を覆う」というoverの図式が融合することによって形成され，以下のように「引き継ぐ」や「支配する」という意味を表す。

（ア）When Mr. Nakamura got sick, I <u>took over</u> the class. （中村先生が病気になったとき私がクラスを引き継いだ）

（イ）Japan <u>took over</u> Korea in 1910. （日本は韓国を1910年に支配下に入れた）

　　（ア）は，「授業が前任者から自分のところに取り込まれ，弧を描くように移動した」というイメージとして理解することができる。（イ）の場合は，「何かを自分のところに取り込み，全体を覆う状態になる」という手続的な解釈が要請され，「～を支配下に置く」という意味合いとなる。（ア）のoverはコア図式の（Ⅰ）を焦点化したものであり，（イ）では（Ⅲ）が焦点化されている。このように，overのどの部分が焦点化されているのかを意識することがtake overの理解において肝要である。

　　次に，put offという句動詞を考えてみよう。「延期する」という意味が即座に連想されるが，それは「何かをどこかに位置づける」というputのコアと，「接触した状態から離れて（分離）」というoffのコアが融合した結果，「予定された日程から外して（off），どこかに位置させる（put）」という図式が立ち現われるからである。また，日程からoffすれば「延期する」となるが，何かに集中した状態からoffすれば，Don't talk to me. You're <u>putting me off</u>. （話しかけないで。気が散るじゃないか）のように，「気を散らす」といった意味合いになる。

　　図式融合という考え方を採用することで，例えば「身につける」がput onなのに対し，「脱ぐ」がput offにならない理由も容易に説明することができる。何かを身につける場合，何かをputして身体に接した状態（on）にするということであるが，脱ぐ場合には，何かを手にして（take）接触した状態から離す（off）という動作に関心が置かれ，外してどこかに位置させるという解釈を要請するput offでは都合がよくないからである。

■ 基本語力を育むためのエクササイズ

　　これまでの英語教育において，単語テストなどを通して語彙の「量」を増やす指導はどの学校でも行われてきた一方，基本語に焦点を当てた指導は十分になされてこなかったのが実情である。しかし，これまで議論してきたように，基本語は英語のエンジン部分を成すものであり，日々の授業において体系的，継続的に学習・指導されなければならない。そこで本節では，「使い分け」と「使い切り」の両面から，効果的な基本語の学習・指導法を見ていきたい。

　　基本語力を身につけるためのエクササイズをデザインする上で，以下の5つのねらいを

意識することが重要である（詳細は第8章を参照）。

① Awareness-raising（気づき）：「なぜ, そうなのか」から「なるほど, そうか」という
　　いう気づきを喚起する
② Networking（関連化）：バラバラな知識を関連づける
③ Comprehension（理解）：英語的な発想で英語を理解する
④ Production（産出）：英語を使って表現する
⑤ Automatization（自動化）：リハーサルや反復訓練を通し, 知識の自動化を図る

　①は効果的でauthenticな用例を提示して,「なぜ, そうなのか」という注意を引きつけることから始め, 用例を比較させたり, 視覚的な教材でイメージを示したりすることで「なるほど, そうか」という語の本質的な意味についての気づきを与えることである。②では, 語彙内ネットワーク（intra-lexical network）と語彙間ネットワーク（inter-lexical network）の両者を考えていく必要がある。前者については, コアを中心に, それぞれの語義を有機的に関連づける作業が必要となる。例えばhaveであれば, have a pen, have an idea, have blue eyes, have a good time, have a shower, have breakfast, have lived in Tokyo, have him do itなど, 様々な用例において, コア図式がどのように反映されているのかを理解することが求められる。後者については, 例えば視覚動詞のsee（対象を視野にとらえる）, look（対象に視線を向ける）, watch（動き・変化のあるものを注意して見る）の意味の違いを, コアを比較することによって理解させるエクササイズが必要となる。同時に, seeの関連表現（view, glimpse, sight, spot, witnessなど）やwatchの関連表現（observe, survey, inspect, examineなど）, lookの関連表現（gaze (at), glance (at), stare (at)）をネットワーク化させ, 記憶に定着させていくことが重要である。③においては, 与えられた状況において, 提示された英文の意味を, コアを意識しながら考えることで理解を促進させることができる。④は, 与えられた状況に対して, 学んだ語を用いてどのように英語で表現できるのかを考え, 産出するというアウトプットの活動である。最後に, ⑤では, 学んだ知識を使って瞬発的に表現できるよう, 時間的な制約を設けたプロダクション活動を行う。「なるほど, そうか」という「気づき」を出発点として, 関連のある語を有機的にネットワーク化することによって記憶の定着を図り, 英語的な発想で, 様々な状況を英語で理解・表現していく。

　以上を踏まえ, 基本語の「使い分け」に着目した学習について見ていこう。例として,「机の上をきれいにする」と言う場合, clean the tableとclear the tableのどちらが自然であるかという発問を行う。続いて, 両者の状況を表す画像と英語表現を提示し, 両者の違いを比較しながら考えさせる。

　その後, Clean your hands.（手をきれいにしなさい）やClear mud off the front

door.（玄関の泥を払いのけて）などの用例を提示し，議論を深める。クラスで意見を共有した後，以下のようなcleanとclearのコアとコア図式を提示し，教員が解説を加える。

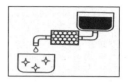

「汚れがなく，きれいにする」　　　　「邪魔なものを取り除き，澄んだものにする」

このように，視覚的な素材を提示したり，意味の違いが際立つ用例を示したりすることで，学習者に「なるほど，そうか」という気づきを与えることができる。

次に，基本語を「使い切る」エクササイズを，基本動詞payを例として見てみよう。payのコアは「（ある行為・人・モノに対して）代金・敬意・注意などを払う」であり，以下の図に示されているように多様な構文的可能性をもつ。

	PAY	誰に	何を	何のために／何に対して	α
① I	must pay	him	¥ 20,000	for cleaning. / to teach me English.	×
② He	must pay	×	a lot of money	for that house.	×
③ We	must pay	×	a tax.	×	×
④ I	will pay	×	×	for both of us.	×
⑤ Teaching	pays	×	×	×	poorly.

表を見ても分かるように，「誰に」「何を」「何のために／何に対して」という情報は，必須情報ではなく，これらいずれかの情報がある場合，「払う」という意味になることがわかる。一方，⑤のように，副詞の共演情報のみで自動詞的に用いられる場合は，「教師は割に合わない」のように，「割に合う」という意味合いになる。辞書で構文を調べていくと複雑で分かりにくいが，以上のように構文の可能性を提示することができれば，語を「使い切る」ための指導をすることができる。

おわりに

本章では基本語力を，語を「使い分けつつ，使い切る」力として定義し，英語学習におけるその重要性及び習得を困難にする要因について議論を行った。そして，基本語力を身につけるためには，日本語の訳語に縛られず，語のもつコアを，図式を通して理解することが必要であることを指摘した。最後に，基本語力を育成するためのエクササイズのあり方を，具体例を通して提示した。

Part 2　Language Resources 論——語彙力・文法力・慣用表現力

　基本語は決して「簡単な」語という意味ではなく，英語を使いこなす上での基盤
(foundation) となる語であることを意識し，これからの英語教育において体系的・継続
的な指導を行うことが今後ますます求められるだろう。

（中村俊佑）

■ 読書案内

門田修平・池村大一郎（編著）(2006).『英語語彙指導ハンドブック』大修館書店.
語彙習得の基本的な理論及び実践的な指導法について詳細に解説している。語彙指導に力
を入れたい教師にとっては必読の書。

佐藤芳明・いいずな語彙力習得支援プロジェクト（編著）(2013).『MEW自分を語るため
の英単語編 Exercise Book Core 500』いいずな書店.
本章で紹介した基本語を身につけるためのエクササイズブック。書き込み式のワークブックで，
取り組みながら語彙の学び方を体得することができる。

57

第5章

拡張語彙力を育む

本章のポイント

(1) 拡張語彙力とは，どのような話題についてどれだけ豊かな語彙を用いて語ることができるかというものであり，「話題の種類＋語彙量」としてとらえることができる。

(2) 拡張語彙力を身につけるためには，語形成・連想・話題・概念分類等の観点から，関連性を有する語彙項目を相互に関連づけるネットワーキングの発想が有効である。

(3) 拡張語彙力を強化する際，個人単位だけでなく，学習者が協働して行う活動も有効である。

キーワード

拡張語彙力，話題の幅，語彙量，ネットワーキング，ワード・ファミリー

■ はじめに

　外国語を使いこなす上で最も重要な要素の1つが，どれだけの語彙を有しているかであることは疑う余地がない。外国語が上手く使えない学習者の多くが最初に口にする言い訳は，「単語力がない」である。そこで，語彙力の強化が学習者にとって至上命題となるわけである。しかし，語彙力を議論する際，語彙の数量的な規模（vocabulary size）のみならず，語ることのできる話題の幅（thematic range）も考慮する必要がある。また，英語表現の基盤であり，多様なコミュニケーション場面で頻繁に使われる「基本語」に対して，特定の話題について語るために必要となる「拡張語」という観点も必要である。両者は，語の意味の有り様と用法上の特性が異なるため，有効な学習の仕方も異なる可能性がある。多義性を有する基本語は，単純で曖昧なコア（本質的意味）が多様な文脈の中で調整される（contextual modulation）結果様々な語義を生み出すため，学習においては，語のコアに注目してその展開を辿る方法が有効である（Lexical Core Approach）。一方，拡張語の場合は，語形成・連想・話題・概念分類等の観点から関連性を有する語彙項目を相互に関連づけるネットワーキングの方法が有効である（Networking Approach）。本章では，ネットワーキングの発想に基づいた拡張語彙の学習法について，具体例を挙げながら提案を試みたい。それに先立って，学習者が身につけることを期待される語彙のサイズや語彙知識の諸相，基本語と拡張語といった，語彙習得に関する基本的な論点につ

Part 2 Language Resources論──語彙力・文法力・慣用表現力

いて触れておくことにしたい。

英語学習者が有すべき語彙のサイズ

実際のところ英語学習者はどの程度の語彙を獲得することが期待されているのであろうか。この点について，語彙習得研究の分野では以下のような指摘がなされている。Schmitt (2000) は，英語学習者はおよそ2,000語で日常会話を行うことが可能であり，5,000語で学習者向けではない文章を読むことができるとし，更に10,000語あれば難解な学術的文章を読むことができると推定している。Nation (2001) は，大学生を含む教養のある英語母語話者は20,000のワード・ファミリーを有しており，外国語としての英語使用者は10,000のワード・ファミリー，あるいは15,000語から20,000語を知っていれば未知語によって言語活動が阻害されることはないと述べている。ワード・ファミリー（word family）とは，ある語を中心に語根（root）を共有する派生語や活用形などから成る関連語彙項目の集合のことである。以下に示すのは，Academic Word List（AWL：学術的テクストに高頻出な570のワード・ファミリーからなる語彙リスト）にあるanalyseという単語のワード・ファミリーである。analyseという語をベースに，その活用形や分詞形，他品詞への派生語が含まれている。

analyse	analysis	analyze
analysed	analyst	analyzed
analyser	analysts	analyzes
analysers	analytic	analyzing
analyses	analytical	
analysing	analytically	

analyseのワード・ファミリー（AWL Word Familiesより）

さらにNation (2001) は，学術的テクストに高頻出な570のワード・ファミリーから成るAcademic Word List (AWL) を，一般的な語彙の中で最頻出である2,000のワード・ファミリーから成る General Service List (GSL) と合わせて学習することによって，学術的なテクストの84%の語彙がカバーされると述べている（なお近年GSLはNew GSL，またAWLは962語から成る New AWL に更新され，学術的テクストでの語彙カバー率が92%まで上昇している）。

語彙知識の諸相

このように，英語学習者が獲得すべき語彙のサイズについての具体的な指標がないわけではない。しかし，そもそも何をもって「語を知っている」と言えるのであろうか。語彙知

59

識には，形（発音・綴り・語形成），意味（形と意味のつながり・概念と指標・連想），使用（文法機能・コロケーション・用法上の制約）等が含まれる（Nation, 2001）。語彙知識は多面的（multi-faceted）なものであり，語の意味を覚えたことのみをもって，その語を身につけたことにはならない。

　Littlemore (2009) は，第二言語の語彙習得において，1) vocabulary breadth, 2) vocabulary depth, 3) network knowledge の3つの知識が必要であるとしている。vocabulary breadth とは語彙の数量的な規模のことである。vocabulary depth は語の理解の深さを指し，そこには1つの語がもつ複数の語義の理解も含まれる。そして network knowledge は，語彙間の関係性についての知識である。この主張に沿えば，語を訳語と一対一対応で覚えていくやり方は，vocabulary breadth を広げるための初歩的な方法と言えるかもしれないが，vocabulary depth や network knowledge を構築するための有効な方法とはなり得ない。例えば，多義語の訳語をいくつ覚えたとしても，複数語義間の意味のつながりを理解できなければ vocabulary depth を獲得しているとは言えないのである。

■ 基本語と拡張語

　上記の語彙知識の3つの側面は，基本語と拡張語という観点から以下のようにとらえ直すことができる。基本語の大多数は多義語であるため，コアを基に多様な語義を相互に関連づけながら学ぶことが求められる（この点は2) の vocabulary depth と関連する）。換言すれば，「語彙内ネットワーク（intra-lexical network）」の構築となる。一方，拡張語の場合には，多義性よりも話題の幅を広げるための語彙サイズの拡張が求められる（例：「環境」「IT」「メディア」などのトピックについて語る場合など）。つまり，1) の vocabulary breadth（語彙サイズ）の拡張が何よりも求められることになるのだが，その有効な方法こそ，3) のネットワーキングに当たるのである（これは「語彙間ネットワーク（inter-lexical network）」の構築に相当する）。

　基本語においては，語を「使い分けつつ，使い切る」ことが求められる。これに対して，拡張語は，関連（類義）語間の差別化，つまり「使い分け」が重視される傾向がある。

「使い分けつつ・使い切る」

基本語 ── コアに基づく多義の把握 ── intra-lexical network

拡張語 ── 話題・概念領域等に注目 ── inter-lexical network

「使い分け」が重視される

　拡張語における「使い分け」の例としては，「病院に行った」という時に hospital や

clinicを使う代わりに, orthopedics（整形外科）／dermatology（皮膚科）／oph-thalmology（眼科）／obstetrics（産科）／gynecology（婦人科）／pediatrics（小児科）／psychiatry（精神科）等の診療科を区別したり,「勝敗・支配・屈服」という概念領域で表現する時に, defeat／conquer／dominate／overthrow／vanquishを使い分けたりすることなどが挙げられる。

　基本語の意味は単純で曖昧であるため, 多様な文脈で使用される（ゆえに「使い切り」が大きな課題となる）のに対して, 拡張語は概念領域や文脈等の制約があるため, 関連する語同士の差異化に意識を注ぐことが主に求められると言ってよいであろう。

　上の点と関連して,「産出語彙（productive vocabulary）」と「受容語彙（receptive vocabulary）」という区別の仕方がある。一般に, 聞いて・読んで分かる受容語彙は, 自分の表現の中で使える産出語彙よりも先に習得され, 前者のサイズは後者をはるかに上回る。たしかに語彙を基本語から拡張語へと広げていくにつれて, 産出語彙より受容語彙の比率が相対的に高まることが予想される。しかし, 例えば, 特定の分野で論文を書いたり発表を行ったりするためには, その分野固有の拡張語も産出語彙として定着させることが求められる。したがって, この2つの語彙範疇は固定的なものとしてイメージせず, 学習者の関心や必要性を考慮して柔軟にとらえていくのが賢明であろう。

● 語彙拡張とネットワーキング

　では, 効果的に語彙を拡張するためにはどうしたらよいのであろうか。Nation（2001）は, 語彙は基本的に読んだり聞いたりすることを通して付随的（incidental）に学習される場合が一般的であり, かつ長期的な保持が可能である。同時に, 単語帳に代表される意図的な語彙学習も必要であるとしている。また特定の語彙項目にどれだけ多く（6回から16回）触れるかや, どれだけ多様な状況で語彙に触れるかが重要であるとも述べている。すなわちリーディングやリスニングといったインプットに加え, ライティングやスピーキングのようなアウトプット, さらには語彙の練習問題といった様々な場面で語に触れることができれば, 長期にわたって保持される知識となるのである。

　Boers（2013）は, 語彙学習の要素として, 1) language-focused learning, 2) message-focused input, 3) message-focused output, 4) fluency development の4点を挙げている。このうち2)と3)に該当する, メッセージ内容に着目した学習方法の一つとして, 意味ネットワークの概念を利用することが有効であるとしている。語彙習得においては, 知っている語の数を増やすことのみならず, 語彙項目間の意味的な関連性のネットワークを構築することが求められる。これを読み・書き・聞き・話すといった有意味な言語活動を通じて可能にしていくのが語彙習得のあるべき姿と考えられる。

　ネットワーキングは, 特に拡張語力を鍛える際に有効である。ネットワーキングとは, 個別に記憶してもバラバラになってしまう複数の項目を有意味な形で関連づける方法である。

第5章 拡張語彙力を育む

心理学者Willam James (2016) は，「記憶」は「連想」の結果であると指摘している。意味的に関連した項目同士が互いに引き込み合って記憶を維持，強化していくと想定すれば，語彙学習においてネットワーキングの発想は重要な役割を果たすはずである。

■ ワード・ファミリーによるネットワーキング

拡張語彙のネットワーキングの仕方には様々な形態があるが，取り組みやすいものとして，ある語彙項目を中心にその派生語や変化形を含めたワード・ファミリーを作る方法がある（下図参照）。ここで注目すべきは，接頭辞（例：pre-, com-, in-）や接尾辞（例：-able, -ness, -less）である。例えば前述のAWLは570語に過ぎないが，接頭辞や接尾辞を含んだワード・ファミリーを含むと3,000語にまで拡張する。それらはベースとなる語に接頭辞や接尾辞が組み合わさって派生したものであるため，有機的な意味のネットワークを構築することができ，意味想起にかかる時間を短縮できることが予想される。以下は，接頭辞・接尾辞に注目したネットワーキングの例である。

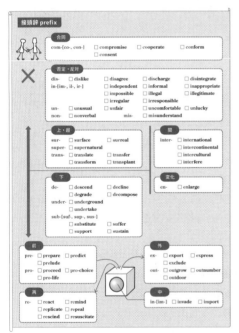
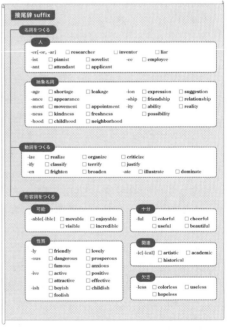

ワード・ファミリーの応用例として，語源に着目する方法も考えられる。例えば以下に示すように，suspendという単語はsus-（下に）という接頭辞がpend（つるす）という語と組み合わさってできた語である。つまり，「何かを下につるす」という意味が基本にあり，この点に注目すると，以下のようにネットワークを構築することができる。

sus-pend：一時停止にする→停職・停学にする→浮遊させる
　suspended：一時停止にされた→suspended game（一時停止試合）
　suspense：未決定の状態→サスペンス（不安感・緊張感）
　suspender：つるすもの→サスペンダー（suspender belt）
　suspension：一時停止にすること→停職・停学
　　　　　　　つるすこと→つり橋（suspension bridge）

　この方法では，語源を共有する他の語彙項目とのネットワーク化も容易になる。sus-が「下に」という意味を含むことが分かれば，sustain（支える）との関係性も理解できる。また，sus-はsub-の変形であることから，subconcious（無意識の）やsubject（依存する），subscribe（署名する），substitute（代わりの）等の語にまでネットワークを拡張することが可能になる。
　もう1つの例として，ハイフンつきの形容詞で分詞を伴うものを集めて整理する方法もある。以下は，その種の用例を，意味の構造（ハイフンの前後でどのように意味がつながっているのか）と共に示したものである。

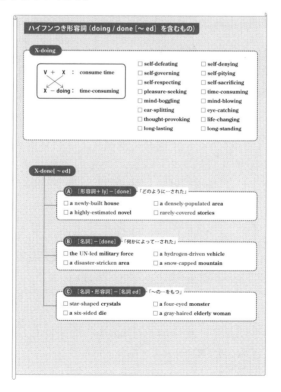

第5章　拡張語彙力を育む

共通の語法に注目したネットワーキング

　拡張語彙のネットワーキングの仕方には, 語法が類似する語同士をグループ化する方法もある。具体的には, 動詞の語法 (目的語の有無など, 動詞にどのような情報が続くかに関する規則性) が共通するものを一括りにして学習する方法が挙げられる。例えば, 後続のthat 節内でshould + 原形または原形のみを使う動詞群 (demand, insist, request, require, recommend, command, direct, order, suggest 等) を1つのカテゴリーとして括ることができる。これらの動詞は「未然の行為を促す」という意味概念を共有しており, 語法の共通性は意味的な共通性とつながっているという気づきを与えることも可能となる。目的語として不定詞はとらず, 動名詞をとる動詞群をMEGAFEPS (mind, enjoy, give up, avoid, finish, escape, practice, stop) などのようにまとめて覚えるのも同趣旨の例である。覚える際に, これらの動詞は, 未来志向的に「行為と向き合う」という意味あいをもつ不定詞とはかみ合わないという性質を共有しているという気づきを伴うと有益である。

概念分類に基づくネットワーキング

　語彙が表現する概念に注目して語彙項目をネットワーク化する方法もある。例えば『MEW Expansion 1400』(いいずな書店) では, 動詞と形容詞の拡張語彙について, 以下のような概念領域を設定して分類及びネットワーキングを行っている。

重要動詞ネットワーク

　「存在・位置・つながり」「変化／開始〜継続〜終了」「移動」「モノをSHOW / GIVE / PUT する」「モノをHAVE / TAKE / USE / KEEP する」「生産・創造」「他者 (人・モノ) とのやりとり」「促進・援助」「抑制・禁止」「知覚・認知」「感情と信念」「表現・発話」「話題中心」

重要形容詞ネットワーク

　「視覚／身体感覚／比較」「領域を仕切るラベリング」「時間の流れ」「状況判断」「価値判断」「人物描写」「意識〜認識〜関心〜感情」「話題中心」

　以下は, 上記の「重要動詞ネットワーク」に含まれる「知覚・認知」領域におけるネットワーキングのイメージである。それぞれのサブ領域に含まれる語彙項目のうち, アステリスクが施されたものは, 基本語彙と見なされている。

64

Part 2 Language Resources論──語彙力・文法力・慣用表現力

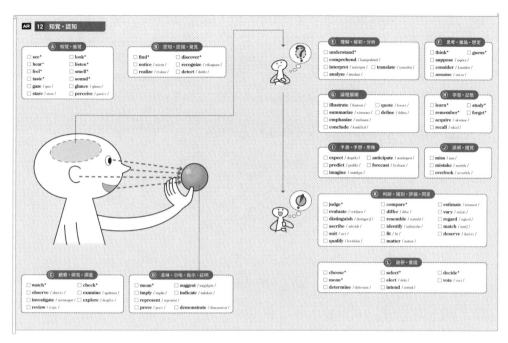

このネットワーク図を踏まえて，下位領域内の類義関係にある語彙項目の差異を意識しながら意味を確認し，例文を学ぶことができる（派生語についても確認）。以下は，差異化を意識した説明と例文，派生語の例である。

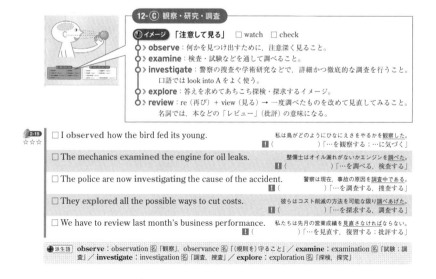

このように「知覚・認知」という概念領域における「知覚・感覚」という下位領域に収まる語彙項目間の使い分けは，拡張語彙ネットワーキングを内実あるものとするために重要な役割を果たす。ネットワーク図を踏まえて類義語を「使い分ける」タスクを行うことにより，それぞれの語彙項目を身近なものとしながら，ネットワークを拡張し強化していくことが可能となる。以下はMEW Expansion 1400にあるエクササイズの例である。

問題：イラストの状況を表すのにもっともふさわしい語を [　　　　] から選ぼう。

[gaze / glance / ignore / perceive / investigate / match / observe]

日本語では「見る」という動詞に，「チラッと」「ジーっと」「ジロジロ」などの擬態語を副詞的に加えることで表現の差別化が行われる。しかし，英語ではそれぞれが語レベルで差別化される。これらを「見る（視覚）」という概念領域の中で相互に関連づけながら差別化を図っていくことにより，リソースとしての知識が定着していくことが期待される。

■ 話題に注目したネットワーキング

拡張語彙のネットワーキングの方法として，話題に注目したやり方もある。例えば『MEW Frontier 1600』は，その発想で編纂されている。カバーされているトピックには，以下が含まれている。

生物／地形／災害・公害／環境／資源・エネルギー／食料／農林水産／海洋／気象／宇宙／地理／言語／文学／芸術／歴史／文化／宗教・哲学／思想・感情／学校教育／教育問題／IT／通信／工業・工学／土木・建築／数学／物理／化学／薬学／医療・医学／政治／法律／経済・金融／商業／メディア／国際関係／社会問題／社会保障／人間関係／コミュニケーション

以下に示すのは「環境」に関係する語彙項目のネットワークである。

Part 2 Language Resources論──語彙力・文法力・慣用表現力

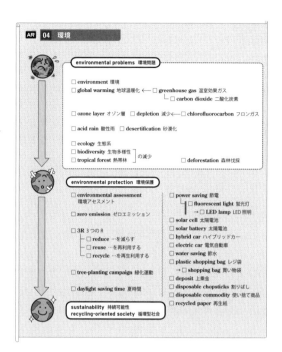

上の内容を踏まえて関連語を加えると，例えば以下のようにネットワークを拡張していくことができる。

第5章 拡張語彙力を育む

拡張語彙のネットワーキングは動態的でダイナミックなものである。つまり，学習者のレベルやニーズに応じてネットワークを広げていくことができるのである。学習者が語彙拡張を図るためのきっかけとして上のようなネットワークのアイディアは有効であると思われる。

■ 日本語のストーリーの中に英語の語彙を位置づける方法

話題に注目したネットワーキングでは，ある特定の話題を語るための語彙項目が関連づけられる。このことから，その話題にまつわるストーリーの展開とつなげて語彙力強化を図ることも有効な方法となる。以下は，「環境」の語彙を使ったストーリーによるエクササイズの例である。

「環境」を語るストーリーの例

「日々の生活をちょっと変えるだけで，環境保護 (environmental protection) につながることも数多くあります。節電 (power saving) もそのひとつです。蛍光灯 (fluorescent light) をLED照明に替えれば，消費する電力が減り，発電のための資源の使用量を減らすことにつながります。太陽電池 (sollar cells) を使ったり，車をハイブリッドカー (hybrid cars) や電気自動車 (electric cars) に替えることも同じ効果があります。節水 (water saving) は水資源の節約になりますし，レジ袋 (plastic shopping bag) を使わずに自分の買い物袋 (shopping bag) を使ったり，割りばし (disposable chopstics) などの使い捨て商品 (disposable commodities) を使うのをやめることも，資源の節約につながります。再生紙 (recycled paper) を使うことは，資源の保護を促進することになるでしょう」(MEW Frontier 1600 p.26参照；一部編集)

このエクササイズは，以下の手順で作成することができる。まず，特定の話題について語られている英文を分析し，その話題に特有（頻出）の語彙項目（キーワード）をチェックする。次に，英文全体を日本語に訳し，キーワードの訳語には下線を引いて直後に空所を足して英語で補充させる（上の例では答えがすでに与えられている）。答えとなるキーワード（英語）はあらかじめ選択肢として与えておくこともできる。

このようにストーリーを通じて語彙項目を学ぶ方法は，単なる意味記憶ではなく，いわゆるエピソード記憶の構築につながる可能性があり，記憶がより強化されるというメリットも期待される。この種の訓練の後に，同一の内容を英文で示し，キーワードを強調して示すことで読解力と語彙力の強化を同時に図ることも可能となる（Frontier1600では実際に上のストーリーが英文でも提示されており，内容理解を確認する簡単な問いが付されている）。日英・英日の双方向性を考慮することにより，複合的な効果をもつエクササイズに展開させることができるだろう。

Part 2　Language Resources論——語彙力・文法力・慣用表現力

■ コロケーションのネットワーキング

　ここまでは単語レベルの語彙拡張について述べてきたが，複数の語によって構成されるコロケーション（あるいはチャンク）の学習も言語理解・使用には欠かせない。ここでは，コロケーションのネットワーク拡張法を見ていきたい。

　昨今は英文をデータベース上に蓄積し，必要とする形で検索・表示する技術（いわゆる「コーパス」）が発達したことにより，形式的に似ている語彙項目をリスト化して表示することが容易になった。身近な方法としてGoogleの「フレーズ（" "）」及び「ワイルドカード（ * ）」検索を利用して形式的に共通するコロケーションを抽出する方法が挙げられる。例えば「have＋名詞＋with」という形で構成される表現を検索したい場合は，Googleの検索ボックスに"have * with"と入力すれば，アステリスクの場所に入り得る様々な表現が表示される。以下は検索結果として表示されたコロケーション例及びGoogleの予測変換機能によって表示された表現である。

have something with	have business with	have concern with
have fun with	have connection with	have a chat with
have experience with	have difficulty with	

have〜withの形式を取る表現一覧

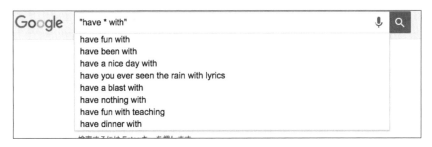

Googleによる予想検索例

　このリストを提示することにより，学習者にhaveとwithの間に入る名詞の関係性に着目させることができる。このような形式的類似性を利用したネットワークの構築も有効である。

■ 協働作業を通した語彙学習

　ここまで，拡張語彙力強化のためのネットワークの構築法をいくつか見てきた。いずれも素材が揃えば，学習者個人で取り組むことができるものである。本節では，他の学習者と

69

第5章　拡張語彙力を育む

の協働を通して語彙の拡張を行うことも可能であることを最後に述べておきたい。

　上に挙げた「データ駆動型学習」(Data-Driven Learning: DDL)は，提示された用例の中から共通性を見出す学習法であり，Boersもイディオムを概念ごとに分類するタスクの有効性を述べている。これらは個人単位で取り組むこともできるが，他の学習者と協働で行った方が，理解が深まり，知識の定着と拡張が促されると予想できる。

　また，教員や他の学習者と学んだ語を使って英語でコミュニケーション活動を行うことも有効である。やり取りを通して他者との相互作用が生まれ，その過程で知識を身につけることができる。Swain (2000)はこの過程をcollaborative dialogueと呼んでいる。他者とのやり取りを通し，単に理解可能なインプットを得るだけではなく，アウトプットをする機会を得ることができる。アウトプットは，文脈に応じた適切な語や意味の選択といった，学習者により深い言語処理プロセスを要請し，結果として学習者は新しい知識を得るだけでなく，既存の知識をより強固なものにすることができる。つまり，他者が用いた言語を理解することを通して知識を獲得し，その知識を用いて相手との意思疎通を行う過程で語を学ぶことができるのである。佐藤 (2015)は，英語を用いたウェブ上での対話活動の過程で参加者が他の参加者が用いる言語構造や語彙項目に着目し，それらを活用して他の人と交流していることを報告している。

おわりに

　語彙力は，英語力を構成する重要な柱の1つである。しかし，その学習は機械的な暗記に終始してしまうことが多い。学習した語をリソースとして実際のコミュニケーションの場面で活用できるようにするためには，意図的学習と付随的学習を並行して行い，豊富なインプット及びアウトプットの機会を得ることが必要不可欠である。しかし，語彙学習のねらいは，単に知っている語の数を増やすだけではない。基本語においてはコアを中心とした多義のしくみを理解し，拡張語においては語形・概念・話題などの観点から複数の語彙項目をネットワーク化していくという視点が求められる。

　本章では，拡張語彙ネットワーク構築法として，接頭辞・接尾辞・語根に基づくワード・ファミリーによるものや，語法や意味が近似した（同一品詞の）語彙項目をネットワーク化すること，概念に基づくネットワーキング，話題に基づくネットワーキング等が有効であることを述べた。実際の語彙使用と語彙ネットワーク構築のプロセスが支え合うことで，より強固な語彙知識を構築することが可能となる。

　語彙を学び，拡張する目的は，様々な表現モードを通した機能的なコミュニケーション力の獲得にある。このことを念頭に置いた上で，拡張語彙のどの領域をどのように拡張していくのか，そのためにどのような方法を採るべきかについて，明確な視点をもつことが求められる。

（佐藤芳明・佐藤　健）

■ 読書案内

佐藤芳明・いいずな語彙力習得支援プロジェクト（編著）(2015).『世界にはばたくための新・英単語学習システム MEW Exercise Book Expansion 1400』いいずな書店.

「移動」「生産」「認知」等の概念に基づく分類で，動詞と形容詞の拡張語彙をネットワーク的に提示。使い分けのポイントと例文が洗練されており，エクササイズが豊富。

佐藤芳明・いいずな語彙力習得支援プロジェクト（編著）(2015).『世界にはばたくための新・英単語学習システム MEW Exercise Book Frontier 1600』いいずな書店.

「金融」「医療」「メディア」等の話題に基づくネットワーキングを通じて拡張語彙を学ぶことができる。読解力と語彙力の強化を同時に図るのにも役立つ。

第6章

文法力を育む

本章のポイント

(1) これからの英文法の指導には，文法「力」を育むという発想が求められる。

(2) 英文法を指導する際，表現者の視点やレキシカル・グラマーの考え方を採り入れる必要がある。

(3) 英文法が「分かる」レベルにとどまらず，リソースとして「使える」レベルまで高めることができるような指導が求められる。

キーワード

文法力，表現英文法，レキシカル・グラマー，学習指導要領

はじめに

　私たちが道で見知らぬ人に「慶應義塾大学がどこですか」と問われたら，不自然に思うだろう。なぜなら，この場合に助詞の「が」は不適切であるという日本語の文法規則を直観的に知っているからである。しかし，なぜ「が」はダメかと問われても，専門家でないかぎり容易に説明することはできない。つまり大半の日本人は，日本語の文法について明示的に説明はできないが，言語直観として日本語の文法を獲得しているということになる。英語についても同様であり，英語のネイティブ・スピーカーたちはみな英文法の知識を知らず知らずのうちに獲得しているのである。ネイティブ・スピーカーたちが「文法を意識して話していない」ということは，英語教師が英文法を教えなくていいということを決して意味しない。外国語として英語を教える以上，英文法をある程度明示的に教えることは不可欠である。大切なのは，生徒たちが文法を「理解した」だとか「覚えた」というレベルでとどまってしまうのではなく，リソースとしてコミュニケーションの場面で活用できるレベルまで高めることである。

　英語力を身につける上で，文法力の獲得は決定的に重要である。文法のない言語はこの世にはないからである。その意味で，「文法力は英語力の要」という意識をしっかりともった上で英語教育を実践しなければならない。

文法の明示的な指導は必要か

　上述したように，英語のネイティブ・スピーカーたちは，知らず知らずのうちに英文法の知識を獲得している。そうなると「日本の英語教育でも同じような状況を生み出せばいいの

ではないか」という主張が当然出てくる。授業では英語を使った「コミュニケーション」を行い，文法には触れずに生徒たちの中で自然に英文法力が育まれるのを期待する（待つ）という発想である。

しかし，日本において，そのように生徒たちが文法力を自然に身につける可能性は極めて低い。量的に見れば，ネイティブ・スピーカーたちが文法力を獲得するに至るまでに触れる英語の量は圧倒的に多い。それは1日50分程度の授業で生み出せるものではない。質的な面から見れば，長い英語圏での生活経験がない限り，ネイティブ・スピーカーが触れる英語の「質」には遠く及ばないだろうし，ましてや授業中に生徒間で行っている「会話練習」などで上質なインプットは望めない。

もちろん，生徒自身がやる気に満ち溢れており，ネイティブ・スピーカーの友達をもち，動画サイトなどを通して毎日欠かさず大量の上質な英語に触れているのであれば話は変わってくる。が，いわゆる普通の生活をしていたのでは，文法力をネイティブ・スピーカーのように獲得することは考え難い。ALTに期待するという考え方もあるが，多くても週に2回（実際は週に1回もない場合が多い）程度の，個別ではなくクラス単位の授業では，決して十分であるとは言えない。

となれば，当然の帰結として，教師は文法を明示的に指導するべきであるということになる。生徒が文法力を獲得できるようになるために，文法を明示的に指導し，その文法を使わせることが大切である。つまり，授業のすべてを文法指導に当てるのではなく，発達段階に応じて，必要な時に文法の指導を明示的に行う必要があるということである。

コミュニケーションか文法か

文法とコミュニケーションは相互排他的な関係にあるのではない。文法はコミュニケーションを支えるものである。

1975年に口火を切った「文法中心か，コミュニケーション中心か」という議論（「英語教育大論争（平泉・渡部論争）」）は，長らく英語教育の重要な争点の1つであった。オーディオ・リンガル・メソッドをはじめとする機械的な学習から，コミュニカティブ・アプローチへの転換に伴い，日本でも文法よりもコミュニケーションを重視した指導を求める傾向が強まった。その一方，現場では根強く文法重視の指導が行われている，というのが一般的な図式であったように思われる。

しかし，文部科学省による現行の学習指導要領では，「コミュニケーション vs. 文法」ではなく，「コミュニケーション with 文法」という視点が打ち出された。文法力があるからこそ自在に文を産出したり，理解したりすることができ，コミュニケーションが成立することを鑑みれば，このスタンスは健全なものであるが，依然として浸透し切っていないようにも思われる。中学校学習指導要領（外国語編）には，次のような記述が見られる。

第6章　文法力を育む

文法については，コミュニケーションを支えるものであることを踏まえ，言語活動と効果的に関連付けて指導すること
（下線筆者）

　この一節に示されている通り，文法を使ってどのように生徒にコミュニケーションをさせるかという視点が，これからの英語教育において重要となる。

■ 英文法の指導法を変える必要はあるか

　世間では，「文法を学んでも英語を話せるようにならない」，「文法が分からなくて英語を嫌いになってしまった」といった，文法を批判するような声をよく耳にする。これらの指摘は，これまでの英文法の指導が成功を収めていない，もしくは十分ではなかったことを物語っている。しかし，ここで留意すべきは，文法の「教え方」に問題があるのであって，文法を「教えること」そのものがいけないのではないということである。
　先に中学校学習指導要領（外国語編）の改訂箇所の1つを挙げたが，文法指導に関連して加えられた新しい視点はこれだけではない。

①文法については，コミュニケーションを支えるものであることを踏まえ，言語活動と効果的に関連付けて指導すること
②用語や語法の区別などの指導が中心にならないように配慮し，実際に活用できるように指導すること
③語順や修飾関係などにおける日本語との違いに留意して指導すること
④英語の特質を理解させるために，関連のある文法事項はまとまりをもって整理するなど，効果的な指導ができるように工夫すること
（番号および下線筆者）

　以上の中で注目すべきは，文法を「使える」ように指導するべきだとしている点である。文法を「理解する」だとか「覚える」レベルで留まることなく，文法を，言語活動を通して使うよう指導し，コミュニケーションの場面で活用できるようにすべきだと解釈できる。

■ 従来の文法指導の問題点はどこにあったのか

　前節では，文法指導との関連から，学習指導要領に加えられた4つのポイントを確認したが，これらの中には従来の文法指導の問題点を理解するヒントが散りばめられている。
　第一に英文法が，「使える」を意識して教えられてこなかったことが挙げられる。

①文法については，コミュニケーションを支えるものであることを踏まえ，言語活動と効果的に関連付けて指導すること
（番号および下線筆者）

Part 2 Language Resources論——語彙力・文法力・慣用表現力

　これまでの英語教育において「コミュニケーション vs. 文法」という考え方があったため，文法は文法，コミュニケーション活動はコミュニケーション活動といった形で両者は二項対立的にとらえられてきた。言語活動を通して文法を「使う」という視点を意識した指導が十分になされてこなかったのである。

　では，これまでの指導において何に重きが置かれていたかと言えば，「用語や語法の区別」である。

②用語や語法の区別などの指導が中心にならないように配慮し，実際に活用できるように
　指導すること　　　　　　　　　　　　　　　　　　（番号および下線筆者）

　文法指導はコミュニケーション力の向上のために行われるのであって，用語や語法の区別や分類が主な目的ではない。この点に関して，これまで学校で教えられる文法の代表であった「五文型」についての記述が新学習指導要領では消えている点は注目に値する。文型の判別はまさに分類のための文法指導であり，実践的なコミュニケーション力の養成に必ずしも資するものではなかった。不定詞の「名詞的用法」「形容詞的用法」「副詞的用法」の分類も，コミュニケーションを支えるための文法指導にはつながりにくいと言えるだろう。不定詞の指導を「～すること」「～するための」「～するために」という日本語に置き換えて分類する作業にすることで，to の本質を理解することが阻害されてきたのである。

③語順や修飾関係などにおける日本語との違いに留意して指導すること
　　　　　　　　　　　　　　　　　　　　　　　　　（番号および下線筆者）

　英語の to に一対一対応する日本語はなく，to の本質に目を向け，日本語と英語の対照言語学的な視座を採り入れるべきであったのだ。従来の文法指導では，日本語と英語の「違いに留意」させるよりも，積極的に何でも日本語に対応させてきたように思われる。現在完了形についても，「完了・結果」「経験」「継続」という日本語に置き換えて指導し，用法を分類することが授業の主な目的となっている傾向が見られる。to や完了形の本質に触れてこなかった結果，多くの生徒に「文法は分からない」「文法は暗記だ」などといった印象を与えてしまっていたように思われる。その意味で，文科省の新しいスタンスにおいて「英語の特質を理解させる」ことが大切であると示されているのであろう。

④英語の特質を理解させるために，関連のある文法事項はまとまりをもって整理するなど，
　効果的な指導ができるように工夫すること　　　　　（番号および下線筆者）

　④において重要なポイントは，文法項目を関連付けて整理することである。これまでの

75

第6章 文法力を育む

文法指導では，例えばI am a student.におけるbeと，進行形（be + *doing*）や受動態（be + *done*）におけるbeが別個の文法項目として扱われ，それぞれの間にどのような連続性が見られるかについて十分指導がなされてこなかった。同じbeという語が用いられているということは，当然それらの間に連続性があることになる。したがって，beのコア（本質的な意味）に着目することにより，それぞれを有機的なネットワークとして関連づけることが可能となる。同様のことが，I have a smartphone.におけるhaveと，現在完了形（have + *done*）のhave，使役動詞としてのhaveにも言えるだろう。

■ 英文法の再編成において何を考慮に入れるべきか

文法指導のあり方は，生徒の習熟度や年齢，個人差などを変数として変わってくる。しかし，どのような場合であれ，生徒たちの文法力の獲得を支援することにつながるような指導が行われなければならない。

新しい教育英文法を編成する場合，それが教育的に健全（pedagogically sound）かどうかを判断する基準として，次の3つの基準が挙げられる。「教えやすいか」（teachable），「学びやすいか」（learnable），「使えるか」（usable）である。従来の英文法は確かに教師にとっては「教えやすい」ものであったかもしれない。教師たちにとって文法を知っていることが授業における強みであった。しかし，それが生徒にとって「学びやすい」（分かりやすい）ものであったかといえば，疑問が残る。さらに，実際のコミュニケーションの場面で「使える」ものであったかと言えば，これにも大きな疑問符がつくだろう。

	教えられるか	分かりやすいか	使えるか
従来の教育英文法	○	？	？？
新しい教育英文法	○	○	○

よって，われわれが目指すべき英文法は「分かる」そして「使える」ような英文法ということになる。英語教育の目標が，学習者一人ひとりが自律した表現者として英語を使うことができるようにすることにあるとすれば，「使える」という基準が満たされなければならない。しかし，「使える」ようになるには「分かる」必要がある。「分かる」というのは学習における第一原理であり，「なるほど，そうか。」という感覚があるからこそ，学ぶ動機付けが生まれるのである。

さらに言えば，「分かる」ということには，マクロの視点とミクロの視点が必要である。文法の全体像がきちんと分かることも重要であるし，各文法項目を使い分けられることも重要である。今自分が文法全体の中のどこを学んでいるのかというマクロな視点，そして「過去形と現在完了形はどう使い分けるか」「不定詞と動名詞はどのように使い分けるか」といったミクロな視点である。以上の点を踏まえ，教師にとって「教えやすい」だけではなく，学習者にとって「分かる・使える」ような英文法へと再編していく必要がある。

76

Part 2 Language Resources論──語彙力・文法力・慣用表現力

■「表現英文法」の視点

英文法を再編する上で欠かせないのが，表現者の視点である。従来の英文法指導では，例えば関係代名詞や分詞構文，不定詞の副詞的用法，冠詞などについて扱う際，それらがどのような文脈で，どのような表現意図をもって用いられるのかが十分に示されてこなかった。表現者の視点が捨象された文法では，当然「使う」レベルにはつながらない。

例えば，名詞1つを取ってみても，表現者の視点がいかに大切であるかを理解することができる。APPLE（リンゴ）という名詞は，話し手がそれをどのようにとらえるかによって，数えられる名詞（可算名詞），数えられない名詞（不可算名詞）のいずれにもなり得る。英語では，対象に「一定のまとまり」があると話し手が感じれば可算形で表現し，「一定のまとまり」がないと話し手が感じれば不可算形で表現する。

可算名詞にはa(n)や-sをつけることができるが，an appleやapplesと表現すれば，それは切ったり，すりおろされたりしていない「一定のまとまり」をもった状態である。一方，切られたリンゴや，すりおろされたリンゴには「一定のまとまり」が感じられないため，appleと表現するのが普通である。サ

ラダにリンゴを加えたのであれば，I added (some) apple to this salad. であるが，これを I added an apple to this salad. もしくは I added (some) apples to this salad. と言えば，大きな違和感が生じることになる。

昔話の「桃太郎」のはじめに川を流れてきたのは a peach であり peach ではない。glass は物質としての「ガラス」だが，a glass は「グラス（コップ）」，glasses は「メガネ」または「（2つ以上の）グラス」と解釈するのが普通である。light は「明かり（灯り）」だが，a light と言えば「電灯」になる。このように，aや-sをつけるか否かについての冠詞と名詞形の文法は，話し手が対象をどのようにとらえているのかを示す上で非常に重要である。

定冠詞のtheは，「話し手と聞き手がある名詞情報を共有している」ことを表すマーカーである。例えば，moonという名詞には通例theをつけるが，それが何を指すのか（地球の衛星である月）が話し手と聞き手の間で常識的に共有されているからである。し

ばしば，「1回目はaで，2回目以降はthe」と言われるが，教師が教室で何の前置きもなくLook at the blackboard. と言えることからも分かるように，この説明は正確ではない。教室では，どの黒板を指しているのかは常識的に共有されるからである。このように，aや-sをつけるか否かの話と，theをつけるか否かの話は別の次元の問題であるが，両者を理解して使いこなすためには，表現者の視点を考えることが重要である。

第6章　文法力を育む

　次に，動詞の文法について，受動態を例として考察したい。従来の英文法指導では，能動態であるTom broke the window.をThe window was broken by Tom.のような受動態へ書き換えるといったエクササイズが主に行われてきた。しかし，これは表現者の視点を捨象した活動である。能動態と受動態では強調点が異なるにもかかわらず，機械的に書き換えてしまっては，まるで2つの文が同一の意味を表すように理解されてしまう。Jamie speaks English, Spanish, and Japanese.（ジェイミーは英語とスペイン語と日本語を話します）という文は自然だが，これを受動態に書き換えてEnglish, Spanish, and Japanese are spoken by Jamie.とすれば，かなり不自然な文になる。英語では，「行為者」がはっきりしていれば，通例能動態で表現する。受動態を使うのは，「行為者」がはっきりしておらず（または「行為者」をはっきり言いたくなく），対象に視点が置かれている場合である。English is spoken by Jamie.が不自然であるのは，Jamieというはっきりした「行為者」がいるためである。一方，English is spoken in this country.であれば，受動態がフィットする。これは，誰がspeakしているのがはっきりと述べられておらず，対象であるEnglishに視点が置かれた表現だからである。このように，態の選択は話者が事態をどのように構成するかを反映するものであり，常に文脈との関係で理解されなければならない。

　さらに，副詞の文法について考察する。例として，tomorrowという副詞を取り上げよう。「明日彼女と東京スカイツリーに行きます」と言いたければ，I will go to Tokyo Skytree with her tomorrow.となる。今日が4月15日であるとすれば，tomorrowで表される日は4月16日ということになる。Two weeks ago, she said that she would go to Tokyo Skytree tomorrow.（2週間前に，彼女は明日東京スカイツリーに行くと言いました）と言った場合はどうだろうか。Two weeks agoというのが4月1日だとすれば，この文におけるtomorrowは4月2日だろうか，それとも4月16日だろうか。答えは後者（4月16日）であるが，多くの生徒にとってみればここも躓いてしまうポイントの1つである。

　表現者である話し手は常に「今・ここ」の視点から言葉を発するということをしっかりと指導しなければならない。話し手は「今」（上の例では4月15日）にしかいることができないので，tomorrowと言えば必ず「明日」（上の例では4月16日）なのである。「時」や「場所」といった状況を説明する際に用いられる副詞を指導する上で，表現者の「今・ここ」の視点は，決して欠かすことができない。

　また，文法を指導する際は，それぞれの文法項目が，表現活動とのように関わるのかを示さなくてはならない。表現者の視点があるからこそ，生徒たちはその文法をリアリティをもって使うことができるからである。

■ 表現英文法の全体像

表現英文法は，以下の図のように，「名詞の文法」「動詞の文法」「副詞の文法」の3つの柱に，「構文と配列」を加えたものとしてとらえることができる（田中, 2015）。

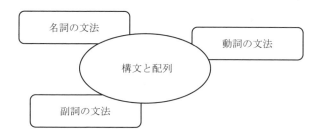

この全体像を，文法指導の際に意識することは，極めて重要である。全体像を提示することにより，生徒たちが今，全体の中のどの部分を学習しているのかが明確になるからである。

ここで，形容詞や関係代名詞はどこで扱うのかという疑問が出てくるかもしれない。結論から言えば，形容詞や関係代名詞は「名詞の文法」で扱う項目である。

名詞の文法

- aや-sをつけるか否か
- theをつけるか否か
- 形容詞
- 分詞
- 不定詞
- 関係詞
- 代名詞
- 数量詞   など

例えば，「ブランコ」というモノについて英語で表現する場合，「モノ」なので名詞の文法の出番となる。a swingと言えば「ブランコ」を意味するが，an old swing（古いブランコ）とすれば，前置修飾の形容詞を加えた形になる。これに後置修飾の前置詞句を加え，an old swing in the park（公園の古いブランコ）などと表現することも可能である。さらに，関係代名詞節を加えて，an old swing in the park which was repaired last week（先週修理された，公園の古いブランコ）と表現することもできる。複数の語が組み合わさっているが，これで1つの名詞の役割を果たすカタマリである。関係代名詞を学ぶ時，「なるほど，名詞の文法の1つなのか」，「名詞に後ろから情報を加えることができるのか」というように，全体の中に位置づけることが大切である。

「名詞の文法」「動詞の文法」「副詞の文法」のそれぞれにおいて，名詞チャンク，動詞チャンク，副詞チャンクが構成されるが，実際のコミュニケーションにおいては，それらのチャンクをどのようにつなげ，配列するか（構文と配列）が重要な意味をもつ。例として，以

第6章 文法力を育む

下の文を比較してみよう。

(1) Strangely, everyone was dancing.
(2) Everyone was dancing strangely.

　この2つの文は，strangelyという副詞の位置を除けば同じ構成要素から成っている。しかし，この2つの文の意味はかなり異なる。副詞は，文頭に置いた場合，一種の「但し書き」のようなニュアンスで，発話内容に対する話し手の態度が表現される。したがって，Strangely, everyone was dancing.と言えば，「不思議なことに，みんな踊っていた」という意味になる。一方で，文末に置かれた副詞は，後から補足的に情報を加える機能をもつ。よって，Everyone was dancing strangely.は，「みんな変な踊り方をしていた」となる。この現象を見ただけでも，「つなげ方・ならべ方の文法」が，表現英文法における重要な要素であることが分かる。

　英文法の指導において，常に大きな体系の中に位置づけ，今どこを学んでいて，それが他の項目とどのような関係になっているのかを意識させることは極めて重要である。本章で提示した「名詞の文法」「動詞の文法」「副詞の文法」「構文と配列」という視点は，体系的な文法指導を実践する上で有用なものであると言える。

■「レキシカル・グラマー」の視点

　これまでの文法指導の問題点の1つに，文法と語彙を別々の項目としてとらえてきたことが挙げられる。例えば，前置詞のtoと不定詞のtoや，I have a lot of homework.におけるhaveと現在完了形のhave，疑問詞のwhichと関係代名詞のwhichについては，それぞれがどのような関係性をもつかについての指導は行われておらず，別個のものとして取り扱われてきた。

　そこで，近年注目を集めているのが，「レキシカル・グラマー」という視点である。lexicalは「語彙の」という意味であり，lexical grammarは「語彙の文法」となる。その主要な考え方は，語の本質に着目することで文法現象に一貫した説明を施すことができるというものである。先に挙げた例で言えば，前置詞toの本質をとらえることにより，不定詞のtoの理解にも接続を図ることができることとなる。

　toのコアは，face to face（面と向かって）に代表されるような，「何かに向き合って」である。例えば，She goes to school at 7:30.と言った場合，学校に向き合うのが7:30であるという状況が表されているため，家を出発するのが7:30にはならない。その他にも，the key to the door（そのドアに合う鍵）や，This movie was not to my taste.（この映画は私の好みではありませんでした）といった用例において，toのコアが活きている。

80

では，不定詞のtoはどのようにとらえればよいだろうか。不定詞の場合，toの後に来るのが動詞なので，「何かに向かう」の部分が「行為に向かう」となる。そこから，ある行為を「これから行う」という未来志向のニュアンスが現れる。例えば，①She wants to study abroad.（彼女は留学したがっています）や，②We need someone to take care of our cats.（猫の面倒を見てくれる人が必要です）におけるto study abroadやto take care of our catsにも，「行為に向かう」という，未来志向のニュアンスが読み取れる。「行為に向かう」という感覚は，過去時制の文においても同様であり，③I went to the airport to see her off.（彼女を見送りに空港へ行きました）におけるto see her offにも「行為に向かう」のニュアンスが示されている。

上記の例文は，一般的にそれぞれ①名詞的用法，②形容詞的用法，③副詞的用法と分類される。しかしtoのコアを基点にして考えると，従来行われてきたような用法の峻別に拘泥することなく不定詞の本質を理解することが可能となる。レキシカル・グラマーの強みはまさにここにある。

2014年公開の映画「近キョリ恋愛」のある場面に，従来の英文法指導の問題を象徴するかのようなやり取りがある。以下は，男性英語教師と優等生的女子高校生の会話である。

教師：主語が主格と同じだからitをwhichに変える。You see?
生徒：まったく理解できません。
教師：おまえバカだろ。
生徒：バカ?
教師：どこが理解できないか言ってみろ。
生徒：なぜ1つの単語（which）に，疑問代名詞と関係代名詞，2つの使い方があるのか。なぜ同じ単語なのに使い方によって意味が変わるのか。
教師：理由なんてねぇよ。ただ覚える，それだけ。
生徒：何事にも法則はあるはずです。その法則が解明できなければ，私には理解できません。

©「近キョリ恋愛」製作委員会 ©みきもと凛／講談社

この生徒は，whichという単語が疑問代名詞として使われた時と関係代名詞として使われた時に異なる意味をもつことが腑に落ちず，「関係代名詞を理解できない」と苦しんでいる。確かに，Which do you want?におけるwhichと，I visited a cathedral which was built about 300 years ago.におけるwhichがどのような関係になっているのかについて説明されることはあまりなかった。したがって，この生徒が疑問を感じるのも至極当然である。さらに興味深いのが，この生徒の疑問に対する教師の対応である。文法現象に理由などない，ただ覚えればいいという主張である。映画なので誇張している

第6章 文法力を育む

とは言え，現実にも十分あり得る対応である。

　では，この疑問にレキシカル・グラマーの視点から真摯に答えるとどのようになるだろうか。形が同じであるならば，共通の意味があるはずである。例えば，手元にたくさんの種類のフルーツを持った状況で**Which** do you want?と言った場合，このwhichは疑問代名詞であり，「どれ」が欲しいのか相手に問うている。複数ある選択肢の中から「どれか」という疑問を呈するのがwhichの本質的な意味（機能）である。これは，関係代名詞においても同様である。I want a book **which** was written by Jun Ikeido.（池井戸潤によって書かれた本が欲しいです）におけるwhichは，以下のようにとらえることができる。

I want a book 　　　　**which**　　　　was written by Jun Ikeido.
私は本が欲しい　　　<u>どれかといえば</u>　　　池井戸潤によって書かれた

　このwhichは，先行する名詞について「どれかといえば」という説明を加えることを示すマーカーとして機能している。これが関係代名詞のwhichの役割である。「どれ」という本質的な意味が反映されていることがわかる。他の関係詞についても同様である。

I met a boy 　　　**who**　　　can speak Spanish, English, and Japanese.
男の子に会った　<u>誰かといえば</u>　スペイン語，英語，日本語が話せる

Oh my god! This is the hotel 　　**where**　　Taylor Swift is staying!!!
これがそのホテルだ　　　<u>どこかといえば</u>　　Taylor Swiftが泊まっている

　それぞれの文で，whoの「誰」，whereの「どこ」という本質的な意味合いが関係詞として用いられている場合にも活きていることが分かる。関係詞とは，疑問詞を使って「誰かといえば」「どこかといえば」というように，情報を後から加えるマーカーなのである。

　このように理解すれば，関係代名詞whichではなくthatを使わなくてはいけない場合のようなケースもきちんと理解することができる。例えば，This is the only computer that I have.（これは私がもつ唯一のコンピュータです）という文においては，関係代名詞whichよりもthatが好まれる傾向が強い。「only, same, lastなどが名詞についた時はwhichではなくthatが好まれる」のような記述が多くの参考書に見られるが，「なぜ」そうなるのかは説明されていない。この点についても，thatのコアを理解することで納得のいく説明を施すことが可能である。

82

Part 2　Language Resources論——語彙力・文法力・慣用表現力

This is the only computer	**that**	I have.
これが唯一のパソコンです	**それは**	私がもっている

　thatには，自分の領域外にある対象を指して「あれ」や「それ」という感覚がある。whichが複数の対象を前提として「どれか」という疑問を表すのに対し，thatはある特定の対象を指す際に用いられる。上記の例文のように名詞にonlyが付くと，指示対象が1つしかないため，whichではそぐわないのである。

　このように，レキシカル・グラマーの視点を採り入れて，whichを指導すれば，疑問詞と関係代名詞双方の用法に対して一貫した説明を施すことが可能となる。機械的な規則の暗記ではなく，生徒に納得感を与えるような文法指導が求められている中，レキシカル・グラマーがもつ可能性は大きいと言える。

コミュニカティブに文法を教える

　授業で文法をコミュニカティブに指導することは可能であり，リソースとして活用するレベルまで生徒を導かなければ，英語教育はその目的を果たしているとは言えないだろう。本節では，表現英文法やレキシカル・グラマーの視点を踏まえた言語活動のあり方について具体例を見ていきたい。

バック・トゥー・ザ・ボードを用いた関係詞の指導

　生徒にペアを作らせる。ペアのうち一人に，黒板に背を向けるよう指示し，教師が黒板に単語を一つ書く（ここでは例としてkettleと書く）。黒板を向いている生徒は，与えられた単語の簡単な定義を考える。教師は黒板に書いた単語を消し，各ペアにパートナーと向き合うよう指示を出す。そして，先ほど黒板を向いていた生徒が相手の生徒に語の説明をする。聞き手は，パートナーの説明を聞き，書かれていた単語を当てる。これを二人の役割を交互に代えたり，パートナーを代えたりしながら何回も行う。

　このゲームは，様々なアレンジをすることが可能である。文法的な指導を行わずにこのゲームを行い，関係詞を使うと便利だと気付かせることもできるだろうし，関係詞を使うことをあらかじめ条件として指定することも可能である。

　このゲームでは，関係代名詞whichの「どれかというと」という感覚を実感しやすい。

This is a container	**which**	is used to boil water.
これは容器です	**どれかというと**	お湯を沸かすために使われる

　上の例で言えば，まず「定義する」活動なので，This is a container ...（これは容器です）と文を始める。そして，後から情報を加えるように「どれかというと」という感じで

83

第6章　文法力を育む

which以下を追加する。はじめは型を与えてもよいだろう。ターゲット語として，例えばKyotoから関係副詞のwhere（どこかというと）を引き出したり，Walt Disneyからwho（誰かというと）を引き出したりすることにより，関係詞の使い分けを指導することができる。従来行われた関係詞の指導では，「2つの文を，関係詞を使って1つの文にしなさい」というような機械的なエクササイズを行う傾向にあった。しかし，実際に英語話者たちが関係詞を使用する際に「2つの文を1つにする」というような意識は働かない。むしろ，この活動で自然に身につく「情報を後から加える」という意識をもっているはずである。

名詞形の指導の工夫

　名詞形を指導するには，イラストを用いるのが効果的である。なぜイラストがよいかと言えば，APPLEはappleと表現した場合とan appleと表現した場合で異なる対象を指すからである。適切なイラストを選択させるようなエクササイズもあるが，実際にイラストを描かせるのもよい。例えば，You've got egg on your chin.と言った場合と，You've got eggs on your chin.のイラストをそれぞれワークシートに描きなさい，といった活動は，生徒が能動的に文法の規則を理解することを促進する活動である。

> **Task:** Draw two pictures which describe the situations of the two sentences below.
>
> 　(a) You've got egg on your chin.　　(b) You've got eggs on your chin.

Pictures

You've got egg on your chin.	You've got eggs on your chin.

　このようなワークシートに個人で取り組ませた後，ペアやグループで共有させ，最終的に何名かを指名して黒板にイラストを描かせる，という展開も考えられる。経験上，幅広いレベルの生徒たちが盛り上がる活動であると言える。この例であれば，顔の描き方にも個性が見えて面白い。生徒たちは，1つの名詞が可算としても不可算としても使えること，また場合によっては（You've got eggs on your chin.のように）おかしな文になってしまうことを自然に理解し，身につけることができる。lightとa lightやroomとa room，radioとa radio，*wasabi*とa *wasabi*など，様々な名詞を提示することで，定着を図ることができる。

　定冠詞のtheを「使える」ようにするための活動として，使う状況を生徒たちに考えさせ

84

Part 2 Language Resources論──語彙力・文法力・慣用表現力

るという活動が考えられる。

> **Task:** Make a pair with your neighbor and create two conversations between Jamie and Alex.

(Situation 1)

> Jamie:
> Alex:　I found <u>a</u> tiger in the park!
> Jamie:

(Situation 2)

> Jamie:
> Alex:　I found <u>the</u> tiger in the park!
> Jamie:

　Situation 1と2において，Alexの発言の違いは冠詞aとtheの違いのみである。しかし，このわずかな違いが起こるためには，会話の文脈をかなり異なるように設定する必要がある。教師が文脈を与えて，a tigerとthe tigerのどちらですかと問うのではなく，生徒に文脈そのものを作らせていることに，この活動の意味がある。さらに，「面白い会話にしなさい」のような条件を提示すれば，生徒たちは楽しみながら，そして教え合いながら，theを使用する際の「話し手と聞き手の間で情報が共有されている」という感覚を身につけることができるだろう。机間巡視をしながら面白い会話を作り上げたペアを覚えておき，クラス全体に発表させるという展開も考えられる。

　「この名詞は可算名詞で，この名詞は不可算名詞」や「1回目はaで，2回目以降はthe」といった，表現者の視点が捨象された文法観が指導の根底にある場合，このような活動はまず生まれない。「表現英文法」の視点を採り入れているからこそ，aやtheを実際に使う際の表現者の視点を，活動を通して体験させることができるのである。

■ おわりに

　本章では，まず従来行われてきた文法指導のあり方を概観し，その問題点を指摘した。その上で，文法はコミュニケーションを支えるものであり，文法力は英語力の要であることを指摘した。次に，「表現英文法」と「レキシカル・グラマー」という視座から，英文法の再編の可能性を素描した。最後に，表現英文法とレキシカル・グラマーの視点を採り入れた言語活動の具体例を提示した。本章で議論した点を踏まえ，生徒にとって「分かる・使える」英文法の指導のあり方を探求することが，これからの英語教育において求められる。

（弓桁太平）

第6章 文法力を育む

■ 読書案内

田中茂範 (2017).『表現英文法 GFE: Grammar For Expression』(増補改訂第2版) コスモピア.

「表現英文法」や「レキシカル・グラマー」の視点から英文法の新しい体系を提示している。本章の内容をさらに深めたい人に薦めたい。

卯城祐司 (編著) (2014).『英語で教える英文法—場面で導入, 活動で理解』研究社.

多くの英語教師にとって悩みの種である, 英語を使った英文法指導のあり方について解説した書。どのようなアプローチで指導に向き合うべきかを理解する上で参考になる。

第**7**章

慣用表現力を育む

本章のポイント

（1）言語活動は，文法を使って自由に表現を作り出す「自由表現」と，型にはまった決まり文句のような「慣用表現」を両輪として行われる。

（2）慣用表現力は語彙力と文法力と密接な関係にある。

（3）慣用表現を身につけるにあたっては，ネットワークを通じて知識をストックすることに加えて，実際の言語使用におけるはたらき（フロー）を意識した学びが必要である。

キーワード

慣用表現力，ストックとフロー，自己調整力

● はじめに

「おはようございます」「こんにちは」「さようなら」「ありがとうございます」「すみませんが～していただけませんか」など，私たちは日々，こうした定型化された決まり文句を会話の中で使用し，言語活動を行っている。このような，多くの人々が繰り返し使うことで定型化された表現のことを慣用表現と呼ぶ。成人の母語話者による発話の約7割が慣用的な表現であるという研究結果も報告されている。言語活動は，文法を使って創造的に作り出される「自由表現」と，何度も使用されることで慣用化した「慣用表現」を両輪として行われるのが実相である。

現在の英語教育現場では，コミュニカティブ・アプローチが主流となっており，「依頼する」「提案する」「紹介する」「謝罪する」「念押しする」といった発話行為の目的を達成するために用いられる慣用表現が，シラバスにおいても重要な位置を占めている。言語活動における慣用表現の重要性は論を俟たないが，それをどのように指導・学習したらよいのかという問題に対する議論は十分に行われていないのが現状である。また，英語の母語話者と第二言語の学習者の発話表現を比較すると，後者の発話は，文法的に何ら問題がなくても，意図が伝わりにくい（理解に時間がかかる）ものが多いという指摘もある。それは，適切な場面で適切な慣用表現が用いられていないことが一因と考えられる。逆に，慣用表現を使った文章は，それを用いない文章よりも理解しやすいという第二言語習得研究の結果も報告されている。このように，慣用表現は，第二言語習得において極めて重要な役割を担うものである一方，これまでの英語教育において光が当てられてこなかったと言う

第7章　慣用表現力を育む

ことができる。慣用表現力とは何か，そしてそれをどのように身につけることができるのか。これが本章のテーマである。

慣用表現とは

では，慣用表現とは何だろうか。慣用表現は「定型文 (formula)」や「決まり文句 (stock expression)」，「熟語 (idiom)」などと呼ばれるが，厳密に定義することは難しく，その慣用度には差がある。例えば，How do you do?（はじめまして）は，完全に定型化された表現であり，*How does he do ?のように人称を変えたり，*How did you do ?のように時制を変化させたり，*How do you do today ?のように，副詞情報を付け加えたりすることはできない。Thank you.は主語が省略された表現で，*I thank you.とは言えないが，Thank you very much.のように副詞情報を加えることは可能である。また，Thank you.からの連想で，同意表現のappreciateを用いて*I appreciate you.とは言えない。さらにThank you.は，感謝の意味だけではなく，会話を終了する時にも用いられる。子どもたちが教室で騒いでおり，先生が強めの口調で"Thank you."と言えば，Enough！（いい加減にしなさい）ということである。その他にも，話を締めくくる際に「以上です」といった意味合いで用いられることがよくある。メールの文面の最後で，「よろしくお願いします」にあたる言葉はThank you in advance.である。in the same boat（一蓮托生である）のように，完全に定型化された表現については，意味は一義的に決まる。しかし，慣用表現とされるものの中でThank you.という1つの表現を取ってみても，様々な機能があり，その意味が一義的に決まるわけではないことが分かる。

慣用表現を学ぶ際に注意しなければならないのは，それが使われる状況や場面を意識することである。Thank you.が使われる場面を取ってみても，「感謝」以外に様々な場面で使われ得ることが以上の例でも分かる。重要なのは，様々な状況や場面で慣用表現を「使い分けつつ，使い切る」ことができるかである。

ここで，相手に何かを提案するという場面を考えよう。この場合，数ある表現の中からどれでも自由に選択してよいというわけではなく，状況や場面に応じて以下のように適切な表現を選択することが求められる。

- 一緒に何かすることを提案：Why don't we ...? / How about ...? / Let's ....
- 相手に何かすることを提案：Why don't you ...?
- 相手の気持ちを考慮して提案：Would you like to ...?
- 相手の立場に立って控えめに提案：If I were you, I'd ....
- 自分を抑えて，相手に控えめに提案：It might be better to .... / I wonder if you could ....

88

Part 2 Language Resources論——語彙力・文法力・慣用表現力

● 会議などで, 提言などを行う：Don't you think you should …?

　一方, 相手に何かを依頼する時は, 状況や相手に応じて丁寧さを調整した上で, 適切な表現を選択しなければならない。

丁　寧

I was wondering if you could ….

If it's not too much trouble, could / would you …?

Do you think you could possibly …?

Would it be possible for you to …?

Would you kindly …?

Is it possible for you to …?

Would you mind …?

Could you …?

Can you …, please?

Please do ….

Do …, please.

カジュアル　　Do …, will you?

　I was wondering if you could …. は, 助動詞の過去形を用いて間接化し, 進行形にすることによって一時的な依頼であることを暗に示しており, 「もしかして〜をお願いすることは可能ですか」といった遠まわしで相手に配慮した丁寧な表現である。相手の意向を遠慮がちに聞く場合はWould you kindly …?でよい。Can you …?になると, 「〜してくれない?」という感じのカジュアルな表現になる。

　例えば, 小学生が「そんなことまでして頂いて, 恐縮です」や「忸怩たる思いです」といった発話をすることを耳にすることは, まずないだろう。「小学生の日本語」と「社会人の日本語」は違うし, 「大手商社に勤めている人の日本語」と「田舎で農業を営んでいる人の日本語」も違う。このように, 人は発達段階や社会的な立場に応じて「ふさわしい」言語を選択し, 使用しているのである。学校という狭い社会にいれば, 「おはよう」「ありがとう」「ごめんなさい」といった基本的な慣用表現で事足りる。しかし, ビジネスの現場では, 「提案・依頼・交渉」などに必要な言語のストックをもち, それらを戦略的に使いこなさなければならない。先生が生徒に「窓を閉めて」というのは適切だが, ある会議で講演者が聴衆にお願いする場合は, 「少し寒いので, 窓を閉めて頂けないでしょうか」というように, 依頼の仕方にも工夫をする必要がある。「ふさわしさ」はコミュニケーションの場面によって決まるのであり, 社会生活を営むにあたっては, 場面に応じた適切な表現を選択し, 用いることが求められる。

　最後に, 文法的に正しくても, 相手に意図を伝え切れないことがあるが, 慣用表現を使

第7章　慣用表現力を育む

うことで, コミュニケーション活動を円滑に行うことができる。例えば, 英語で相手の年齢を尋ねる際には, What is your age? ではなくHow old are you? を用いるのが通例である。失敗してクヨクヨしている友人を「気にするなよ」と励ます時は, Don't mind. ではなく, Never mind. である(和製英語「ドンマイ」は誤用である)。What's your age? もDon't mind. も文法的には全く問題ない英文であるが, 文法的に「正しい」からといって, それがコミュニケーションにおいて「適切」であるとは限らない。定型化された「慣用表現」を凌駕しない。Nice to meet you. と言うかわりにI'm in a nice state as a result of meeting you. と, See you. と言うかわりにI say good-bye to you because I shall see you again. と言った場合, 両者は確かに文法的に正しい文であるが, ネイティブには明らかに不自然に聞こえてしまう。わざわざ, このような長い英文を作らなくとも, Nice to meet you. やSee you. という慣用表現を使うことで, 相手に効率よく思いを伝えることができるのである。

■ 慣用表現の種類

　次に, 慣用表現の種類について見ていこう。一口に慣用表現といっても, その守備範囲は大きく, 茫漠としている。しかし, 慣用表現を分類する枠組みがなければ, 学習者は, 方向性をもたないまま, ランダムに覚えていくことになってしまう。研究者の間で様々な分類が提案されているが, われわれは以下の9つの分類が有効であると考える。

① 機能表現(機能慣用チャンク;functional expression)
　→「依頼」「提案」「紹介」「念押し」「確認」「同意・反対」などの意図に対応する表現。
　(例)提案:Why don't you...? (〜したらどうですか), Could you...? (〜していただけますか), Excuse me, but would you...? (すみませんが〜していただけませんか)

② 丸ごと表現(丸ごと慣用チャンク)
　→丸ごと使われる決まり文句で,「挨拶」や「感情を表す慣用チャンク」が多い。
　(例)挨 拶:What's up? (どうしてる?)/ 驚 き:Incredible. (まさか), No kidding? (ご冗談でしょう)/ 感動:Awesome! (すごい), I did it! (やった!)/ 残念:That's too bad. (お気の毒に), What a pity. (残念!)/ 怒り:Get out of here. (ここから出ていけ), Leave me alone. (ほっといて)/ 嫌悪:Disgusting! (ムカムカする!)/ 励ます:Keep going. (続けて), Take it easy. (気楽にいこう)

③ 文法構文表現(構文慣用チャンク)

90

Part 2 Language Resources論──語彙力・文法力・慣用表現力

→「比較構文」「仮定法構文」「準動詞構文」など文法項目でも扱われる構文チャンク。

（例）There 構文：There is no〜ing（〜することはできない）/ 比較構文：nothing is more A than B（BよりAなものはない），That couldn't be better.（最高だ）/ 仮定法構文：had it not been for ...（もし〜がなかったなら）/ 準動詞構文：It goes without saying that ...（〜なのは言うまでもない），in such a way as to ...（〜するような方法で）など。

④ 句動詞

→「基本動詞＋空間詞（前置詞・副詞）」で多様な意味の可能性を表現できる。

（例）二語の句動詞：take up（取り上げる），give off（臭いなどを発する）/ 三語の句動詞：put up with〜（〜にへこたれない），do away with〜（〜を廃止する）など。

⑤ 談話標識（副詞慣用チャンク）

→文と文の論理関係を示したり，話者の態度を示す副詞的表現。

（例）冒頭で話者の態度を示す：〜ly speaking（〜的に言えば），to my surprise（驚いたことに）/ 対比を強調：on the other hand（一方では），in contrast（対照的に）/ 明確化する：in other words（言い換えれば），I mean（つまり）/ 結果を示す：in the end（最終的には），as a result（結果としては）/ 話題変更：by the way（ところで），To get off the topic ...（話題からそれるけど）/ 言い淀み：uh, well, yeah, you know, I mean（つまり）など。

⑥ 動詞表現（動詞慣用チャンク）

→ 動詞を用いた定型化された表現。

（例）help yourself to ...（〜を自由に取って食べてください），make fun of〜（〜をからかう），take〜for granted（〜を当然のこととみなす），cannot help〜ing（〜せざるを得ない），make sure（確実にする），give way to〜（〜に屈する）など。

⑦ 数量表現（形容詞慣用チャンク）：

→名詞の数や量を示すために使う形容詞的な表現。

（例）lots of〜（たくさんの〜），a great deal of〜（非常にたくさんの〜），all of〜（〜のすべて），none of〜（〜がない），a glass of〜（一杯の〜）など。

91

第7章　慣用表現力を育む

⑧ 前置詞表現（前置詞慣用チャンク）：
　→前置詞＋αで慣用化され，チャンクで意味を形成するもの。
　（例）at once（すぐに），by no means 〜（決して〜ではない），by and large（概
　　　して），in front of〜（〜の前に），on purpose（故意に），with respect
　　　to〜（〜に関しては）など。

⑨ イディオム
　→完全に固定化された表現であり，語を組み合わせただけでは意味を感得できない。
　（例）名詞チャンク：all thumbs（不器用で），goose pimples（鳥肌）/ 形容詞チ
　　　ャンク：quiet as a mouse（とても物静かで）/ 動詞チャンク：let the cat
　　　out of the bag（秘密をもらす），beat around the bush（回りくどい表現
　　　をする）/ 前置詞チャンク：as busy as a bee（とても忙しい）/ 諺：Where
　　　there's a will, there's a way.（意志さえあれば，道は開ける），Nothing
　　　ventured, nothing gained.（虎穴に入らずんば虎児を得ず）など。

　以上の分類は，強調点の違いを反映したものであり，厳密に境界を引くことのできるも
のではない。丸ごとチャンクや前置詞表現なども「目的・意図」に沿って分類すれば，機
能表現に含めることもできる。いずれにせよ，慣用表現を学ぶ際には，その機能及びどの
カテゴリーを学んでいて，どの項目に自分が強いのか，弱いのかといった視点をもつこと
が肝要である。

■ 慣用表現と文法・語彙との関係

　第3章で見たように，言語リソースは「語彙力」「文法力」「慣用表現力」から構成され，
これらは相互排他的な関係ではなく，有機的に連関している。本節では，慣用表現と文法，
語彙の関係について見ていくこととする。

　まず，慣用表現と語彙の関係であるが，例えば，謝罪の表現として，I'm sorry. が最も
一般的な慣用化された表現として挙げられる。しかし，友達の父親の訃報を聞いて，I'm
sorry to hear about it. と言う場合，「謝罪」ではなく「相手への同情」の気持ちが表
現されている。つまり，慣用表現には諺や成句のように完全に意味と表現の関係が一対一
であるものだけではなく，多義性が含まれるものもある。そのため，語彙に関する知識も
必要となる。また，フォーマルな場で謝罪をする場合は，sorry よりも apologize の方が適
切な場合がある。

　次に，慣用表現と文法の関係についてであるが，慣用表現が表現の組み立ての型を提
供する一方，その型に表現を当てはめる際に必要なのが文法の知識である。以下の例の
ように，Why don't you ...? や How about ...? は慣用表現であるが，後続する語の形

を決定するのは文法知識である。

Why don't you (invite her for lunch) ?
How about (inviting her for lunch) ?
慣用表現　＋　文法知識（形式＆配列）

　Why don't youは助動詞don'tが用いられているため，後には動詞の原形がくるし，How aboutのaboutは前置詞であるから，名詞情報（動詞であれば動名詞）がくるという知識が必要である。このように，慣用表現と文法の知識を併せて表現が紡ぎ出されることとなる。

　慣用表現自体は文法的な条件を満たしており，丸ごと頭に入れておけば問題ないが，ある程度の発達段階を越えた学習者の場合，その意味を全く考慮に入れずに丸暗記するのは現実的ではない。例えば，「一緒にコーヒーでも飲まない？」と言う場合，Why don't you have some coffee?では，相手に提案するだけで，自分を含めた勧誘にはならない。Why don't we have some coffee?とすることで，「相手と一緒に〜する」という意味になる。youとweという代名詞に注意して，「自分を含まない他者への提案」なのか「自分を含めた提案」なのかを理解した上で頭にストックしておくことが重要である。

　また，Can you...?という表現は慣用表現との差が曖昧である。例えば，Can you ride a roller coaster？であれば，canのコアが「可能性」であり，「行為」と「状況」に使えることから，以下の2つの意味の可能性が考えられる。

　②は慣用化された「依頼」の機能表現であるが，①は単純な助動詞の疑問文である。しかし，①と②にはcanのコアである「可能性」という点で共通点がある。②は「〜することが可能か」という状況の実現可能性を問う疑問文である。このことを勘案すれば，②が丁寧な依頼表現になることが理解できる。このように，慣用表現と文法の間には密接な関係がある。

■ 慣用表現をとらえる2つの視点

　慣用表現の重要性は分かっていても，それをどのように学習してよいか分からないという学習者は多く，これは英語教師にとっても同様である。大学生に調査したところ，「熟語帳などを利用して，繰り返し暗記をした」と答える学生が7割を超えていた。そして，「丸暗記」のイメージが強い慣用表現の学習について，学習者の間では「受験において必要だから覚えているが，何のために必要であり，学んでいるのかわからない」といった声も少なくな

い。高度な英語力を有し，海外経験が長い学習者であっても，それをうまく使いこなせないという現状もある。英語教師にとっても，「慣用表現の体系的な指導法」や「慣用表現力を鍛える」という発想がないというのが現状である。そこで，慣用表現力をとらえる視点を明確にすることで，戦略的な学びを可能にする必要がある。本稿では，慣用表現力を，(1) ストックとしての慣用表現（the stock view of formulas）及び (2) フローとしての慣用表現（the flow view of formulas; formulaic sequences）という2つの側面からとらえることを提案したい。ストックとしての慣用表現は，知識項目として何を学ぶべきかという問題に関わるものであり，フローとしての慣用表現は，実際の言語使用の状況や場面における機能性・働きに注目する（なお，本章での慣用表現力論は田中（2016）の『英語を使いこなすための実践的学習法』の第5章に依拠するものである）。

■ ストックとしての知識とフローにおける機能性

　慣用表現力を身につけるためには，知識としてストックすることもたしかに必要である。しかし，そのストックを内実あるものとするためには，上に挙げた9分類のようなリストを通じて機械的に暗記するだけでは十分ではない。むしろ，有意味なネットワークを通して学ぶ方が効果的である。では，どのようにして慣用表現の有意味なネットワークを作ればよいだろうか。ここで，もう一つの慣用表現の視点であるフローの発想が必要となる。フローとは，静的な知識のストックに対する実際の言語使用上における動的な意味の流れのことである。慣用表現のコミュニケーション・言語処理上の機能と言ってもよい。われわれは，慣用表現には以下のような機能があるととらえている（田中, 2016）。

① 慣用表現は効率よくある思いを表現するのに最適である（expressive optimization）。
② 慣用表現は英語表現の組み立てを容易にする（constructional easiness）。
③ 慣用表現は表現の流れを自己調整する働きをする（discourse management）。

　①は本章の冒頭から述べている通り，挨拶表現1つをとっても，他の文法的に正確な表現では代替不能な最適表現を提供してくれるという働きである。これが日常のやりとりにおいてコミュニケーションのフローを促すのは分かりやすい道理である。②は，プレハブ表現があればあとは文法に的確な要素を適宜足していくことで自在に表現を生み出すことができるようになる。先に述べた慣用表現と文法の関係はこの点に相当する。これは文法と慣用表現の有機的な連関を意識してCAN-SAYの力を鍛える側面にあたる（状況に応じてCAN-DOの準備運動となる）ということができる。③は，慣用表現の的確な使用によって，ディスコースの流れを効果的に調整するという働きである。

　要するに，慣用表現の機能には，主として言語処理上の利点とコミュニケーション上の利点があるということである。言語処理の観点から見ると，慣用表現は，それ自体が共有されたチャンクであることから，その構成原理や文法を考える必要はなく，容易に素早く構

Part 2 Language Resources論——語彙力・文法力・慣用表現力

文を組み立てることを可能にする。そして，対人コミュニケーションにおいても，話し手は聞き手が期待するような言語表現を使うことで，理解されやすく，やりとりが円滑に進むという利点がある。このように慣用表現の機能がより明確に把握されれば，それを踏まえてより実践的な慣用表現のトレーニングやエクササイズを組み立てることも可能となる。

以下，(1)行為の目的・意図を表す慣用表現と，(2)感情や態度を表す慣用表現について，フローの視点から言語使用の局面を想定し，その中で使用可能と思われる慣用表現のオプション（ストック）を関連づけてネットワーク化するという方法で分析・整理を行ってみたい。

(1)の具体例として，「同意・反対」に関する慣用表現を見ていこう。一口に「反論する」と言っても，以下のように，相手の意見を一度，忖度したうえで，自分の意見を述べるといった会話の一連の流れ（フローの側面）をとらえる必要がある。

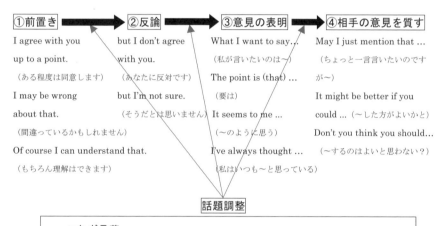

また，自分の主張を伝えるために，以下のようなパターンで「譲歩」してから「主張」するといったストラテジーをもっておく必要がある。

第7章　慣用表現力を育む

> **「譲歩」➡「主張」のパターン**
>
> It is true (that) S V〜, but ... / True, S V〜, but ... / Indeed, S V〜, but ... /
> S may[might] V〜, but ... / Of course, S V〜, but ... / Certainly, S V〜, but ... /
> To be sure, S V〜, but ...

　このように実際のやりとりの場面をフローとしてイメージすることで，それぞれの局面における慣用表現のストックをネットワーク的にとらえることが可能となる。上の図からも分かるように，「反論する」という行為を取ってみても，反論するための慣用表現をストックするだけでは不十分である。「前置き」→「反論」→「意見の表明」といった典型的な展開を踏まえた上で，さらに，「言い淀み」「ためらい」を「つなぎ言葉」で表現したり，「相手の言っていることの確認」を行ったり，話題がそれてしまったときに話題を元に戻したりするといった「話題を調整する」ための慣用表現のストックも同時にもっておくようにしたいものである。

　以下は上の点を意識した会話例である。使用されている慣用表現は，フローに沿った表現オプションのネットワークから選択されたアイテムとみなすことができる。

【場面】日本人英語教員（A）が毎回の授業で英文法は教えずに，ペアワークなどの英語での授業を行うべきと主張するALT（B）に対して，それだけではいけないと反論したい。

A: **I may be wrong, but I'm not sure about** that.
　What should I say...?　It is very important to teach English grammar in class.
　The point is that we should think about how to get students to speak English using English grammar effectively.

B: *Well...* **I've always thought that** we should manage the English class in a communicative way.

A: *Can you give me an example?*

B: *So...,* we should get students to do the exercise as a pair work in every class.

A: **I agree with you up to a point, but it seems to me that** we shouldn't always manage each class in the same way. **It might be better if you could** think about each class in a possible different manner.

（太字は「反論のネットワーク」で，斜字体は「話題調整のネットワーク」の語である）

A: 間違っているかもしれないけど，私はそのことについては同意できません。

何て言ったらいいのか…。授業で英文法を教えることはとても大切なことです。

要は，私たちが考えるべきことは，生徒がどのように効率よく英文法を使って，英語を話せるようになるかを議論することです。

B: う〜ん。私は常に，英語の授業はコミュニカティブな方法で行うべきだと考えているのだが…

A: 何か具体例を出してもらえますか。

B: 例えば，すべての授業でペアワークの練習をさせるとか…

A: ある程度は理解できるのですが，私たちは授業をいつも同じようなやり方で行うべきではありません。毎回の授業を，できるだけ多くの異なった方法で行うべきではないでしょうか。

このように，慣用表現をバラバラに覚えていくのではなく，意図・目的に応じた会話の流れをフローとして意識した上で局面ごとに可能な複数の慣用表現を相互に関連づけるというネットワークの視点を採用することで，より実践的な慣用表現の学びが可能となる。慣用表現のストックは，フローを踏まえたネットワークを通じて獲得していくのがよいということである。

(2) については，「悲しみ・残念」という感情を表す慣用表現を例として考えてみたい。「悲しみ」には，(1) 話者の悲しみの表明および，(2) それに対して，相手が同情したり慰める，そして (3) 話者がその言葉に応じる，というフローを想定した上で，立場と場面に応じた慣用表現のネットワークを作ることができる。

第7章 慣用表現力を育む

④ 慰めに応じる
・直接的に
　Thank you.（ありがとう）
　That's very kind of you.（ご親切に）
・間接的に
　Oh, well, such is life.
　（まあ仕方ない，これが人生ですよね）
　So it goes, I guess.
　（仕方のないことでしょう）
　It's God's will, I suppose.
　（天命でしょう）
・応じない
　Oh, leave me alone.（ほっといて）

① 話者の悲しみの表明
・直接的に
　I'm sad / disappointed.
　（悲しい / 落ち込んでいる）
　I feel down.（落ち込んでいます）
　I can't take it.（もう我慢できない）
・間接的に
　I want to kill myself.（死にたいくらいだ）

② 悲しみの描写
・直接的に
　You look sad.（悲しそうだ）
　She feels depressed.
　（彼女は気が滅入っている）
・間接的に（イディオム）
　You look down in the mouth.
　（意気消沈しているよう）
　He has been down in the dumps.
　（彼はずっと落ち込んでいる）

③ 同情・慰め
・直接的に同情
　I'm very sorry.（残念な気持ちで一杯）
　That's too bad.（本当に残念ですね）
・間接的に同情
　I know how you feel.
　（お気持ちはわかります）
　I feel bad that there's nothing I can do
　to help.（何もできなくて残念です）
・お悔やみの表明
　直接的
　I'm sorry to hear about your father.
　（お父様のことを聞き，残念です）
　間接的
　Let me offer my condolences.
　（お悔み申し上げます）

Part 2　Language Resources 論——語彙力・文法力・慣用表現力

●「自分事」として語る慣用表現

　感情表現は，状況の中に身を置いて，感情を込めて表現することが大切である。以下は英語の授業でよく耳にするやり取りである。

先生 A：Good morning, ○○! How are you?
生徒 B：I'm fine, thank you, and you?

　生徒の中には，無表情でBのような発言をする者もいる。つまり，How are you?と訊かれたら，無条件に「I'm fine, thank you, and you?で答える」ということが彼らの頭の中に刷り込まれているのである。しかし，人はその日によって気分や体調も変わるだろうし，常にfineであるとは限らない。無表情で暗い顔をして，I'm fine, thank you.と反射的に言った際，生徒にとっての英語は「自分事」ではなく，「他人事」なのである。このように，自分の感情をコトバにのせていくためには，以下のような感情を表す慣用表現の十分なストックをもち，その時々の感情に応じて表情と共に選択していけるようにしなければならないのである。

感情：気分がよいとき
　Awesome.（絶好調だよ）/ Excellent. / Couldn't be better.（最高だよ）/
　Perfect.（完璧だよ）Just fine.（バッチリです）/ Good.（いいよ）　/
　Fine.（元気です）/ OK.（元気だよ）/ Pretty good.（とてもいいです）
感情：いつもと変わらないとき
　So-so.（まあまあだね）/ Not too bad.（悪くはないね）/
　Same as usual.（いつも通りだよ）/ Pretty much the same.（いつも通りかな）
　/ Not much.（別に・相変わらずです）/ Nothing special.（特に何も）
感情：気分が乗らないとき
　Sleepy.（眠いんだよ）/ Tired.（疲れているよ）/ I'm sick.（調子が悪いんだよ）
　/ Managing.（何とかやっているよ）/ Surviving.（何とか生き延びているって
　感じ）/ I'm dying.（最悪だよ）

　以下，思考や会話の流れを調整するナビゲーターとしての慣用表現について，例を足しておこう。

●思考や会話の流れを調整するナビゲーターとしての慣用表現

　上に述べた慣用表現の機能の第3の点，すなわち，表現の流れを自己調整する働き（discourse management）について，日常会話を例に見てみよう。日常会話では，例えば，話の冒頭で話者自身の態度を示したり，述べる内容に対する感情評価を加えることで，

第7章 慣用表現力を育む

自分の思いを先取りして伝えることができる。会話の最中には，自分の意見に対する確信の度合いを述べたり，言い淀みなどの表現を使って間をもたせたり，場合によっては話題を広げたりする。また，話題が広がりすぎて，ポイントがずれた場合は，話題を戻したり，自分の伝えたことが相手に誤解を与えている場合は，誤解を解いたりする等，話の流れを調整していくことが求められる。そして，会話のまとめの場面では，述べた内容を要約して相手に伝えたり，論点を強調して確認したりするなどの試みが行われる。このように，会話の流れを調整する慣用表現を差し挟むことにより，会話をスムーズに展開することができる。会話の流れをうまく導いてくれるという意味でこれらの慣用表現群をナビゲーターと呼ぶこともできる。以下，会話のナビゲーターとなる慣用表現群を挙げておこう。

≪会話のはじめ≫

話を導入する

considering 〜（〜を考慮に入れると），speaking[talking] of 〜（〜と言えば），
needless to say（言うまでもなく），strange to say（奇妙な話だが），
to begin with（まず第一に）

話を始めるときの発話態度

〜ly speaking,（〜的に言うと）
※generally speaking（一般的に言うと），strictly speaking（厳密に言うと），
　frankly speaking（率直に言うと），roughly speaking（大雑把に言うと）
to tell the truth（本当のところ），to be frank with you（率直に言えば），
seriously（真面目に言うと），Just between you and me（ここだけの話だけど）

語ろうとする話についてのリアクション・感情評価

fortunately（幸運なことに），unfortunately（不運なことに），
surprisingly（驚いたことに），to my surprise（驚いたことに），
sadly（痛ましいことに），interestingly（興味深いことに），happily（幸いにも），
to my disappointment（がっかりしたことに），to my regret（残念なことだが）

≪会話の最中≫

発言内容についての話者の確信の度合い

obviously（明らかに），indeed（本当に），definitely（確かに），exactly（正確に），
no doubt（間違いなく），of course（もちろん），actually（実際に），
probably（たぶん），possibly（もしかしたら）

話題の幅を広げる

generally（一般的には），specifically（個別的には），
to be more specific（もっと具体的には），to be more exact（もっと正確には），
technically（技術的には）

100

Part 2 Language Resources論──語彙力・文法力・慣用表現力

言葉に詰まったとき
I mean（ええと），let me see（ええと），What should I say?（どう言ったらいいか）
話題を変えたり，話題を元に戻す
by the way（ところで），to change the subject（話題を変えますが），
anyway（それはそうと），Let's go back to the point（話題を元に戻しましょう），
seriously, though（冗談はさておき）
誤解だと伝え，誤解を解く
That's not what I meant.　What I wanted to say was...
（それは私の言いたかったことではありません。言いたかったのは…）
It seems that there's been a misunderstanding.（ちょっと誤解があるようですね）
Don't get me wrong.（誤解しないで），I'm saying ...（私が言っているのは…だ）

≪会話の終わり≫
話の要点をまとめる
put it simply（端的に言えば），let me put it this way（このように言いかえましょう），
in other words（言いかえれば），what I'm trying to say is ...（私が言おうとしているのは…），the thing is (that) ...（要は〜），the point is (that) ...（ポイントは〜）
重要なことを強調する
What matters is (that) ...（重要なことといえば〜）
All you have to do is (that) ...（しなければいけないことといえば〜）
The point to be emphasized here is (that) ...（ここで強調しておきたいのは〜）

　このナビゲーターにおいても，会話・思考の流れをフローとしてとらえた上で，それぞれの局面において使えそうな慣用表現を相互に関連づけてネットワーク化するという方法は一貫している。ネットワークを通じてストックを充実化し，そのネットワーク知識を実際の言語使用のフローを経験しつつ洗練していくこと。これらを意識することによって，日常会話においても，慣用表現力の実践的で有意味な訓練が現実味を帯びてくるのである。

■ 慣用表現の文化的背景

　慣用表現には文化色の強いものが多く，直訳することでは十分に意図を伝え切れないことがある。つまり，日本語ではよく使われる慣用的な表現であっても，英語ではそれにあたるものがない場合がある。Good morning.と言えば，先生が英語の授業で毎朝口にするため，小学生でも意味を教えられなくとも，「おはよう」の意味であるということは了解しているだろう。しかし，「Good morning = おはよう」という一対一対応で英語表現を

第7章 慣用表現力を育む

理解していると，大きな落とし穴がある。以下はイギリスのテレビドラマSherlockからの一節で，シャーロックがバッキンガム宮殿に招かれ，捜査の依頼を断って帰ろうとした時のセリフである。

S: Mycroft, I don't do anonymous clients. I'm used to mystery at one end of my cases. Both ends is too much work. ***Good morning***. (マイクロフト，匿名の依頼人は断る。事件の片方の端に謎があるのは常だが，両方の端に謎では多過ぎる。それでは。)

M: This is a matter of national importance. Grow up! (これは国家の一大事なんだ。大人になれよ。)

　ここでは，Sherlockが依頼された事件の捜査を断って出ていく場面でGood morning.という表現を用いている。ここでは，Good morning.は「おはよう」という意味の朝の挨拶ではなく，別れ際の挨拶として用いられている。

　日本では，仕事終わりに「お先に失礼します」と言われたら，「お疲れ様でした」などと応答するのが普通である。日本では，「おはようございます」，「お疲れ様でした」というように相手をいたわる気持ちを挨拶表現に含める。一方で，英語圏では，Have a good night！（よい夜を）/ Have a nice weekend.（よい週末を）などと挨拶することがよくある。日本ではこうした挨拶は一般的ではないが，英語圏ではこのような相手への「祈りや願い」を言語化する特徴がある。Good morning.も本来は，I wish you a good morning.の省略形である。このことを考慮に入れれば，Good morning.が朝の最初の挨拶だけではなく，Have a nice day！と同じ感覚で，別れ際の挨拶にも使うことができることが理解できよう。

■ おわりに

　本章では，実践的な英語コミュニケーション力を身につける上で，慣用表現が果たす役割について議論を行い，その種類や特徴について述べた。また，慣用表現をストックとフローという視点からとらえる枠組みを提示した。ストックの観点からは，慣用表現をリスト的に覚えるのではなく，有意味なネットワークを通じて学ぶことの有効性を指摘した。しかし，そのネットワークが有効性をもつためには，慣用表現が実際の言語使用の中で立ち現れるフローの視点が必要である。フローの観点から，慣用表現が言語活動の中で果たす機能を以下の3点にまとめた。

① 的確に意図・気持ちを表現する決まり文句を選択できる。
② 慣用表現の型を利用して，文法事項を組み合わせて，表現を作り出すことができる。

Part 2 Language Resources論——語彙力・文法力・慣用表現力

③ 思考の流れと言語活動を調整することができる。

慣用表現力を身につけるには，以上の視点を意識すると同時に，日常会話やディスカッション，ディベート，司会，交渉など，幅広い言語使用を通してトレーニング・エクササイズを行うことが求められる。その際に，慣用表現を機械的にリスト式に暗記して対処するのではなく，実際の言語使用の目的・場面を想定しながら適切な慣用表現を「使い分けつつ，使い切る」ための方法を探っていくことが重要である。英語教育における慣用表現の重要性やカリキュラムへの導入なども含めて，今後さらなる議論をしていくことが求められる。

（中村俊佑）

■ 読書案内

田中茂範・岡本茂紀（2015）.『会話を組み立てる英語プレハブ慣用表現150』コスモピア.
日常会話で用いられる150の慣用表現を取り上げ，それらをネットワークの形で整理した書。どのような場面・表現意図でそれぞれの慣用表現が用いられるかを理解するのに大変参考になる。

Schmitt, N. (2004). *Formulaic sequences*. John Benjamins Publishing Company.
外国語学習における慣用表現（formulaic sequences）の機能・役割について理論的に考察した書。専門書であるが，慣用表現について深く学びたい人にぜひ手に取って欲しい。

Part 3

英語力を育むための
実践的指導

第8章

英語教育のエクササイズ論

本章のポイント

(1) エクササイズをデザインする上で，何がねらい（オブジェクティブ）であるのか
を明確にすることが必要である。

(2) エクササイズの素材（マテリアル）は，MAP（Meaningful, Authentic, Personal）の条件を満たすことが求められる。

(3) エクササイズを提示する際，様々なメディアの特性を活かしたメディア・ミックス
という発想が求められる。

キーワード

エクササイズ，オブジェクティブ（ねらい），マテリアル（素材），メディア，MAP

はじめに

　エクササイズは英語教育における本丸であり，エクササイズのあり方は，学習者の動機
づけや学習法に影響を与え，教育効果を左右する。従来の英語教育では，同意書換や語
順整序，空所補充，英文和訳，和文英訳，音読などがエクササイズの型として教科書や問
題集などで踏襲されてきた。しかし，その教育的意義が反省的見地から検討されることは
なかったように思われる。つまり，エクササイズがどのような意図で，どのような理論に基
づいて作成されているのかという「エクササイズ論（a theory of exercises）」というも
のが，現状では存在しないのである。そこで本章では，われわれが考えるエクササイズ論
の構図を描き，実践例を通してそれをどのように具現化できるか見ていきたい。

エクササイズ論

　エクササイズ論は，オブジェクティブ論（ねらい），マテリアル論（素材），メディア論（メデ
ィア）の３つの柱から構成される。オブジェクティブ論は，エクササイズのねらいを明示する
ものであり，マテリアル論はそのねらいを実現するためにどのような素材を提示するかに関
する理論である。そしてメディア論は，ねらいを達成するために素材をどのような媒体を通
して提示するかに関する理論である。換言すれば，「なぜ（Why）」「何を（What）」「ど
のように（How）」を明確にするのがエクササイズ論である。以下，それぞれについて詳し
く見ていきたい。

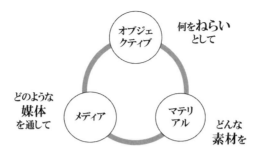

エクササイズのオブジェクティブ論

あるエクササイズを指して,「このエクササイズのねらいは何か」と問われれば,答えに窮することが少なくないはずである。それは,多くの場合,ねらいを十分に吟味した上でエクササイズがデザインされていないからである。そこで,われわれはエクササイズのねらい(オブジェクティブ)として,田中他(2015)に従い,以下の枠組みを提案したい。

Level of understanding(知識)
  ① Awareness-raising(気づき)
  ② Networking(関連化)

Level of use(実践)
  ③ Production(産出)
  ④ Comprehension(理解)
  ⑤ Automatization(自動化)

awareness-raisingとnetworking はいずれも理解を中心とした,知識に焦点を置くエクササイズであり,production, comprehension, automatization は,コミュニケーションの場面における言語使用に注目したエクササイズである。

第8章 英語教育のエクササイズ論

awareness-raising とは「気づきを高める」ことであるが，その対象は，英語の学び方や英語の特性（文法・語彙・語用論的特性など），日英の差異，文化の差など多岐に渡る。例えば日本語では「疲れたな」のように主語を立てない表現が頻繁に見られるが，英語では I'm tired. のように主語を立てるのが原則である。このことに注目させることで，「英語は主語を立てる言語である」という気づきを与えることをねらいとしたエクササイズを考案することができる。

文法に対する気づきを高めるエクササイズのもう1つの例として，以下の会話を基にした活動を見ていきたい。会話1では，サラダにリンゴを入れると美味しくなるというアドバイスをAが行い，それに対してBが驚くという流れになっている。会話を聞かせた後，生徒にBが驚いた理由を尋ね，その後スクリプトを見せながら内容を確認していく。ここでの気づきの対象は名詞形であり，an apple と apple ではどのようなリンゴを指すのかが異なるという点を意識させる。an apple はリンゴ丸ごと1個であり，無冠詞の apple は切り刻まれた，もしくはすりおろされたリンゴを指すことを解説する。

会話1（台所で）
A: Hi, James. What are you making now?
B: Hi, Ken. I'm making a salad.
A: I tell you what, put an apple in the salad. It's delicious.
B: Put AN APPLE in the salad!?
A: Sorry, put APPLE in the salad.

名詞形に注目をさせた段階で，次の会話を演じる。会話1と同様，BがAの発言を聞いて驚くという設定である。

会話2（喫茶店で）
A: Can I take your order?
B: Tea with a lemon, please.
A: Tea with A LEMON?
B: Sorry, tea with LEMON, please.

会話1と同様，この会話でも a lemon と lemon という2つの名詞形が対比的に用いられており，それぞれが指す対象が異なることに注目させる。an apple と apple と同様の考え方であるため，生徒にとって両者の違いを理解するのは容易なはずである。

次に，語彙を対象とした awareness-raising エクササイズの例を見ていきたい。以下で取り上げるのは，基本動詞 break である。break は一般に日本語の「こわす」または「こ

108

Part 3 英語力を育むための実践的指導

われる」という訳語との対応関係において理解されるが，それでは break を使い切ること
はできない。以下のエクササイズは，与えられた16個の名詞に対し，それぞれを break
することができるかどうかを判断する活動である。break することができるものには○を，
できないものには×を記入する。解答終了後，ペアまたはグループになって答えを比較し，
意見交換を行う。その後，クラス全体で答えを確認していく。この段階では，○と×がそれ
ぞれ複数個出てくることが想定されるので，「実は×が付くのは1つしかありません。どれ
かを考えてみましょう」という指示を与える。ペアまたはグループで再度検討後，クラス全
体で答え合わせを行う。なお，16個の名詞の中で唯一 break することができないのは，
my stomach であり，「お腹をこわす」は，英語で upset one's stomach と言う。

a vase （花瓶）	my heart （私の心）	the rules （規則）	the world record （世界記録）
bread （パン）	a branch （木の枝）	my stomach （お腹）	my skin （私の肌）
my arm （私の腕）	a window （窓）	my promise （約束）	a $100 bill （100 ドル札）
a computer （コンピュータ）	my habit of drinking （飲酒の習慣）	the spell （魔法）	an egg （卵）

このエクササイズのねらいは，break の意味は日本語の「こわす」によってすべてを理
解することは不可能であり，break には break 独自の意味世界があるという点について
の気づきを高めることである。より高次のねらいとしては，「英語の基本語は，日本語と一
対一の関係で理解することはできない」ということを生徒に意識させることとなる。

次の例は，前置詞に焦点を置いたエクササイズである。(1) ～ (4)の日本語を英語にし
た場合，英文の空欄に入る適切な前置詞を答えさせる活動である。ここでのねらいは，日
本語における「＜名詞＞の＜名詞＞」という関係が，英語では to, on, of, in のように異
なる前置詞によって表されることを意識させることである。ここから，名詞と名詞がどのよ
うな空間関係にあるのかを，英語では前置詞を使って明示するという点についての気づき
を高めることが可能となる。

(1) ドアの鍵　　　　the key (　　) the door　　　答え：to
(2) ビンのラベル　　the label (　　) the bottle　　答え：on
(3) 机の脚　　　　　the legs (　　) a desk　　　　答え：of
(4) 池の水　　　　　water (　　) the pond　　　　答え：in

以上の例から分かる通り，awareness-raising をねらいとしたエクササイズをデザイ

109

ンする上でのポイントは,「あっ,そうか」という「分かる実感」を生徒が得られるようにすることである。気づきを高める対象の選定において,作成者の言語・文化・コミュニケーション観が直接反映される点が,このエクササイズの特徴である。

次に,networking をねらいとしたエクササイズについて見ていきたい。教育活動には時間という制約があるため,一度にすべての学習項目を提示することは原理的に不可能である。そこで,項目を個別に提示することになる。しかし,言語は体系であり,断片的な知識のままでは,実践的な表現力の獲得にはつながらない。そこで,分断された知識を体系として統合させるためのエクササイズを考案する必要が出てくるのである。

networking のためのエクササイズの対象には,文法や語彙,慣用表現などが含まれる。例えば,ING という文法形式に注目すると,学習者は進行形の ING,動名詞の ING,後置修飾の ING,前置修飾の ING,分詞構文の ING などに触れることになるが,現状の文法指導においては,それらが別個の項目として提示され,相互にどのような関係になっているのかについて説明されることは稀である。したがって,これらの項目を関連付けることをねらいとしたエクササイズに取り組むことで,学習者は ING の構文ネットワークを構築することができる。なお,文法項目の関連化については,第6章で紹介したレキシカル・グラマーの視点が大いに参考になる。

関連化のエクササイズの具体例として,未来表現に焦点を当てた以下のような活動が挙げられる。このエクササイズは,日本語の状況を表す最も適切な英語を選ぶものであるが,同時に他の選択肢が表す状況を考えることも求められる。例えば設問 (2) の場合,現在における相手の意志を確認しているので,(a) の Will you go out with me? が自然であるが,Are you going to go out with me? や Are you going out with me? がなぜ不自然であるかを考えさせることにより,それぞれの未来表現がどのような状況で用いられるのかというネットワーク型の知識を構築することが可能となる。

次の状況を表すのに適切な表現を (a) 〜 (c) の中から1つずつ選び,○をつけなさい。
(1)【状況】電話が鳴り,「私が出ます」と言う。
    (a) I am going to get it.
    (b) I will get it.
    (c) I am getting it.
(2)【状況】好きな相手に付き合ってくださいと伝える。
    (a) Will you go out with me?
    (b) Are you going to go out with me?
    (c) Are you going out with me?
(3)【状況】日本では学校が4月に始まることを伝える。
    (a) School will start in April in Japan.

Part 3 英語力を育むための実践的指導

    (b) School starts in April in Japan.
    (c) School is starting in April in Japan.

　production に焦点を置いたエクササイズは，学習項目を使って文字通り何かを表現するという活動である。それは，speakingまたはwritingモードを通して行われる。その際重要となるのが，表現することを通して「事態を構成する」という視点である。ある所与の事態があり，それを表現するのではなく，表現行為を通して事態が構成されるのである。すると，productionをねらいとしたエクササイズでは，状況（コンテクスト）と表現との関係が重要となる。例えば，多くの問題集において，以下のような和文英訳の問題が見られる。

問　次の各文を英語に直しなさい。
(1) 早退してもいいですか。
(2) その部屋に入ってはいけません。
(3) 彼は野菜を食べるべきです。

　この種のエクササイズの問題点として，(1)〜(3)の文がどのような文脈で発せられるのかという情報が捨象されている点が挙げられる。(1)の場合，どこで誰が誰に対して許可を求める発言であるのかが明示されなければならない。もし放課後居残りをさせられた生徒が，先生に対して言うのであれば，"May I leave early?"となるし，オフィスで忙しそうにしている上司に言うのであれば，"I'm sorry to bother you, but..."と前置きした上で，"I was wondering if I could possibly leave early today."となるだろう。このように，言語表現は常にあるコンテクストの中で紡ぎ出されるものであり，文脈を捨象した機械的な言語の置き換え作業では，十全なproductionエクササイズにはならないだろう。
　では，上記のタスクを次のように形式を変えるとどうであろうか。

問　次の状況で，英語でどのように表現するかを考えよう。
(1)【状況】午後に合唱祭の練習があるが，今日は夕方からいとこの結婚式に出席するために，東京に行かなければならない。そこで，先生に早退してもよいか許可を求める。

　このように，状況を与えることにより，生徒にとってよりリアリティの感じられるエクササイズにすることができる。このフォーマットの利点は，単に早退していいかを尋ねるだけでなく，それに付随した状況も英語で表現することが求められることである。上記の例で言えば，
　"May I leave early?"だけでなく，"I have to go to Tokyo to attend my cousin's

111

wedding tonight." や, "I will stay after school tomorrow instead." といった表現も自然に引き出されるため，よりauthenticなproduction活動にすることができる。いずれにせよ，どのような表現であっても，そこから構成される事態を自覚させることがproductionエクササイズのポイントとなる。

comprehensionのためのエクササイズは，listeningとreadingのモードを通して行われ，実際に使用された英語を理解する力を養成することをねらいとしている。ここで共通しているのは，文字あるいは音声から内容を構成する力が求められるという点である。その際，5W1Hを中心とした内容の構成（content construction）だけでなく，話し手・書き手がどのような意図や態度をもっているのかを把握すること（emphathic projection）や，聞いた／読んだ内容から先の内容を予測するといった活動（expectancy interpretation）を採り入れることが重要となる。

さらに言えば，comprehension は絶えず，production に開かれている。つまり，何かを読む，あるいは聞くということは，理解の相だけでなく，同時にその内容に対しての応答の相を伴う。このことは，comprehensionとproduction を架橋するエクササイズの可能性を拓く。具体的には，reading comprehension に基づき，その内容をテクストに忠実に，誰かに報告するというreporting，内容を自分なりに要約するというparaphrasing/summarizing，そして読んだ内容に対して反応するというreactingの3つの活動が考えられる。これらの活動を実践することで，読むから書く，あるいは話すというモード間の自然なシフト，つまりmulti-modal な活動を重視したエクササイズが可能となる（この点については，第9章を参照）。

最後に，英語を機能的に運用できるか否かは，知識がどの程度自動化されているかに依るところが大きい。comprehension にしてもproductionにしても，最初は時間がかかるが，実際の言語活動では即興性（spontaneity）が求められる。また，言語は実際に使わなければ自動化されることはなく，learning by doing（使うことで学ぶ）の原理を実践しなければならない。そこで，言語知識の自動化（automatization）を促すことをねらいとしたエクササイズが必要となる。自動化のエクササイズは，リハーサルや反復訓練が中心となるが，それには機械的（mechanical）な訓練と有意味（meaningful）な訓練が含まれる。機械的な訓練には，文章を繰り返し音読する，単語のスペルを繰り返し書いて覚えるといった活動が含まれるのに対し，有意味な訓練としては，例えばWhen is your birthday? – It's August 10. といった型を用いてクラスメイトにインタビューをするといった活動が考えられる。ここでポイントとなるのは，機械的な訓練と有意味な訓練をいかに組み合わせるかという点である。機械的な訓練を通して生徒のレディネスを高め，有意味訓練において実践の機会を提供するというように，両者のバランスを図ることが肝要である。また，機械的か有意味かにかかわらず，エクササイズを行う際，「これは自動化をねらいとしたエクササイズである」という意識を教師と生徒の双方がもつことが求められ

る。

　自動化エクササイズの一例として，次のような疑問詞カードを使った活動が挙げられる。生徒をペアに分け，一方がインタビューをする側に，もう片方がインタビューを受ける側になる。インタビューを行う生徒の前にWhat, When, Who, How long, How muchなどの疑問詞が書かれたカードを置く。生徒は与えられたテーマ（例：先週末何をしたのか）について3分間インタビューを行うが，質問をする側はそれぞれの疑問詞を使うごとにカードを手に取っていく。3分後に役割を交替し，制限時間内により多くのカードを取った生徒が勝ちとなる。このエクササイズは，「先週末何をしたのかについて質問をしながら会話を行う」という，日常生活に根差した言語行為であると同時に，生徒は疑問詞を使った疑問文を制限時間内にできる限り多く産出しつつ，質問に対して即座に応答しなければならない。このようなエクササイズを通して機能的なコミュニケーションにおいて求められる，即興的な発問力・応答力を鍛えることが可能となる。なお，自動化のエクササイズを行う際は，上記のように活動に制限時間を設けることがポイントである。

■ エクササイズのマテリアル論

　マテリアル論とは，ねらいを実現するためにどのような素材を使うのか（素材の特性），そしてそれをどのようなコンテクストで用いるのかに関する理論である。結論から言えば，マテリアルが満たすべき条件としては，有意味（meaningful）であるか，本物の（authentic）英語か，自己への引き寄せが可能か（personal）の3つであり，それらの頭文字をとってMAPの原理と呼ぶこととする。

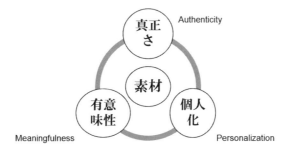

　authenticとは「本物である」という意味で，大雑把に言えば，実際に使われる英語のことを指す。一般に，マテリアルはauthenticなものが好ましいとされるが，ここではtext-authenticityとusage-authenticityを区別する必要がある。text-authenticityは文章全体を指す概念であり，新聞記事や小説はその条件を満たす。一方，usage-authenticityというのは，用例レベルでのauthenticityのことを指す。例えば，野球の実況中継では"Going, going, gone!"（大きい，大きい，入った！）という表現が用いられる。ここには進行中のgoing, と動作が完了したgoneの違いが見事に示されて

おり，現在分詞と過去分詞の違いを示すusage-authenticityを満たした素材である。また，プロポーズの際に使われるWill you marry me? という表現もusage-authenticityを備えており，現在の相手の意志を問うwillを導入する際に用いることができる。

　本物の英語は，学習者をひきつける魅力がある。エクササイズの作成においてはauthenticityを追求すべきである。現在ではインターネットなどを通してauthenticな素材を容易に入手することができる。しかし，authenticityだけではマテリアルを論じる上で十分とは言えない。素材が学習者にとってmeaningful（有意味）であるかどうかが問題となるからである。ここでの meaningfulには2つの意味合いがある。1つは，学習者にとって処理・理解が可能かどうかである。たとえauthentic な素材であっても学習者のレベルから大きくかけ離れている場合，有意味な教材とはならない。もう1つの意味合いとして，素材が学習者にとって認知的・情意的に面白いか（interesting, intriguing, enjoyable）が挙げられる。言い換えれば，学習者が興味をもって取り組みたいと思えるような内容かどうかということである。したがって，学習者の英語力や興味・関心，先行知識などを総合的に判断してマテリアルが学習にふさわしいかというのがmeaningfulの条件にほかならない。

　一般論としては，authenticでmeaningful な素材がエクササイズにおいて適切なマテリアルということになる。しかし，実際に，どんなマテリアルも表現自体が孤立して提示されることはない。そこで，どのような状況に埋め込まれたマテリアルを提示するかが重要となる。これをコンテクスト化（contextualization）と呼ぶ。コンテクストのありようは，authenticityとmeaningfulnessに影響を与える。一般的傾向として，個人に引き寄せることができる（personal）コンテクストを設定することで，言語使用の必要性が生じる。コンテクストが素材にリアリティを与えるという言い方をしてもよい。例えば，自分が住む町並みを，ビデオカメラを持って移動しながら英語で紹介するというタスクは，個人にとって身近なコンテクストの中での言語活動であり，生徒にとってレリヴァントな活動である。

エクササイズのメディア論

　エクササイズのオブジェクティブとマテリアルが揃うと，WhyとWhat の問いに答えることができる。しかし，エクササイズは何らかの媒体を通して行われるものであり，この視点を欠いてエクササイズ論は完成しない。このHow に関わるのがメディア論であり，あるねらいのために素材をどのような媒体を通して提示し，エクササイズを組み立てるのかに関する理論である。

　メディアを議論する際，「表現メディア」と「道具メディア」を区別することが肝要である。表現メディアとは，ある行為を行うこと自体がそのまま表現行為となるものである。声を出すということは，それ自体が音声表現という表現行為である。文字を書くことも，絵を描くことも，それ自体が表現行為である。音楽やパントマイムも同様である。したがって，言語表現

や音楽表現のように，「○○表現」と言うことができるものが表現メディアである。一方，コンピュータやDVDはメディアと呼ばれるが，それ自体が表現ではない。コンピュータやDVDという道具を使って何かを表現するからである。スマートフォンやテレビも，それ自体では表現にはなり得ない。

表現メディア：言語音，音楽，文字，絵，動画，図など
道具メディア：スマートフォン，テレビ，コンピュータ，タブレット，CD/DVDプレイヤーなど

　エクササイズは，文字や音声のみで作られることもあるし，イラストや写真，動画などを組み合わせて作られることもあるだろう。ここで重要となるのが，「メディア・ミックス」という考え方である。メディア・ミックスとは，様々なメディアを効果的に組み合わせることにより，それぞれの特性を活かしたマルチメディア・エクササイズをデザインすることである。例えば，現在導入が進められているデジタル教科書では，写真やイラストが豊富に用いられており，対象となる英文をタップすると音声情報や動画情報が即座に提示されるといった特徴を有している。また，インターネットを介することで学びの空間を飛躍的に拡張することが可能となり，例えばフランスの高校生と日本の高校生が原発問題についてリアルタイムで議論を行うといった活動も十分考えられる。CALL (Computer-Assisted Language Learning) やMALL (Mobile-Assisted Language Learning) という環境が当たり前になっている現在，マルチメディアを活用することにより，「今・ここで」という時間的・空間的制約を受けないエクササイズを展開する可能性が開かれている。なお，ICT (Information and Communications Technology) を活かしたオンライン学習の可能性については，第15章で詳しく論ずることとする。

■ エクササイズ論に基づいた実践事例

　本節では，中学1年生を対象とした2つの実践事例を取り上げ，エクササイズ論をどのように具現化することができるかを見ていきたい。

【実践例1】
　以下は，形容詞に焦点を当てたエクササイズである。本エクササイズのテンプレートは以下の通りである。

◇タスク処理 (CAN-DO)
　相手に「○○は〜だから，触らないように」と注意することができる。
◇言語リソース (CAN-SAY)

【文法】Don't do〜. （否定命令文），It's＋形容詞．
【語彙】名詞：mushroom, cactus, bomb, rose, etc.
　　　　形容詞：poisonous, prickly, dangerous, fragile, etc.
　　　　動詞：touch

　エクササイズの流れは次の通りである。まず名詞の画像のみを提示し，教員がDon't touch that mushroom. It's poisonous.や，Don't touch that cactus. It's prickly.という英文を言い，どのような意味かを生徒に推測させる（awareness-raising）。次に英文が示されたスライドを見せ，それぞれの名詞や形容詞がどのような意味かを確認する（comprehension）。その後，生徒はペアになってそれぞれの名詞について与えられた型に沿って表現活動を行う（production and automatization）。常識的に考えると，poisonousやpricklyといった形容詞は，中学1年生にとっては難しすぎると考えられるだろう。しかし，ここではキノコやサボテンといった具体的な物があり，さらにそれらを触らないよう注意するという，authenticなコンテクストが設定されることにより，無理なく学習することができる。これらを，「poisonous＝毒がある」「prickly＝とげのある」のように日英対応のリスト形式で機械的に学習させた場合と比較して，どちらの学習効果が高いかは一目瞭然である。また，扱う文法項目も中学1年生で学習するものであることから，有意味な表現として処理することが可能である。さらにこのエクササイズは，相手に何かを触らないように注意をするという，日常生活において生徒自身が直面する場面を想定しているため，自己への引き寄せが可能である。このように，MAPの観点を採り入れることにより，無味乾燥な作業に終始しがちな形容詞の学習を活き活きとした活動にすることが可能となる。

【実践例2】
　次に，be動詞に焦点を当てた一連のエクササイズを見ていきたい。なお，筆者が実践を行った中等教育学校では，英語の授業を日本人英語教師（Japanese English Teacher: JET）とネイティブ英語教師（Native English Teacher: NET）がチーム

ティーチングで担当している。また，2名のNETが専任の教員として学校に常駐し，学年の仕事や部活動，委員会などの校務を日本人教員と同様に担っている。

本エクササイズのテンプレートは以下の通りである。

◇タスク処理（CAN-DO）

人がある場所にいることを表現／理解することができる。

・人がどこにいるかを言うことができる。(Production/Speaking)
・人がどこにいるかを書いて伝えることができる。(Production/Writing)
・人がどこにいるかを聴き，理解することができる。(Comprehension/Listening)
・人がどこにいるかについての英文を読み，理解することができる。
（Comprehension/Reading）

◇言語リソース（CAN-SAY）

【文法】

◎主語＋be動詞＋場所を表す表現

○前置詞in, 副詞here, there

・疑問詞whereを使った疑問文（今回はWhere is ~?をフレーズとして扱う）
・現在進行形（今回はフレーズとして扱う）

【語彙】

・先生の呼び方(Mr. ○○, Ms. ○○)
・look for ~（〜を探す）
・校内施設名(teachers' room, science theater, gym, CALL workshop, Room121, library, cafeteria, observatory, broadcasting room)

【慣用表現】

・Excuse me, ○○.（声を掛ける）
・I'm looking for Mr./Ms. ○○.（〜先生を探している旨を伝える）
・Where is ○○?（場所を尋ねる）
・Thank you.（感謝を伝える）
・No worries.（気にしないよう伝える）
・Thanks anyway.（感謝を伝える）

Step 1　画像を見ながら英文を聴き，それぞれが画像の表す状況に合致しているかを判断する。(awareness-raising, comprehension)

例：(1) Mr. Kawai is in the gym.
　　(2) Jamie is here.
　　(3) Ms. Allen is in the library.
　　(4) We are in the classroom.

第8章 英語教育のエクササイズ論

(5) Jamie and Mr. Yamada are there.

Step 2　上のエクササイズで用いた文を提示しながら, 以下のポイントについて解説を行う。(comprehension, networking)
　　　　①be動詞には, I am a student. やHe is happy. のような使い方に加え, 人やモノがある場所にいる／あることを表す用法がある。
　　　　②場所を表す時は, 前置詞in や, here やthere などの副詞を用いる。

Step 3　Step1で提示した5つの画像を再度提示し, 口頭・筆記両面で英語を産出させる。(production, automatization)

Step 4　Excelを使ったフラッシュテストを行い, ランダムに提示された画像を即座に英語で描写できる練習を行う。(production, automatization)

Step 5　「先生を探そう!」タスクに取り組む。(production, comprehension, automatization)

　　「先生を探そう!」タスク

【状況】放課後あなたは, 数学の質問をするために川井先生を探しています。あいにく職員室にはJamieとAnitaしかいません。そこで, 2人のうちのどちらかに声を掛け, 川井先生がどこにいるかを確認しましょう。

①ペアになり, このタスクを日本語でどのように行うかを考える。(スクリプトの意識化)
②クラス全体で確認をし, 次にスクリプトを英語でどのように表現すべきか考えさせ, 英文を書かせる。
③クラス全体で確認をし, 発音練習を全体→ペアで行う。
④NETまたはJETのどちらかのところに行き, 何も見ずに会話を行う。その際, 教員は以下のスクリプト①と②をランダムに言う。ここでは日本人教員はネイティブ教員であると仮定して会話を行う。

【スクリプト①】教員が情報をもっている
You:　Excuse me, Anita/Jamie.　　　　声を掛ける
　　　I'm looking for Mr. Kawai.　　　川井先生を探している旨を伝える
　　　Where is he?　　　　　　　　　　彼がどこにいるか尋ねる

118

Part 3 英語力を育むための実践的指導

NET: Oh, he is in the music room now.　　NETが情報を伝える
You: Thank you, Anita/Jamie.　　　　　感謝を伝える

【スクリプト②】教員が情報をもっていない
You: Excuse me, Anita/Jamie.　　　　　声を掛ける
　　 I'm looking for Mr. Kawai.　　　　川井先生を探している旨を伝える
　　 Where is he?　　　　　　　　　　彼がどこにいるか尋ねる
NET: I'm sorry, but I don't know.　　　 NETは分からない
You: No worries. Thanks anyway.　　　 気にしないでと伝え, 感謝する

⑤生徒を何名か指名し, クラスの前で実演させる。
⑥教員がスクリプトを読み, 生徒はディクテーションを行う。各自答え合わせを行う。
⑦ペアになり, 片方が校舎内の案内図 (様々な場所に先生のイラストが入っている) を持ち,
　先生役になる。もう片方の生徒は, 任意の先生を選択し, どこにいるかを上記のスクリプ
　トに沿って確認する。会話が終わったら役割を交代する。時間が許せばクラスの前で発
　表する。黒板には, 会話のスクリプトを日本語で書いておく (声を掛ける→○○先生を探
　している旨を伝える→○○→…)。

　この「先生を探そう!」タスクを, エクササイズ論の観点から検討してみよう。まず, オブジ
ェクティブ論であるが, 本活動では初めからスクリプトを与えるのではなく, 日本語であれ
ばどのように会話を組み立てるかを考えさせるという, awareness-raising の活動を採
り入れている。また, 会話を通して, comprehension, production, automatization
の要素をカバーしている。networkingとしては, 既習のbe動詞の用法と, 今回の場所
を表す用法とのつながりを解説している。
　マテリアルに求められるMAPの条件から見ると, 本エクササイズで与えられた状況は,
生徒が実際の学校生活で遭遇し得るものであり, authentic かつ meaningful である。
また, 習熟度にかかわらず, 生徒にとって処理可能である点においてもmeaningfulと言
える。そして, 具体的な状況が設定されており (contextualized), かつ生徒が任意の先
生を選択して会話を行うため, personal な活動としてとらえられる。
　以上の点に加え, 本エクササイズで学ぶ会話は,「ある人の所在を尋ねる」という場面
に広く応用することが可能である。活動に取り組む前は, 同様の会話を行うことはできな
い可能性が高いため, 生徒が「できるようになった」という達成感を感じやすいという点も
重要である。
　メディア論の観点から見ると, 本活動ではPowerPointやExcelを使って画像や英文
を提示したり, 校舎の案内図というメディアを用いて表現活動を行ったりするなど, 様々な

119

媒体を通して活動にリアリティを与えている点が特徴的である。

以上のように，オブジェクティブ論，マテリアル論，メディア論の視点を採ることで，生徒がやる気を感じ，英語力の向上に資するエクササイズをデザインすることができる。

おわりに

本章では，オブジェクティブ論，マテリアル論，メディア論を柱とするエクササイズ論の構図を素描した。オブジェクティブ論では，気づきを高める，関連化する，理解する，産出する，自動化するという5つのねらいを明確にした上でエクササイズをデザインする必要性を述べた。マテリアル論では，エクササイズの素材が満たすべき3つの条件—meaningful, authentic, personal（MAP）—を提示し，実践例を通してそれらがどのように具現化されるかを見た。そしてメディア論では，「メディア・ミックス」という概念を提示し，それぞれのメディアがもつ特性を活かし，それらを組み合わせたエクササイズの提示が求められることを述べた。以上の理論的枠組みを意識することで，生徒の英語学習に資する，豊かなエクササイズが生まれるはずである。エクササイズのデザインは試行錯誤の連続であり，ある特定の学習者にとって有効であったものが，別の学習者にとってはうまく機能しないことも日常茶飯事である。教員に求められることは，なぜそのエクササイズが上手くいったのか，もしくは上手くいかなかったのかを分析し，常に改良を加える姿勢をもつことである。また，デザインしたエクササイズを教員間で積極的に共有し，学校独自のエクササイズ・データベースを構築することで，学校全体の英語教育の活性化を図ることができよう。さらに，ここで示した理論的枠組みは，エクササイズのみならず，テストの作成にも応用が可能である。テストをはじめとする評価のあり方については，第21章で詳しく論じることとする。

（森本　俊・田中茂範）

■ 読書案内

田中茂範・アレン玉井光江・根岸雅史・吉田研作（編著）(2005).『幼児から大人までの一貫した英語教育のための枠組み：English Curriculum Framework（ECF）』リーベル出版.

本章及び第3章の内容を理解する上で必読の書。言語リソースとタスク処理の連関としてのコミュニケーション能力論やエクササイズ論について詳細な議論が行われており，これからの英語教育を語る上で重要な視点が数多く提示されている。

Long, M. (2014). *Second language acquisition and task-based language teaching.* NJ: Wiley Blackwell Publishing Inc.

本章で議論したエクササイズの類似概念であるタスク（task）を中心とした外国語教育のあり方について深く議論した書。専門書であるが，エクササイズやタスクをどのように授業で活用していくかについて関心がある教員にとっては，ぜひおさえておきたい。

第**9**章

教科書を使ったコミュニカティブな指導
A New Communicative Way

本章のポイント

(1) 教科書を通し，言語リソースの充実化とタスク処理力の向上を図ることができる。

(2) 教科書を使ったコミュニカティブな指導を実践するためには，"read and react" という考え方が重要である。

(3) 本章で提案する A New Communicative Way は，4つの視点から教科書のテクストにアプローチすることにより，実践的な英語力を育成することを可能にする。

キーワード

教科書，A New Communicative Way，read and react

■ はじめに

　高等学校の英語の主要科目が『英語』から『コミュニケーション英語』に完全に移行して久しい。コミュニケーションのための，そしてコミュニケーションとしての英語がこれまで以上に強調され，技能統合型の指導方法が求められている。また，英語教育の目標を，英語を使って何ができるかという CAN-DO の形で設定しようという取り組みが全国的に行われている。これは，コミュニケーションが社会行為であることを鑑みれば，健全な動きであると言えよう。しかし，CAN-DO を実現するための技能統合型の授業をどのように具現化するのかとなると，多くの英語教師が足踏みをしているのが現状である。

　大学では教科書を使わなくてもよいという自由度があるのに対し，高等学校では検定教科書の使用は前提条件である。そこで，高等学校においては，『コミュニケーション英語』の教科書を使っていかにコミュニカティブな授業を実践するかが課題となる。「教科書を教える」のか「教科書で教える」のかによって議論は分かれるが，一般には教科書の内容を消化することが授業の目的であるという暗黙の了解があり，それがコミュニカティブな指導の制約になっていることは否めない。

　教科書は通例 10 〜 12 のレッスンで構成されており，各レッスンは複数のパートに分かれている。教師はパートごとに音読や訳読，新出語句の確認，内容把握，文法解説などを行う。教師が一連の活動を日本語で行うか，英語で行うかの違いはあっても，これらは基本的に「教科書消化型」の指導法である。しかし，これでは毎回授業でやることが決まっており，生徒からすれば単調な活動になりかねない。また，語彙や文法，内容把握などが

121

同時に学習対象となるため，何のために活動をしているのかが不明瞭になることもあり得る。

われわれは，「教科書をコミュニカティブに教える」という視点を採用し，それを実践するためには，教科書へのアプローチの仕方を変えなければならないと考える。本章ではまず，教科書と英語力の関係について考察し，続いてわれわれが A New Communicative Way と呼ぶ新たな教科書指導のあり方を提案したい。なお，本章では高等学校のコミュニケーション英語 I の授業を念頭に置いているが，基本的な考え方は中学校や大学での授業にも応用することが可能である。

教科書と英語力の関係

教科書を学ぶことでどのような英語力が身につくのかという問いに対し，明快な回答を提示するのは難しい。それは，教科書と英語力の関係がはっきりしないためである。第3章で見たように，「英語力」は「どのようなタスク（活動）をどれだけ効果的に，どのような英語を使ってこなすことができるか」と記述することができる。ここには タスク処理（task handling）と言語リソース（language resources）という2つの側面が含まれる。タスク処理は，CAN-DO として記述される内容である。テクストとの関係で言えば，テクストの内容理解はタスクの1つである。また，テクストの内容について何らかのリアクションを行うこともタスクである。一方，言語リソースとは，英語のコマとルールのことであり，文法，語彙，慣用表現から成る。これらはあるタスクを英語で遂行する際の言語資源であり，CAN-DO を行う際に用いられる CAN-SAY のレパートリーである。したがって，英語力を鍛えるためにはタスク処理の力の養成と言語リソースの充実化が共に必要ということになる。そして，教科書はそれを実践するための素材（マテリアル）として位置づけることができる。

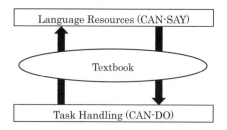

新しいコミュニカティブな指導 ― A New Communicative Way ―

以上の議論を踏まえ，本節では教科書を使ったコミュニカティブな指導のあり方として，われわれが A New Communicative Way と呼ぶ方法論を提案したい。その特徴は，テクストに (1) Context Setting, (2) Language in Text, (3) Content Construction, (4) Discussion & Presentation という4つの窓からアプローチし，意味内容の把握や文法・語彙の確認にとどまらず，生徒が主体的にその意味世界に働きか

けることである。

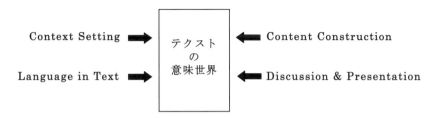

　従来の教科書指導では，新出語句の確認や文法解説，構文分析，音読練習をはじめとする，上記におけるLanguage in Textの部分が，授業時間の大半を占めていた。そこには，テクストを味わい，そこから世界を広げるという発想や，テクストに対する自分の意見を発信するという行為が含まれることはなかった。

　以下，(1) Context Setting，(2) Language in Text，(3) Content Construction，(4) Discussion & Presentationの4つの活動を授業においてどのように実践し，どのようなことに留意すべきかについて見ていきたい。なお，4つの活動には便宜上番号を振ってあるが，必ずしもこの順番通りに行う必要はない。また，どの活動に重きを置き，どの程度時間をかけるかについては，該当Lesson本文の性質や生徒の力などによって柔軟に調整する必要があるだろう。事例として，旧学習指導要領における「英語Ⅰ」用検定教科書『PRO-VISION English Course 1 New Edition』から，Lesson 7 A Mason-Dixon Memoryを取り上げることとする。

Context Setting

　Context Settingには，(1)テクストの文脈化（contextualization）と，(2)テクストを一気に読むことで，全体的な内容を把握するという2つのねらいがある。

　A Mason-Dixon Memoryのテーマは，アメリカにおける人種差別問題であるが，本文を読む前にその歴史的・社会的な文脈を理解することがまず必要となる。アメリカには「自由（freedom）」があるが，同時にそれは「多様性（diversity）」の源泉ともなるという側面を話題として導入する。freedomは，独立宣言において高らかに謳われた建国の理念である。しかし，文化的な多様性は，心理的には偏見（prejudice）を，行動的には差別（discrimination）を生み出す危険性を孕んでいる。そこで自由を求める戦いが起こり，暴力（violence）に訴える戦いと，非暴力（non-violence）を訴える戦いが起こる。アメリカではかつて奴隷制度（slavery）によって人種差別が行われ，リンカーンの奴隷解放宣言（Emancipation Proclamation）によって表面的には終止符が打たれたが，今日に至ってもなお差別は続いている。こうしたアメリカの事情を，以下のようなスライドを見せながら生徒に説明する。

第9章 教科書を使ったコミュニカティブな指導——A New Communicative Way

MIND MAP: AMERICA

Ideally

America → Freedom
        → Cultural diversity

Freedom, a *freedom* for all men and women,
This is the founding principle.
All men are created equal.
This is what Thomas Jefferson said in the Declaration of Independence.

THE DARK SIDE OF AMERICA

- **Slavery** in the United States
  1776-1865 (the 13th Amendment to the United States Constitution)
- **The Emancipation Proclamation**
  an executive order issued by the U.S. President Abraham Lincoln on January 1, 1863, during the American Civil War.
- **Racial Discrimination**
  Even in 1960s, ... and even today.

CULTURAL DIVERSITY AND REALITY

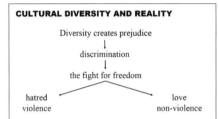

Diversity creates prejudice
   |
discrimination
   |
the fight for freedom

hatred   love
violence   non-violence

THE EMANCIPATION PROCLAMATION

By the President of the United States of America:
A Proclamation.
Whereas, on the twenty-second day of September, in the year of our Lord one thousand eight hundred and sixty-two, a proclamation was issued by the President of the United States, containing, among other things, the following, to wit:
"That on the first day of January, in the year of our Lord one thousand eight hundred and sixty-three, all persons held as slaves within any State or designated part of a State, the people whereof shall then be in rebellion against the United States, shall be then, thenceforward, and forever free ..."

THE GETTYSBURG ADDRESS

... It is rather for us to be here dedicated to the great task remaining before us – that from these honored dead we take increased devotion to that cause for which they gave the last full measure of devotion – that we here highly resolve that these dead shall not have died in vain – that this nation, under God, shall have a new birth of freedom – and that government of the people, by the people, for the people, shall not perish from the earth.

ここでのスライドにはThe Gettysburg Addressが含まれているが、テクストにもその一部が引用されており、全文を見ることによって、生徒はリアリティを感じながらテクストに向き合うことができる。また、以下のスライドにおけるMartin Luther King, Jr.の演説はテクストの内容とリンクしており、重要である。また、freedomが今日においても重要なコンセプトであることを示すために、オバマ前大統領の就任演説の締めくくりの部分を提示するのもよいだろう。

"I HAVE A DREAM," A 17-MINUTE PUBLIC SPEECH BY MARTIN LUTHER KING, JR. DELIVERED ON AUGUST 28, 1963

"I have a dream that my four children will one day live in a nation where **they will not be judged by the color of their skin but by the content of their character.**"

MARTIN LUTHER KING, JR. "I HAVE A DREAM"

Let Freedom Ring
  When we let freedom ring, when we let it ring every state and every city, we will be able to speed up that day when all of God's children, black men and white men, Jews and Gentiles, Protestants and Catholics, will be able to join hands and sing in the words of the old Negro spiritual, "Free at last! Free at last! Thank God Almighty, we are free at last!"
            Even now ....

Part 3 英語力を育むための実践的指導

OBAMA INAUGURAL ADDRESS (2009)

Let it be said by our children's children that when we were tested we refused to let this journey end, that we did not turn back nor did we falter; and with eyes fixed on the horizon and God's grace upon us, we carried forth that great gift of freedom and delivered it safely to future generations.

オバマはfreedomを"a great gift"と表現し，それを後世に受け継いでいくことの重要性を訴えたが，以下のスライドに見られるように現在においてもなお差別は存在するという指摘をするのもよいだろう。加えて，本課のテーマであるMason-Dixon Lineとは何であるかを，地図を用いて示すことがここでは必要となる。

EVEN TODAY, RACIAL DISCRIMINATION OR RACISM PERVADES THE U.S.

August 4, 2008
Majority of Americans Say Racism Against Blacks Widespread
More than three-quarters of black say racism against blacks is widespread
By Jeffrey M. Jones

PRINCETON, NJ – A recent *USA Today*/Gallup poll finds most Americans saying racisms is widespread against blacks in the United States. This includes a slim majority of whites (51%), a slightly higher 59% of Hispanics, and the vast majority of blacks (78%).

　Context Settingのもう1つのねらいとして，1課を通して読むことで意味の全体像をつかむことが挙げられる。ここでは，生徒がテクスト全体の意味世界を感得できるかが鍵となる。全体を一気に読むのは難しいと判断して，パート毎に丁寧に英文を紐解くアプローチを採る教師は多いが，やはりテクストは通して読む必要がある。そして，テクストの意味世界を生徒にとっていかにapproachableにできるかが，教師の手腕が問われるところである。そのために極めて有効な方法が，チャンキングである。
　以下は，A Mason-Dixon Memory全文をチャンク化したテクストである。

Recently I heard some sad news.
A black student was not allowed to play golf
　　at a club
because of his skin color.
This brought back
　　my own childhood memories
　　from 32 years ago.

125

第9章 教科書を使ったコミュニカティブな指導——A New Communicative Way

I was a poor black boy of 13 years,
    living with my mother and father
    in a black area of New York.
One day,
    my teacher announced a trip to Washington, D.C.
I hurried home
    with a letter about the trip
    and showed it to my mother.
Seeing the cost, however,
    she shook her head.
We did not have enough money.
After feeling sad for a few seconds,
    I decided to pay for the trip myself.
For the next eight weeks,
    I sold candies
    and delivered newspapers.
Three days before the deadline,
    I had made just enough money.
"I can go!"

Feeling very happy on the day of the trip,
    I got on the train.
I was the only black in our group.
Our hotel was not far
    from the Lincoln Memorial.
My roommate was Frank.
Leaning out of our window
    and dropping water balloons on tourists,
    we quickly made friends with each other.
At the Lincoln Memorial,
    together we had read the famous words
    from Lincoln's speech at Gettysburg:

"...this nation,
under God,

shall have a new birth of freedom ..."
The next morning,
    a teacher said,
    "Clifton, could I see you for a moment?"
Frank turned pale.
One of our water balloons
    had hit a lady and her dog the night before.
"Clifton,"
    the teacher began,
    "do you know about the Mason-Dixon line?"
"No," I said,
    wondering what this had to do with
    dropping water balloons.
"Before the Civil War,"
    the teacher explained,
    "the Mason-Dixon line was
    the line between Pennsylvania and Maryland,
    the line between the free and slave states.
Today,
    the Mason-Dixon line is a kind of invisible border
    between the North and the South.
When you cross that invisible line
    into Maryland,
    things change.
We are going to Glen Echo Park ...
It's in Maryland,
    and black people can't go in."
"You mean I can't go to the park,"
I asked,
    "because I'm black?"
She nodded slowly.
"I'm sorry, Clifton,"
    she said,
    taking my hand.
Back in my room,

第9章　教科書を使ったコミュニカティブな指導──A New Communicative Way

I began to cry.

I was very sad.

That was not only

because I could not go to the park.

For the first time in my life,

I was learning

what it felt like to be black.

"What's the matter?"

Frank asked.

"They don't let me go to Glen Echo Park tonight."

"Because of the water balloon?"

he asked.

"No,"

I answered,

"because I'm black."

"Well, that's a relief!"

Frank said,

and then he laughed.

He was relieved to have escaped punishment.

"I thought it was serious."

I stared at him.

"It is serious.

They don't let black people go into the park.

I can't go with you!"

I shouted.

"Then I won't go, either."

Frank smiled.

I will never forget that moment.

Later the room was filled with boys

listening to Frank.

"They don't allow black people in the park,

so I'm staying with Clifton."

"Me, too,"

a second boy said.

"I'll stand by you, Clifton,"

Part 3 英語力を育むための実践的指導

a third agreed.
In the end,
　　eleven white boys decided not to go.
They wanted to go to that park
　　as much as I did,
　　but they knew
　　that there was something even more important.
That night,
　　another teacher came to our room,
　　holding an envelope.
"Boys,"
　　he shouted.
"I've just bought 13 tickets to go the Senators-Tigers game.
Anybody want to go?"
There were shouts of happiness.
On the way to the ball park,
　　we made a short stop at the Lincoln Memorial.
For one long moment,
　　I stared at the statue of Lincoln
　　in the warm yellow light,
　　recalling that line.
"This nation,
　　under God,
　　shall have a new birth of freedom."

　通常，英文はパラグラフ単位で書かれている。それは1つのブロックを成しており，その
ままでは構文的な複雑さや，意味の解釈の複雑さを調整することはできない。しかし，チャ
ンキング（息継ぎの単位で英文を断片化すること）を行うことで，以下のような効果を得る
ことができる。

(1) 構文の複雑性の縮減
(2) 意味の可視化
(3) 英語的発想の習得

　第一に，複雑な構文があっても，チャンキングすることで，自然に情報を処理しやすくなる。

129

第9章　教科書を使ったコミュニカティブな指導——A New Communicative Way

第二に，チャンクは平均して7語±2語程度の長さであるため，英語から事態を構成しやすくなる。そして，第三に最も重要なこととして，英語表現はチャンキングによって紡ぎ出されることが挙げられる。チャンク化されたテクストを読むことで，英語の発想を感得することができるのである。たとえチャンクに日本語訳を与えたとしても，それは「英文和訳」ではなくチャンク訳であり，英語の発想が日本語で表現されているということになる。

　このチャンク化したテクストを利用して，reading aloud, shadowing, overlapping などの活動を行うことができる。ネイティブ・スピーカーに情感を込めてテクストをチャンク読みしてもらい，それに生徒が reading aloud で応じるという活動も可能であろう。また，テクストを読み進めていく過程で，教師がコメントを日本語あるいは英語で入れると，物語の展開に臨場感が出てくる。

【テクストの流れ】　　　　　　　　　　　　【教師のコメント】

I hurried home
　　with a letter about the trip
　　and showed it to my mother.
Seeing the cost, however,
　　she shook her head.　　　　　　　　ショックだよね。でもどうしてだろう？

「どうしてだろう？」という発問によって生徒は，先行する文章の "I was a poor black boy of 13 years." と関連づけ，she shook her head. に続く "We did not have enough money." を予期する。それが「だからそうなんだ」という読みにつながる。

　テクストを読み終えた時点で，全体的な理解の確認を行うと同時に，Context Setting で使った資料に立ち戻り，関連性を理解させる。特に，Cultural Diversity and Reality のスライドが，本文の流れを要約する役目を果たす。

Language in Text

　英語学習において，文法や語彙，慣用表現といった言語リソースを充実化することは必要不可欠である。その際に鍵となるのが，コンテクスト（文脈）である。語彙については，一般にリスト形式で覚えるよりも，文脈の中で覚える方がよいと考えられている。文法についても同様で，文脈を捨象した機械的な学習ではなく，それぞれの項目がどのようなコンテクストで用いられるかを意識することで，定着の度合いが高くなる。特に教科書を使った授業の場合，テクストで出てきた文法項目を一旦文脈の中から取り出し，その形や機能について解説するという指導が多く見られる。しかし，文法を知ることが英文を英語感覚的に読むことにつながるということを感得した時，文法にリアリティが与えられるのである。Language in Text はまさに，テクストを構成する言語という視点から言語リソースを学ぶという活動である。

A Mason-Dixon Memory には，*doing* の形が多用されており，それに着目した次のような指導を行うことができる。テクスト内で使われている *doing* は以下の通りである。

I was a poor black boy of 13 years, liv**ing** with my mother and father in a black area of New York.
See**ing** the cost, however, she shook her head.
After feel**ing** sad for a few seconds, I decided to pay for the trip myself.
Feel**ing** very happy on the day of the trip, I got on the train.
Our hotel was not far from the Lincoln Memorial. My roommate was Frank. Lean**ing** out of our window and dropp**ing** water balloons on tourists, we quickly made friends with each other.
"No," I said, wonder**ing** what this had to do with dropping water balloons.
"I'm sorry, Clifton," she said, tak**ing** my hand.
For the first time in my life, I was learn**ing** what it felt like to be black.
Later the room was filled with boys listen**ing** to Frank. "They don't allow black people in the park, so I'm stay**ing** with Clifton."
On the way to the ball park, we made a short stop at the Lincoln Memorial. For one long moment, I stared at the statue of Lincoln in the warm yellow light, recall**ing** that line.

ここでは進行形の *doing* と分詞構文の *doing* が混在しているが，それらを同時に提示することで，両者には共通性があることに気づかせることができる。分詞構文については，以下のような説明を加える。

「主節で語られた行為と途切れることなく，重なり合うような関係で状況が示される」

このことに注目させることで，Feeling very happy on the day of the trip, I got on the train. のような表現を英語感覚的に理解することが可能となる。このように，文法を指導する際は，それがテクストの中でどのように用いられているのか（grammar in text）という視点を採ることが重要である。また，主語に注目した読み方やテンス・ア

第9章 教科書を使ったコミュニカティブな指導——A New Communicative Way

スペクトに注目した読み方など, 体系的な文法学習のためにはLanguage in Textの視点は必要不可欠である。他の注目点としては, 時系列に並んだ名詞や動詞, 注目すべき形容詞や副詞, 前置詞, 基本語, 慣用表現などが挙げられる。

また, Language in TextのLanguageには, 談話構造も含めたい。説明型, 問題発見解決型, 物語型, 政策提言型など, 情報の組み立て方は文章のタイプによって異なるため, 談話構造に着目させることで, 読解力だけでなく文章作成力を高めることにもつなげられる。

Content Construction

何かを読むという行為には, 内容理解が含まれる。しかし, 「コミュニケーション英語」においては"read and react"という発想を採ることが求められる。ここで言うreactは, 読んだものに対してリアクションを行うということであり, reporting, commenting, summarizingの3つの活動が含まれる。reportingはテクストの内容をそのまま報告するというもので, fact-statement型の語り方である。commentingは読んだものに対する個人的見解を述べる行為であり, opinion-statement型の行為である。summarizingは, テクストの内容の要約であるという意味においては fact-statementであるが, どのように要約するかについて読み手の主観が関与するという意味においてはopinion-statement的でもある。

Content Constructionとは, 以上の3つを総合し, 生徒がテクストの内容を構成する活動である。個人単位で行うこともできるが, 授業ではグループ活動として位置づけたい。まず, reporting的な側面をカバーするための Content Construction sheet を配布し, 必要な情報を補充させる。

CONTENT CONSTRUCTION SHEET-1

Now the story begins: Clifton was a poor black boy of 13 years and he lived with his parents in a black area of (　　　　).

One day, the teacher announced the students about
_____.

He got excited and hurried home. He showed the letter to his mother.

Mother's reaction: _____

CONTENT CONSTRUCTION SHEET-2

Now the long awaited trip starts:
Although he was the only black student in the group, he was very (　　　) and got on the (　　　).

The hotel they stayed
　— Location: _____
　— Clifton's roommate: _____

Clifton and Frank made friends with each other through
_____

次に, reporting, commenting, summarizingを含んだ活動として, グループで協力してテクストの内容構成を行わせる。その方法の1つとして, 画用紙を何枚かつなぎ合わせたものを用意し, グループがテクストから読み取った内容を視覚的に表現するという活動がある。これを使ってクラス内での発表を行うと, authenticな活動になる。また, これは協働（コラボレーション）であるため, 英語に苦手意識をもっている生徒も描画など何らかの形で貢献することができる。そしてその達成感が, 英語学習の動機づけにもつながる

Part 3 英語力を育むための実践的指導

こととなる。

Discussion & Presentation

　4つ目の窓は, Discussion & Presentation である。テクストには, ほぼ必ず争点 (issue) として議論の対象となるポイントが含まれている。その問題に着目した議論 (discussion) をグループ内で行い, それを教室内で発表 (presentation) する。ここでは生徒が中心となり, 英語だけで活動を展開する方法を紹介する。このセッションを遂行するために必要となるのが, chairing (議事進行) スキルである。ここには「チェアー (chair) のリレー」という考え方が背後にあり, 議事進行を例えば11名のリレー形式で行うというものである。そこで, chairing card を11枚用意する。35名のクラスであれば, 35枚のカードを用意し, その内11枚が chairing card であり, 残りはテクストの一部を抜き出したカードである。それらを箱に入れ, 生徒に1枚ずつカードを取らせる。最終的には, 11名の生徒が議事進行役を務めることになる。

　すべてのカードの内容を書いたハンドアウトを生徒に配布し, 読み方の訓練を行う。これにより, 言い方を練習することができるだけでなく, 授業内で行われる内容を予備的に確認することもできる。ここでの規則は, チェアー役の生徒の指示 (カードに書かれた内容) に従って行動するというものである。Chairing (1) と (2) では, テクストの中から争点になる箇所を確認し, その部分を指名された生徒が実演する。

CHAIRING (1)

OK, now, everyone. Let's start. Let me introduce myself. I'm [　　]. I'm chairing this discussion and presentation session. Today, we are going to talk about "A Mason-Dixon Memory." As you remember, we've already read the whole story more than once. However, let's take a look at the passage we're going to focus on once again.

CHAIRING (2)

Hi, my name is [　　]. I'll ask two of you to act out the main dialog. Let me ask Mr. [　　] and Mr. [　　] to stand up and act out the roles of Clifton and Frank. Mr. [　　] and Mr. [　　], could you play the small roles of A and B? And Miss [　　], could you be the narrator, please? Now are you ready? Let's start.

　続いて Charing (3) と (4) で, 抜き出された英文から出てくる争点を明らかにする。本文では, 11人の生徒たちは Glen Echo Park に行くことよりも, もっと大切な何か ("something even more important") があることに気づくが, それが何であるかは語られていない。そこで, 「それはどういうことか」が争点の1つとなる。また, アメリカには「違って当たり前」という文化的価値があることから, 11人が同じ結論に達しなくてもよいので

133

第9章 教科書を使ったコミュニカティブな指導──A New Communicative Way

はないかということに着目した争点を挙げることができる。しかし，時間の関係上，ここで
は1つ目の争点に限定することを Chairing (5) で伝える。

CHAIRING (3)

Thank you. This is, I think, the most impressive passage in the story. Oh, my name is [　　　]. I'll take over. Now we have two questions.

Question 1: This passage says, "They knew that there was something even more important." What did they believe to be "something even more important?" "Something" might refer to different things depending on the children who were there. Try to describe possible ideas they may have had about "something even more important."

CHAIRING (4)

Hi, my name is [　　　]. Let's move on to the second question.

Question 2: Is it necessary for all of the white kids to decide not to go to the park and stay with Clifton? In America, kids are taught: I'm different. You're different. And we are all different. If this is true, people should have different opinions and take different actions. What do you think about this?

また，Chairing (5) と (6) では，7つのグループに分かれて議論をすることを告げ，グループ分けと議論の時間について指示をする。Chairing (7) では，グループでの議論を受け，発表に移ることを伝える。

CHAIRING (5)

Let me take over. My name is [　　　]. Because of the time limitation, we will focus on Question 1 only.
Now, we're a group of 35. So let's make seven groups of five people. Make seven groups as you like. I'll give you one minute.

OK, time's up.

CHAIRING (6)

I'm your chair now. My name is [　　　]. Now, I want you to talk about the first question. The goal of your discussion is to reach a group consensus about Question 1. Let's have an active discussion. You have 15 minutes.

CHAIRING (7)

All right. This is [　　　]. Time's up. I think all of you are ready to make a presentation. The person selected will make a presentation about his or her group consensus for 3 minutes. Those of you who have been selected, please stand up. Let's decide the order of presentation – which group wants to go first.

134

そして，Chairing (8) と (9) で，各グループの発表を行う。Chairing (10) でフィードバックセッションを行い，(11) でセッションを締めくくる。

CHAIRING (8)

All right, now, from now on, I'll be your chair. My name is [   ]. Let's have the first presenter group come forward. You have 3 minutes. Now, listen to their presentation carefully.

Thank you very much. Give them a big hand. Let's move on to the second presenter group. You can start whenever you are ready. You have 3 minutes.

CHAIRING (9)

Thank you for your presentation. My name is [   ]. How about the third presenter group? Are you ready to start? OK, let's get started.

Thank you. Let's move on. Members of the fourth presenter group, please get started.

CHAIRING (10)

OK, now, let's move on to the feedback session. First of all, I'd like to ask Mr. [   ] to make an overall comment on our presentations.

Thank you very much. I'm sure you have a lot of questions, but unfortunately, we don't have much time left. So I'd like to take 3 questions.

CHAIRING (11)

Thank you. My name is [   ]. Now, the seven groups have made their presentations. And we've had a short feedback session. This is our first time to give a presentation in class, and I think we've done a good job. Time is running out, but if you have any last questions, please raise your hand. No questions? All right then, I think that's about it. We will now close this session.

以上のように，このセッションは生徒が中心となって展開される。Chairing cards を用いることにより，生徒は議事進行の手順や必要となる表現を学ぶことができ，チェアリングスキルを身につけることが可能となる。最終的には，カードを使わないで議事進行を行い，適宜アドリブでコメントを加えることができるようになることが目標となる。

■ おわりに

英語教育で求められるのは授業を活性化し，英語に対して「好き，楽しい，使える」といった印象をもつ生徒の数を増やすことである。「英語で授業をする」というのは，ある側面で見れば非常に有効で意味のある授業方法であるが，「英語で授業する」こと自体が目的

第9章 教科書を使ったコミュニカティブな指導——A New Communicative Way

になってしまったり，従来の授業を単に英語で繰り返したりすることは避けなければならない。新しい授業の可能性が閉ざされる恐れがあるからである。英語で授業する最大の意義は，「英文和訳」という従来の授業スタイルからの脱却を可能にすることにある。英文和訳では，英語が言語的な置き換えの中で理解され，生の英語のありようから遠のいてしまう。重要なのは，教科書を使って「コミュニケーション英語」をどのように実践するかである。本章で提示したA New Communicative Wayは，その1つの提案である。"read and react"という発想から，4つの活動を通してテクストの意味世界にアプローチすることにより，英文を立体的にとらえることが可能となり，従来の教科書消化型の授業に見られなかったコミュニカティブな授業を展開することができるだろう。

（田中茂範）

■ 読書案内

卯城祐司（編著）(2011).『英語で英語を読む授業』研究社.

本章で提示したA New Communicative Wayと軌を一にするリーディング指導のあり方を議論している。豊富な活動例が提供されており，英語でリーディングの授業を行いたい教員にとって多くの示唆を得ることのできる書。

第**10**章

コミュニカティブな英語教育における発問力

本章のポイント

(1) 発問という行為には，対人関係機能や情報収集機能，意味生成機能など，様々な機能があることを認識する必要がある。

(2) 発問が教育的に有効であるためには，authenticity, meaningfulness, personalization の条件を満たすことが求められる。

(3) 発問を効果的に用いることにより，テクストに対する read and react の活動を充実化することが可能となる。

キーワード

発問，発問の機能，発問の条件，応答方略，read and react

■はじめに

　第1章で見たように，多文化共生社会を生きるグローバル・パーソンには，異なる背景や利害，関心をもつ人々とのコミュニケーションを通して「違い」を乗り越え，問題解決や意志決定を行う力が求められる。その際，問題・イシューは何であるか（What is it?），何をすることができるのか（What can we do about it?），そして何をすべきなのか（What should we do about it?）を明確にすることが肝要となり，そのプロセスを駆動するのが質問力と応答力である。質問がなくては互いの考えや意志を確かめることは不可能であり，質問に対する適切な応答ができなければ機能的なコミュニケーションを図ることはできない。したがって，英語教育においては，授業を通していかに生徒に質問力と応答力を身につけさせるかが大きな課題となる。

　授業は大きく，内容消化型と活動型に分けることができる。教師が学習内容を提示し，それを生徒が消化（learn）するという内容消化型の授業は，学校教育において欠くことのできない部分である。しかし，英語教育においては「英語を使う」という言語運用能力の育成が目標となることから，learning by doing を実践することは不可欠であり，doing を実践するための活動の比率を高めていかなければならない。ここで言う「活動」には「プロジェクト（project）」や「タスク（task）」などが含まれるが，「やり取り（interaction）」も主要な要素の1つである。

　教室内では，教師と生徒間及び生徒同士のやり取りを中心とした授業が展開される。そしてやり取りは，質問と応答の連鎖によって紡ぎ出される。本章のねらいは，教室内やり取

りにおける「発問（asking questions）」という行為の意義を再考することにある（教室内での発問に関する代表的な研究としてSanders (1966) やMorgan and Saxton (1991) が挙げられる）。以下，発問の機能について触れ，教育的に有効な発問の条件について考察する。その後，発問タイプとその応答の仕方について概観し，コミュニケーション英語の授業における発問のあり方を論じることとする。

発問の機能

何かに疑問を抱き，疑問文を作り，それを発問する。英語で言えば，having a question about something（疑問をもつ），making a question（疑問文を作る），そしてasking a question（発問する）となる。これは，人々の生の営みにおける日常的な言語行為である。根源的には，何かを知りたいという無意識の欲動がそうした言語行為と結びついている。幼児は質問を投げかけることで世界について学び，哲学者は発問という行為を通して常識を問い，思惟する。してみると，発問という行為は，教育の根底を成すものであると同時に，発問力を養成することが，その主要な目的となる。

Morgan and Saxton (1991) は，教室内での教師による発問の意義を以下のように整理している。

- the act of asking questions helps teachers keep students actively involved in lessons; while answering questions, students have the opportunity to openly express their ideas and thoughts（発問をすることにより，教員は生徒が積極的に授業に参加するよう促すことができる。一方，質問に答えることを通し，生徒は自分の意見や考えを表明する機会を得ることができる）
- questioning students enables other students to hear different explanations of the material by their peers;（発問をすることにより，生徒は素材について他の生徒がどのように考えているかを知ることができる）
- asking questions helps teachers to pace their lessons and moderate student behavior;（発問をすることにより，教員は授業のペースをつくることができ，生徒の行動を調整することができる）
- and questioning students helps teachers to evaluate student learning and revise their lessons as necessary.（そして，発問を通して教師は生徒の学習状況を評価し，必要に応じて授業を改善することができる）

以上の意義を踏まえ，発問という言語行為（社会的相互作用）のもつ機能について考察したい。

発問は円滑なコミュニケーションを図る上で決定的に重要な要素である。なぜなら，当

Part 3 英語力を育むための実践的指導

事者間に何らかの「情報のズレ（information gap）」がある場合に，コミュニケーションが要請されるからである。興味・関心の違いや文化の違い，誤解，知識量の違い，他者情報の不足など，すべて「情報のズレ」である。

　情報のズレを埋めるために求められるのが，質問を発するという行為である。しかし，英語教育における発問の役割・意義を考えるには，ここで言う広義の「情報のズレ」という概念を「発問の機能」として整理しておく必要がある。というのは，発問という行為は，欠けた情報を補充するためだけに行われるのではないからである。

　発問の機能は，以下の3つに大別することができよう。

(1) 対人関係機能（interpersonal function）：対人関係の形成や維持，調整を行う働き
(2) 情報収集機能（information-gathering function）：世界の出来事や物事についての情報を得る働き
(3) 意味生成機能（meaning-creating function）：新しい意味やアイディアを生み出す働き

　これらの機能は相互排他的ではなく，関連し合っているが，あえて個別機能に焦点を当てると，上記の3つの機能に集約されるように思われる。発問の対人関係機能は，まさに対人関係そのものに関わるものであり，挨拶（How're you doing? など）や他者配慮（Are you OK? など），意図の確認（What do you mean by that? など），依頼（Could you give me a hand? など），提案（How about a cup of tea? など），驚きの表明（What? など）のように，多種多様な状況で用いられる。情報のズレという観点から言えば，これらは他者情報のズレを埋める働きであると言えるだろう。

　会話においては，何を言うかということだけでなく，何かを言うことによって何をして欲しいのか，あるいは何をしたいのか，といった話し手の行為意図が重要になる。例えば，Your dress looks gorgeous. という表現は，内容としては「君のドレスは素晴らしい」ということだが，発話をすることで「相手を褒める」「相手を誘いたい」「自分の服装も褒めてもらいたい」など，何らかの意図が表現される。There is a bull in the street. という発言でも，単なる報告なのか，警告なのか，怒りの表現なのかは，状況によって変化する。行為意図を表現するための慣用化された表現—それらを機能表現と呼ぶ—は数多くあり，その多くは疑問文の形を取る。以下はその例である。

依頼する

(1) Can you open the window, please? （窓を開けてもらえますか）
(2) Do you mind taking me to the station? （駅に連れて行ってくれないかな？）

139

第10章 コミュニカティブな英語教育における発問力

提案する

(1) How about going swimming?（泳ぎに行くのはどう？）

(2) Why don't you call him personally?（自分で彼に電話をしたらどうですか）

勧める・申し出る

(1) Can I help you with that?（それ，手伝いましょうか）

(2) Would you like me to take you to the library?（図書館まであなたをお連れしましょうか。）

許可を求める

(1) Would you mind if I borrowed your CD?（CDを借りてもいいですか）

(2) Would it be all right for me to leave 20 minutes early today?
（今日，20分ばかり早く退出してもかまわないでしょうか。）

念を押す・気づかせる

(1) Can I remind you about the meeting at 2 p.m.?（午後2時の会議，覚えていますよね）

(2) Will you try to remember to call him tonight?（今夜，彼に電話するのを覚えていてくださいね）

詳細情報の提供を求める

(1) Can you explain that in detail?（もっと詳しく話してくれませんか。）

(2) Could you be more specific?（具体的には，どのようなことになるでしょうか。）

　一目でわかるように，これらの表現の多くには，can / will / would / could などの態度表明型の助動詞が含まれているが，ほとんどが定型化された表現である。これらは疑問文の形をとっているが，機能的にはいわゆる yes / no の答えを求める質問というより，「何かをしたい，何かをして欲しい」という主旨の行為意図を表現するものである。このような疑問文による行為意図の表出は，対人関係機能を担うと見なすことができる。

　第二の情報収集機能は，発問の典型的な機能であるが，yes/no の答えを期待するもの，A or B で選択を要請するもの，さらに5W1H（who, what, when, where, why, how）についての情報を求めるものがある。例えば何らかの事件が起きた際，捜査関係者はこれら一連の質問を通して情報収集を行うだろう。また，歴史や地理，数学，物理などの教科学習においても，生徒は意識的か無意識的かを問わず，これらの質問を通して知識の構成を行うだろうし，教師は発問をすることで学習活動の流れを生み出す。

第三の意味生成機能とは，発問が新たな視点を提供し，それによって新たな物事の見方が生まれるというものである。常識を問うという哲学者の思惟は，まさにこれに当たる。発問には，われわれの思考を広げ，深めるという創造的な働きがあるのである。例えば研究論文を書こうとする際，自分なりのリサーチ・クエスチョンズを見つけられるかどうかが決定的に重要となるが，これも質問という形式を採ることで何をしたいのかが明確になり，それが研究の動因になるということである。発問の意味生成機能は教育及び学問のエッセンスであるが，英語教育においても知的な活動を牽引する役割を果たす。

■ 教育的に有効な発問の条件

以上のように，言語的に分類すると，発問には様々な働きがある。では，英語教育現場では，発問はどのように取り扱われているのであろうか。一般的にはまず，疑問文の作り方と答え方という形式面に注目し，言語的操作の仕方を指導する。そして，教師は，練習を目的として生徒に英語で質問をし，それに対して生徒が答えるというやり取りが行われる。例えば，以下の質問と応答を見てみよう。

(1) Are you a student? — Yes, I am. I'm a student.
　　　　　　　　　　　　　 No, I'm not. I'm not a student.
(2) Do you like playing soccer? — No, I don't. I don't like playing soccer.
　　　　　　　　　　　　　　　　 Yes, I do. I like playing soccer.
(3) What did you eat for today's breakfast? — I ate broiled salmon, miso
　　　　　　　　　　　　　　　　　　　　　　 soup and a bowl of rice.

以上の質疑応答には，文法的・語彙的な問題があるわけではない。重要なことは，質問を投げかける際に，その質問の「善し悪し」を判断する基準をプロの教師として有しているかどうかである。教師の発問はどうあるべきか。教師は何のために発問という言語行為を行うのか。こうした問いを発することは，教師が自らの教育行為を意識化することを促し，何のために教室内で特定の活動をしているのかを自覚することにつながる。では，生徒とのやり取りにおいて発問を行う際に，考慮すべき条件は何であろうか。われわれは，以下の3つを挙げることができると考える。

(1) 自然であること：authenticity
(2) 有意味であること：meaningfulness
(3) 自分事としてとらえることができること：personalization

まず，教師の発問は自然であることが求められる。自然であることの裏返しとして「不自然」

または「人工的」がある。自然であることは本物であることであり，そのことを英語でauthenticityと呼ぶ。不自然なやり取りは「白け」の原因となり，白けた場では本来的なコミュニケーションは起こり得ない。したがって，英語表現と英語活動がauthenticであることが，教師が発問を行う際には重要となる。

authenticity は本物志向と結びつく。しかし，authentic な表現と活動であればよいというものでもない。そこで有意味であること（meaningfulness）という条件が必要となる。ここで言うmeaningfulには，comprehensible（理解可能である）ということと，interesting（興味を引く）の2つが含まれる。つまり，認知的にmeaningfulであると同時に，情緒的・感情的にもmeaningful でなければならないということである。いくらauthenticでも，meaningfulでなければ教育（学習）効果は期待できない。換言するなら，meaningfulness はauthenticity の条件であり，その制約として機能する。

以上のように，authentic でmeaningful であることは，コミュニケーションの基本条件である。それはまた，生徒のやる気を高め，それを持続させる要因でもある。しかし，それだけでは十分とは言えず，生徒が言語活動を「自分事としてとらえることができる」という個人化（personalization）が充足すべき要件となる。「個人化」とはコンテクスト化（文脈化）のことであり，自分との関連性（relevance）の高い状況を設定することで，生徒は活動にリアリティを感じて取り組むことができるのである。

繰り返しになるが，発問は教室を社会的相互作用の場にする上で決定的に重要である。そして，発問を行う際の条件としてauthenticで，meaningful，そしてpersonalであることが考慮されなければならないというのがここでの論点である。

さて，上で3つの質疑応答の例を挙げたが，(1)の Are you a student? が教師から生徒に向けて発せられた場合，authenticity, meaningfulness, personalizationの3条件のいずれも充足せず，形式面のみに注目した機械的なやり取りとなる。(2)は，質問された生徒がサッカーを好きかどうかという情報が欠けている場合には，ここでの3条件を満たす可能性があるが，実際に充足するかどうかは，それがどのようなコンテクストで発せられるかに依る。好きなスポーツが話題となり，一連の質問を教師が行っているというコンテクストでは条件は充足されるが，そうしたコンテクストから切り離された形で発せられた場合は，条件の充足には繋がらない。(3)は生徒の数だけ応答の在り様が異なり，比較的容易にここでの3つの条件を満たす発問であるが，応答したいことが英語で表現できないという場合，やり取りが成立しない可能性が出てくる。

質問のタイプと応答の仕方

質問には多種多様な形式が考えられるが，それに応答する生徒からすれば，答えやすいものと答えにくいもの，答えたくないものなど，応答の仕方に強弱・濃淡が考えられる。したがって，多様な応答の仕方が言語的に示されなければ，そこには本物の，有意味で個

Part 3　英語力を育むための実践的指導

人的なやり取りを期待することはできないだろう。言いたいことと，英語で言えることとのズレを埋めるために使用されるのが，コミュニケーション方略（communication strategies）である。以下では言語面について言及するが，疑問文を取り扱う際に，コミュニケーション方略を自覚した指導を行う必要があるというのが論点となる。

疑問文は，何かの情報を求める際に用いられる。期待する答えによって，yes/no あるいは5W1Hについての情報の提供を求める場合がある。それぞれyes/no 疑問文，Wh-疑問文と呼ばれる。また，疑問文の形であるものの，相手からの答えを期待せず，感情的な表現を行うという修辞疑問文もある。例えばDo I look a fool? は形式的には質問だが，意味的には「オレをなめるなよ」といった内容を含意する修辞疑問文である。ここでの論点は，教師がauthentic でmeaningful かつpersonal な発問をする際に，生徒は様々な質問に対する標準的な応答の仕方だけでなく，応答の幅を広げるための応答方略（responding strategies）を身につける必要があるということである。ここで言う応答方略は，上記のコミュニケーション方略の一種と見なすことができる。以下，yes/no 疑問文とWh-疑問文それぞれについて，どのような応答の方略が考えられるかを見ていきたい。

yes/no 疑問文

yes か no かを問うのが，質問の基本である。教師は，yes/no 疑問文の作り方だけでなく，それらに対する応答の仕方を指導する。多くの場合，yes/no 疑問文であれば，yes か no のいずれかで答えるのが基本とみなされる。以下はその例である。

(1) A: Is Taro happy?
　　B: Yes, he is. / No, he isn't.
(2) A: Do you know my mail address?
　　B: Yes, I do.
(3) A: Did I hurt your feelings?
　　B: No, you didn't.

しかし，Is Taro happy? という質問に対してyes ならYes, he is., no ならNo, he is not. と応答する仕方しか知らないとすれば，そこには自然なやり取りが発生しない可能性がある。また，Did I hurt your feelings? に対して No, you didn't. という応答は文法的に間違いではないが，相手の気持ちを配慮するなら，No. That's OK. などと応答したいところである。ここで必要なのが，応答方略である。というのは，第三者の状況を問う発問において推測は不可欠であり，「太郎は幸せか」という発問に対して応答することは必ずしも単純ではない。「太郎は幸せだと思う」「残念ながら幸せではない」「たぶんね」「それは疑わしいね」など，いくらでも応答の仕方があるからである。以下のよう

143

第10章 コミュニカティブな英語教育における発問力

な表現を使って，こうした思いを表現できることが，上記の authentic, meaningful, personal であることの条件を満たすことにつながるだろう。

Yeah, I guess he is happy. (うん，幸せだと思うよ)
Well, I don't think he is happy. (幸せだとは思わない)
Well, I'm afraid he is not happy. (残念ながら，幸せではない)
I guess so. (たぶんね)
I doubt it. (それは疑わしいね)
I'm not sure. (よく分からない)
Don't ask me. (私に聞かないで)

　一般に，yes/no 疑問文に対しては，yes であることもあれば，no であることもある。また，どちらとも言えない場合もあるだろう。仮に yes だとしても，強弱・濃淡のバリエーションを表現したいというのが，生徒の心理である。そういった気持ちを表現するために，以下のような表現を生徒のレパートリーに加えることが，生のやり取りを行うために求められる。

yes のバリエーション
That's great. (それはいいね) / Of course. (もちろん) / Yeah. (そうだね) / Sure. (いいねえ)/ You better believe it. (実はそうなんだよ)/ Uh-huh. (そう)/ OK. (いいよ) / You bet. (もちろんさ，そうだとも)/ I think so. (まあそうだね)

no のバリエーション
Uh-uh. (いや)/ Can't do it. (無理だよ)/ Probably not. (たぶんちがうよ)/ Impossible. (ありえない)/ By no means. (絶対ない)/ No way. (だめ)

yes とも no とも言えない場合
Yes and no. (状況により，イエスでもありノーでもある)/ Sort of. (まあそんな感じかな)/ More or less. (まあね)/ In a sense. (ある意味ではね)/ It (all) depends. (場合によりけりだね)/ It's up to you. (あなた次第です)/ Let me think about it. (ちょっと考えさせて)

　これらはすべて定型的なチャンクとして，単語を覚える感覚で身につけることができる。こうした表現を用いることで，例えば以下のような会話が教室内で可能になるはずである。

A: Takeshi, are you going camping this weekend?

144

B: It all depends.

A: It all depends on what?

B: It all depends on who's coming, where the site is and what time we're coming back.

　ここでAre you going camping this weekend? に対して，yes か no かのいずれかで応答する手段しかもっていなければ，会話の展開に弾みがつかないのは明らかである。It all depends. と応じることで，相手にIt all depends on what?というリアクションを呼び起こし，それに対して何とか応えようとするところに，コミュニケーションが立ち現われてくるのである。

Wh-疑問文

　yes/no疑問文だけでなく，以下のようなWh-疑問文も日常的に用いられる。

Wh-語：what, who, when, where, whose, why, how, how many, how long ...?

　以下はいわゆる5W1Hに関する質問例である。

Who is the right person for this task? (この課題には誰がぴったりな人だろうか)
What do you want to eat for supper? (夕食には何を食べたいですか)
When is your birthday? (あなたの誕生日はいつですか)
Where's the trash can? (ゴミ箱はどこですか)
Why did you call me last night? (なぜ昨夜，電話してきたのですか)
How did you do that? (どうやってそれをしたのですか)

　いわゆる5W1Hの疑問文で尋ねられた場合，whoとwhat, when, whereに関する質問は，事実を問うものであるため比較的答えやすい。一方，howとwhyは答え方に多様性があるため，往々にして難しい。これは日本語での会話でも同様である。

(1) A: Who did it?

　　B: John.

(2) A: When were you born?

　　B: In 1995. I was born in 1995. I'm thirteen years old.

(3) A: Why do you want to go to India?

B: Because I like the place. I heard a lot about India. I'm interested in their way of life.

(4) A: How can we save the lake?

B: That's a difficult question. I don't know the answer. But I think there is something we can do.

　Chuska (1995) は，質問が難しすぎたり，曖昧で答えにくいものであったりする場合，生徒は積極的に応答することを躊躇し，それが学習の機会を損なう可能性があると述べている。そこで必要なのが応答方略である。特に第二言語学習者の場合には，言語的にも応答に窮することが予想されるが，そうした言語的な不足感を補うためにも，応答方略を指導することは必要不可欠である。例えば，When did you come to Japan? (いつ日本に来たの) と尋ねられて，「3年前」だとすれば，Three years ago. と答えればよい。それに対し，How do you make an *origami*? (折り紙はどうやって作るの?) と訊かれた場合，答えるのは困難である。そこで，以下のように応答するのも1つの方略である。

It's hard to explain. (説明するの，難しいな)
OK. Look. Like this. You see? (うん，見てて。こんな感じ。分かった?)

　一般に応答することの難しい Wh- 疑問文に対しては，以下のような表現を駆使して対応できるようにしておけば，学習者自身が会話の流れを調整すること (conversational management) ができるようになるはずである。

I don't understand your question. (質問が理解できません)
Could you be more specific? (具体的に言えばどういうことでしょうか)
I don't know how to answer it. (どう答えてよいかわかりません)
Sorry, I don't like to answer it. (ごめんなさい。答えたくありません)
Let me think about it. (考えさせてください)
I don't have the answer. (答えを持ち合わせていません)
I don't know. (さあね)
That's a good question. I'll think about it. (いい質問ですね。考えてみます)

　ここでの論点は，応答方略としてこれらの表現を英語学習の初期の段階で導入しておくことが，教室内でのやり取りを活性化させる鍵となるということである。

●『コミュニケーション英語』における発問力

　現行の学習指導要領に基づき，高等学校では「コミュニケーション英語Ⅰ～Ⅲ」の授業が展開されている。「英語の授業は英語で行う」ことが原則になりつつある中，教師の発問力の重要性はますます高まっている。われわれはコミュニケーション英語の授業を実践する上で鍵となるのは，"read and react"という概念であると確信している。"read and react"とは，テクストを読み，それに対して何らかのリアクションを行うことであるが，特に"and react"の部分が重要となる。従来の英語の授業では，教科書を中心とするテクストを読み，内容を理解するという"read"の部分のみに焦点が当てられてきたが，むしろ重要なのはその内容に対してどのようなリアクションを行うのかという側面である。

　リアクションは，突き詰めれば (1) reporting, (2) commenting, (3) summarizing (paraphrasing) の3つの要素から成る。事実 (fact) と意見 (opinion) との関係から言えば，reporting（報告）は基本的に "fact statement" とリンクし，commenting（コメントを述べる）は "opinion statement" とリンクする。reportingとは，テクストの内容を登場人物や時系列，因果関係などの観点から再構成することであり，態度としては報道的な「直接・間接話法」の語り口を採る。一方，commentingはテクストについてどう感じたかを表現する行為であり，主観的な語り方である。そしてsummarizingは，個人がテクストをどのように読んだかを反映した語り方であり，個の視点が関与すると同時にテクストに内容的基盤を置くという意味においてfactとopinionの中間態（融合）として位置づけることができる。

　われわれは，生徒をテクストと対話させる上で，上記のreactingは不可欠だと考える。そして，reporting, commenting, summarizingを行うための下準備として発問を投げかけることが，英語で授業を展開する上で有効な方法であると考える。reportingのための発問は，当然，テクストについてyes/no, A or B, 5W1Hを問う形で行われ，それに対する回答がテクストを再構成するための素材を提供する。同様に，commentingを促し，支援するための発問もあるだろう。テクストの中で印象に残ったことは何か，筆者の見解に賛成か反対か，自分が主人公の立場だったらどうするかといった一連の発問を投げかけることで，生徒がcommentingという言語行為を行う契機となる。また，発問はsummarizingを行うための視点を提供するという役割も果たす。何が主題であるか，重要な箇所はどこか，どのような論理展開になっているかといった一連の問いに答えるこ

とを通し，生徒はsummarizingを行う上でどのような点に着目することが必要であるかを学び，その力を高めることができる。

　以上のように，発問を効果的に用いることにより，reporting, commenting, summarizingを軸としたread and reactの活動を充実化することが可能になる。

■ おわりに

　教師の発問力は，授業の成否を左右する大きな要因の1つである。発問とは，文字通り問いを発するという行為であるが，そこには対人関係機能や情報収集機能，意味生成機能が含まれ，様々な目的をもって行われることを，意識しなければならない。また，多種多様な発問に対し，応答の仕方も多種多様であるため，応答方略を学習の初期段階から指導することも必要不可欠である。さらに言えば，発問を軸とした活動型の授業を展開するために，authenticでmeaningful, personalなやり取りを生み出すような授業展開を組み立て，それに沿った学びの空間を創出することができるかが，英語教師にとっての挑戦となる。

（田中茂範）

■ 読書案内

田中武夫・田中知聡 (2009).『英語教師のための発問テクニック―英語授業を活性化するリーディング指導』大修館書店.

リーディングの指導における発問の役割を解説した書。教材解釈，生徒の把握，目標の設定，授業の考案の4つの段階において発問が果たす機能を踏まえ，具体的なテクニックを紹介している。

田中武夫・紺渡弘幸・島田勝正 (2011).『推論発問を取り入れた英語リーディング指導―深い読みを促す英語授業』三省堂.

発問における「推論発問」に焦点を当て，それがリーディング力の向上をどのように促進するのかを検討した書。推論発問を効果的に用いることで，テクストの深い読みが可能になることを示している。

第**11**章

チャンキング的発想を活かした指導

本章のポイント

(1) 言語活動は，文ではなく，チャンク（表現の断片）を連鎖させること（チャンキング）によって成り立っている。

(2) チャンキング的発想を意識することで，会話や読解を自然な言語処理の流れの中で行うことが可能となる。

(3) 日常会話では文法の縛りは緩やかであり，文法を意識しすぎれば自由な言語活動が阻害されてしまう。しかし，局所的にはその規則を意識する必要がある。

キーワード

チャンク，チャンキング，言語処理

はじめに

　英語に苦手意識をもつ学習者の特徴の1つとして，頭の中で正確な「文」（sentence）を作り，それを産出するという発想が挙げられる。読解においても同様に，文のはじめからピリオドまでの文を1つの単位としてとらえ，その構造を分析し，意味をとらえるという方略を採る学習者が多く見られる。しかし，日本語であれ英語であれ，われわれの言語使用の実相を考えると，必ずしも文が基本単位ではないことが分かる。例えば，日々の何気ない会話を文字に書き起こした場合，完全な文から構成されているということはまず考えられないだろう。そこには，繰り返しやためらい，言い換え，話題の転換・放棄といったことが不断に行われている。これが日常会話の実相である。

　では，日常会話の基本単位とは何なのであろうか。結論を先に述べると，それは表現の断片としての「チャンク」（chunk）である。チャンクは通常，句や節や慣用表現の形で現れる。即席に音声的なカタマリがチャンクを形成することもある。いずれにせよ，チャンクは，全体を分割して得られる「部分」ではなく，表現や解釈の可能性に対して開かれた「断片」であるという点が重要である。われわれは，完全な「文」を頭の中で作ってそれを発話しているのではなく，チャンクを連鎖させること（チャンキング）を通して言語活動を行っている。したがって，自然なコミュニケーションを行うためにはチャンキング的発想を身につけることが重要となる。本章では，まずチャンク・チャンキングという視点から日英のテクストを分析し，言語コミュニケーションの実相を詳らかにする。そして，チャンキング的発想に基づいた会話及び読解指導の可能性について議論することとする。

149

第11章 チャンキング的発想を活かした指導

■ 日常会話におけるチャンキング

　チャンク及びチャンキングとは何かを，日常会話を通して見てみたい。まずは，次の日本語の例を見ていこう。Aが中学時代の同級生Bに会った時の会話である。

A：聞いて！　昨日街で，たまたま太郎に会ったの！　15年振りくらいだから，びっくりしちゃった。
B：ん？　太郎…？
A：中学校の同級生の。3年生の時，同じクラスだったじゃない。
B：ああ，あの太郎か！　懐かしいな。で，元気にやってんの？
A：それがね，びっくりしたんだけど，一昨年，自分の会社を作ったらしいのよ！経営とかもかなり上手くいってるみたい。
B：へぇ，それはすごい！　てか，確かに，あいつは昔から，何でもできたからな…。
A：そうよね，テストなんか毎回学年トップだったし，
B：運動もできたしな。たしか，サッカー部のエースだったよね，彼？
A：そうそう！　ほんと，昔からスーパーマンだったわよね。
B：いやぁ，そうなんだぁ。俺たちも頑張らないとな！

　上の会話をチャンクに分けると下のようになる。

  A:　　聞いて！
　　　　昨日街で，
　　　　たまたま太郎に会ったの！
　　　　15年振りくらいだから，
　　　　びっくりしちゃった。

　　　　　　　　　　　　　　　B:　　ん？　太郎…？

　　　　中学校の同級生の。
　　　　3年生の時，
　　　　同じクラスだったじゃない。

　　　　　　　　　　　　　　　B:　　ああ，
　　　　　　　　　　　　　　　　　　あの太郎か！
　　　　　　　　　　　　　　　　　　懐かしいな。
　　　　　　　　　　　　　　　　　　で，
　　　　　　　　　　　　　　　　　　元気にやってんの？

150

A: それがね，
びっくりしたんだけど，
一昨年，
自分の会社を作ったらしいのよ！
経営とかもかなり上手くいってるみた
い。

B: へぇ，
それはすごい！
てか，
確かに，
あいつは昔から，
何でもできたからな…。

A: そうよね，
テストなんか
毎回学年トップだったし，

B: 運動もできたしな。
たしか，
サッカー部のエースだったよね，
彼？

A: そうそう！
ほんと，
昔からスーパーマンだったわよね。

B: いやぁ，
そうなんだぁ。
俺たちも頑張らないとな！

　この会話から分かるように，われわれの日常会話は，文を基本単位として成り立っており，そこでは情報の追加や話題の転換など，様々な事態が起こっている。例えば，Aは太郎に会ったことをBに報告するが，Bが太郎という人物を思い出せない様子から，彼に関する情報を付け足している。また，現在，太郎が会社を経営しているという情報に対し，Bが「あいつは昔から何でもできたからな」と発言することにより，時間が現在から過去へとシフトしている。さらに，「テストなんか，毎回学年トップだったし」というAの発言に対し，Bが「運動もできたしな」という情報を付け足すというように，AとBが協働して会話を編成していることが見て取れる。このように，日常会話においては，話者間のアクション―リアクションによって絶えず情況が変化し，それはチャンクを連鎖させることで展開していく。

第11章 チャンキング的発想を活かした指導

そこには, 完全な文を作るという発想はない。

次に, 英語の日常会話におけるチャンキングを見てみよう。

A: But isn't it amazing here? There're so many heating things…
B: Devices.
A: …devices…
B: It's true.
A: …that—the rugs…I mean, we have—we bought heating pads for the cats…
B: Oh, really? They have heating pads for cats?
A: Yes.
B: To keep those little pets warm in the winter.
A: Right. Of course, the cats don't like them, but…
B: Well, if they're cold, you can just put them in the micro for just a couple of seconds…
A: Don't talk like that, please—there was that awful story about that.

この会話をチャンクに分けると, 以下のようになる。

A:　But isn't it amazing here? (で もここはスゴイよね) There're so many heating things… (たくさんの暖房のものがあって…)

　　　　　　　　　　　　　B:　Devices. (暖房器具ね)

A:　…devices… (そう暖房器具が)

　　　　　　　　　　　　　B:　It's true. (本当ね)

A:　…that—the rugs (で, 絨毯,) …I mean, (というか,) we have (うちにはあるのよ,) —we bought heating pads for the cats… (猫のための暖房パッドを買ったの)

Part 3 英語力を育むための実践的指導

B: Oh, really?（え, 本当？）They have heating pads for cats?（猫のための暖房パッドなんてあるの？）

A: Yes.（うん）

B: To keep those little pets warm in the winter.（それで冬でも小さなペットたちがあたたかくいられるようにね）

A: Right.（そう）Of course,（もちろん,）the cats don't like them, but…（猫ちゃんたちは, それはあまり好きじゃないだけど…）

B: Well,（それなら）if they're cold,（もし猫が寒がったら,）you can just put them in the micro（電子レンジにいれてあげたらいいんじゃない）for just a couple of seconds…（ほんの数秒間…）

A: Don't talk like that, please（そんな話, やめてよ, お願いだから）— there was that awful story about that.（実際, 恐ろしい話があったんだから）

　ここでも日本語の会話と同様, 話者間での情報の追加や協働編成, 話題の転換などが見て取れる。また, Aの that—the rugs… I mean, we have—we bought heating pads for the cats. は, There're so many heating things に続く内容だが, 言い換えがあり, 文として完結していない。このように, 英語の会話においても完全な文を作るという発想はなく, チャンキングを通して会話が展開していく。

■ 息継ぎを基準としたチャンキング

　会話におけるチャンクを分ける指標として, 息継ぎが有効である。通常, 息継ぎは発話者が恣意的に行うが, 不自然さを防ぐために意味のまとまりごとに行われる。もちろん, 意

153

第11章 チャンキング的発想を活かした指導

図的に，あるいはたまたま意味のまとまりによらない箇所で不自然な息継ぎが行われることもある。しかし，息継ぎによってチャンクを分けることは会話において，多くの場合有用である。

　息継ぎを基準としたチャンキングの例として，Steve Jobs がスタンフォード大学で行ったCommencement Speech の冒頭の部分を見てみよう。

I am honored to be with you today at your commencement from one of the finest universities in the world. Truth be told, I never graduated from college. This is the closest I've ever gotten to a college graduation. Today I want to tell you three stories from my life. That's it. No big deal. Just three stories.

　このスピーチを，息継ぎをもとにチャンキングすると以下のようになる。

I am honored to be with you today
私は今日あなた方とこの時間を共有できて光栄です
at your commencement
あなた方の卒業式で
from one of the finest universities in the world.
世界中で最高の大学の1つで
Truth be told,
正直に言うと
I never graduated from college.
私は大学を卒業したことがありません
This is the closest
これが最も近い機会です
I've ever gotten to a college graduation.
私が大学の卒業式に近づいた
Today
今日
I want to tell you three stories from my life.
私の人生から3つの話をしたいと思います
That's it.
それだけです
No big deal.

154

大したことではありません
Just three stories.
ただの3つの話です

　スピーチをチャンキング分析したことで，ジョブズの意味の組み立て方が手に取るように分かり，彼のユーモラスさを強く感じることができるのではないだろうか。このように，息継ぎをもとに文章をチャンクに分けて見ていくと，話者の態度や気持ちをより鮮明に感じることができる。また，スピーチのような文章としての完成度が高いものであっても，チャンキング分析によって内容を明快につかむことができる。これは，チャンキングという発想が英語の文章の読解においても極めて有用であることを示唆している。

■ チャンキング的発想における文法の意義

　言うまでもなく，言語は文法によってその規則が定められている。文法の規則から逸脱し，好き勝手な文を作れば，当然誰もそれを理解できず，ややもするとそれは文として認識すらされないかもしれない。本章では，会話も読解も文の連鎖を基本とはしておらず，チャンクの連鎖＝チャンキングによって成り立っていることを指摘してきた。では，それは文法の働きを無視してよいことを意味しているのであろうか。

　答えは，否である。確かに，日常会話などでは文法の縛りが弱くなっているケースも見受けられる。文法に縛られ過ぎれば，自由な言語表現ができなくなり，会話に弾みが生まれず，会話それ自体がつまらないものになってしまうこともある。しかし，チャンキングにおいても，チャンク内の構造やチャンクの連鎖の仕方といった局所的なレベルにおいては，やはり文法に従った表現が行われているのである。

　ここで，先に挙げた会話例をもう一度見てみよう。

A: But isn't it amazing here? There're so many heating things ...

B: Devices.

A: ... devices ...

B: It's true.

A: ... that—the rugs ... I mean, we have—we bought heating pads for the cats ...

B: Oh, really? They have heating pads for cats?

A: Yes.

B: To keep those little pets warm in the winter.

A: Right. Of course, the cats don't like them, but ...

B: Well, if they're cold, you can just put them in the micro for just a

第11章　チャンキング的発想を活かした指導

couple of seconds ...

A: Don't talk like that, please—there was that awful story about that.

　これは, 文法の縛りが比較的弱いと考えられる会話文である。この例文からいくつかのチャンクを取り出してみよう。

... that—the rugs ... I mean, we have—we bought heating pads for the cats ...

　この部分は, There're so many heating things...に続く内容であり, Aが途中で言い換えを行っているため文として完結していないが, チャンク単位で見れば, 大きな文法的逸脱は見られない。また, to keep those little pets warm in the winterは, 意味的にはThey have heating pads for cats?とつながっているが, 見てわかるようにThey have heating pads for cats?で一旦チャンクが閉じられている。しかし, to keep those little pets warm in the winterという情報の追加に用いたチャンクは, チャンク内の構造や接続の方法において文法の規則に従っている。

　このように, 文法はチャンク内やチャンクの連鎖において無視することはできないし, 無視すべきではない。しかし, 文法の規則が働くのはこのように局所的であり, 特に日常会話を規定するものとしての縛りは緩やかである。

■ チャンキング的発想に基づいた会話の指導

　以上の内容を踏まえ, 本節では, 会話力を育むためのチャンキングを用いた効果的な指導法について触れたい。具体的には, 以下のような流れが考えられる。

①前節で示したような日常の何気ない会話をチャンキング分析したものを, 生徒に示す。(生徒が慣れてきたら自らチャンキング分析を行わせるとよい)
②チャンキング分析の結果を用いて, 会話をチャンクごとに音読する。
③生徒が慣れてきたら, チャンクを音読した後にそのチャンクの訳を教師が付け加える, あるいは教師の音読に対して生徒にチャンク訳を答えさせる。

　この指導法の利点として, 会話をチャンクに分けることで, 音の連鎖の仕方に意識が向きがちな学習者に, 音の連鎖と意味の連鎖のつながりを意識させることができることが挙げられる。また, チャンキングによって情報の追加や修正, 協働編成を含む自然な言語処理の流れを体験することを通し, 英語を英語のまま理解することが可能となり, 日本語の介在による認知の負荷を最小限に抑えることもできる。

Part 3 英語力を育むための実践的指導

　しかし，これらのタスクは，あくまで教師が提供するテクストにおけるチャンキングを意識
したものに過ぎない。したがって，ここから生徒が自発的な会話を行うための新たなタスク
が必要となる。その具体例として，ある程度のテクストを授業内で消化した後，場面（例えば，
友人との昼食の場面など）のみを設定し，チャンキングを意識した創造的な会話を行わせ
るとよい。その際，それまでの授業で使用したテクストを参考にしつつも，生徒が創造的に
行うように促すとよいであろう。ここで生徒に意識させるべきことは，言うまでもなく，会話
を文単位で行うのではなく，チャンキングによって成立させることである。このような活動
を通して，生徒が自ら創造的な生きた英語を使うよう促すことが可能となる。

チャンキング的発想に基づいた読解の指導

　次に，英文読解におけるチャンキングの有用性を示したい。まずは，以下のテクストをチ
ャンキング分析していこう。これはオバマ前アメリカ大統領の就任演説の一部である。

The success of our economy has always depended not just on the size
of our Gross Domestic Product, but on the reach of our prosperity; on
our ability to extend opportunity to every willing heart — not out of
charity, but because it is the surest route to our common good.

　就任演説ということで格調が高く，構造的に複雑なテクストだが，チャンキング分析を施
すことで構造がわかりやすくなる。

The success of our economy has always depended
経済の成功はいつも負う
not just on the size of our Gross Domestic Product,
国内総生産の大きさだけでなく
but on the reach of our prosperity;
我々の繁栄が広がる範囲に
on our ability to extend opportunity to every willing heart
やる気のある者には誰にも機会を与える懐の深さに
not out of charity,
慈善ではなく
but because it is the surest route to our common good.
それが公共の利益への最も確かな道であるという理由から

　このスピーチでは，The success of our economyは，the size of our Gross

157

Domestic Productだけでなくthe reach of our prosperityとour ability to extend opportunity to every willing heartに依ることが述べられている。また,extend opportunity to every willing heartの説明として,それがcharityとしてではなくthe surest route to our common goodとして行われることが述べられている。

このように,読解においてもチャンキング分析を行うことで英語の流れを自然と追うことができ,それによって英文の理解が促される。いわゆる,直読直解が可能となるのである。ここに,英文の読解にチャンキングを用いることの利点を見て取れるだろう。

読解においてチャンキングを用いることの利点は大きく3つある。

(1) 構造的複雑さの縮減
(2) 情報構造の可視化
(3) 自然な意味編成プロセスのなぞり

(1) は,線状に並ぶ英語の文字列をチャンクに分けることで,構造的複雑さが緩和され,意味のとらえ方が格段にやさしくなることを意味する。つまり,ボトムアップの情報処理における認知的負荷を最小化することが可能となるのである。(2) については,チャンキング分析によって,テクスト全体の情報構造(スクリプトの展開)をより自覚的に意識することが可能となる。いわば,情報の流れや構造が「見える」ようになるということである。これにより,論理構成力や論理把握力を高めることができるようになる。最後の (3) については,チャンク単位でテクストを読むことで,いわゆる「直読直解」が促されると同時に,英語による意味の編成の仕方が自然と理解できるようになる。チャンキングによって英語のテクストを読んでいくと,英語感覚的に意味を理解するということを実感できるはずである。

それでは,チャンキング的発想に基づいた,具体的な読解タスクについて触れていこう。指導の流れとしては,以下のようなものが考えられる。

①テクストを配布し,生徒にそれをチャンキング分析させる。その際,チャンクごとの意味をきちんと意識(記述など)させる。
②チャンキング例を示し,生徒に自分の解答と違いがないか確認させる。(スラッシュ・リーディングと同様,チャンキングも人によって若干の差異は認められるので,必ずしも同じでなくてよい)
③チャンキングを意識させながら音読練習を行う。その際,チャンキング分析を基にテクストの情報の流れを示したスクリプトなどを配布すると,より理解が促進される。
④空所補充のプリントを解かせることで,内容の定着を図る。

③については,チャンクごとの音読の後に相槌のような形で次に答えがくる質問を入れても

よい。例えば，オバマ前大統領のスピーチならThe success of our economy has always dependedと音読した後に教師がすかさず「何に（依る）？/ On what?」と質問する。こうすることで音読しているチャンクの意味をより強く認識することが可能となるだろう。また，③のスクリプトに関しては，以下のようなものが考えられる。

導入（テーマの提供）

| The success of our economy has always depended |

一般論の否定

| not just on the size of our Gross Domestic Product |

自分の意見①

| but on the reach of our prosperity |

自分の意見②

| on our ability to extend opportunity to every willing heart |

意見②の補足①

| not out of charity |

意見②の補足②

| but because it is the surest route to our common good |

このようなスクリプトを用いるだけでも，テクストの読みやすさが格段に向上するだろう。

ここで最も重要なことは，チャンキングの発想に慣れることである。会話においても読解においても，慣れないうちはチャンキングの考え方に少なからず違和感を覚えるかもしれない。しかし，そういった違和感はすぐに解消されるはずである。なぜなら，チャンキング的発想を用いたチャンクの連鎖による会話及び読解こそ，自然な言語処理の流れであるからである。

文を1つの単位と考え，文と文の連鎖によって会話や読解を行おうとすれば，認知的な負荷が大きくなり，処理能力が追いつかないという事態が発生してしまう。また，文の連鎖

における会話や読解は，チャンキングによる会話や読解と異なり，前後のつながりが見えにくくなってしまうという問題を孕んでいる。チャンキング的発想に基づけば，1つのチャンクは前のチャンクに連鎖する形で誘発されるものであり，それはまた別のチャンクを誘発するトリガーとなる。ここからチャンキングによる会話及び読解における言語の極めて自然な流れを認識することが可能となるのである。

■ おわりに

　私たちの日常の言語活動は，文を基本単位とした文の連鎖によっては行われておらず，表現の断片としてのチャンクを連鎖させるチャンキングによって行われている。表現の断片としてのチャンクを絶えず追加，修正，放棄することによって私たちは言語活動を行っているのである。

　英語を自在に使えるようになるためには，従来のような文至上主義的な考え方から，チャンキング的発想によるコミュニケーションのとらえ方に転換しなければならない。チャンキング的発想こそ自然な言語処理のあり方であり，その発想を理解し，身につけることが言語習得のための重要な，そして最大の一歩なのである。

（北村友宏・田中茂範）

■ 読書案内

田中茂範・佐藤芳明・阿部一 (2006). 『英語感覚が身につく実践的指導─コアとチャンクの活用法』大修館書店.

本章で議論したチャンク・チャンキングについて，理論・実践両面からアプローチした書。チャンキング的発想を身につけるためのトレーニング法も豊富に紹介されている。第4章の内容を深めたい人にとっても有益。

第**12**章

自己表現力・対話力を鍛える指導

本章のポイント

(1) 多文化共生社会においては，異なる背景や利害，関心をもつ人々の意見を調整し，創造的な合意形成を導く力が求められる。

(2) 英語教育においては，スピーチやディスカッション，ディベートなどの活動を通して自己表現力と対話力を身につけることが重要となる。

(3) Debate-in-Discussion 方式を採ることで position game から collaboration game への転換を図り，創造的な合意形成力を身につけることが可能となる。

キーワード

自己表現力，対話力，創造的合意形成，スピーチ，Debate-in-Discussion 方式

はじめに

多文化共生社会で活躍するグローバル・パーソンの資質として，言語や文化をはじめとする背景や利害・関心の異なる人々とのコミュニケーションを通じて違いを乗り越え，創造的な合意形成を導く力が求められる。その力を育成するために英語教育で実践すべき活動として，スピーチやディベート，ディスカッションが挙げられる。

本章では，まずスピーチの基礎理論を素描し，教科書を使ったスピーチ指導のあり方を議論する。次に，ディベート及びディスカッションの基本的な考え方と，その限界について論じる。最後に，ディベートとディスカッションを融合した "Debate-in-Discussion" という概念を提案し，それが創造的合意形成を導く力の育成にどのように寄与し得るかを，具体例を通して考察したい。

スピーチの目的と発表形式

スピーチには，主に儀礼的なもの（相手を楽しませるスピーチやテーブル・スピーチなど），情報を伝えるもの，説得するものがある。話し手は，情報や意見を筋道立てて構成し，喜びや悲しみといった個人的な感情を乗せた上で目的を達成していくことになる。

スピーチの目的（general purpose）は，主に以下の4つに分類することができる。

① Speech to Entertain
② Speech to Inform

③Speech to Persuade
④Speech to Actuate

　①は聴衆を楽しませるスピーチで，after-dinner speechがそれに当たる。他に結婚式やパーティーで行われる儀礼的なスピーチも含まれる。②は聴衆に情報を伝えるスピーチであり，新商品のプレゼンテーションなど，新しい情報や聴衆にとって有益な情報を伝え，理解してもらうことが目的である。③はスピーチにおいて最も多い形態であり，聴衆を説得し，ある論点について考えを深めてもらうためのスピーチである。④は選挙演説など，説得の結果，聴衆に行動を起こしてもらうことを主たる目的としている。例えば，喫煙は健康によくないと訴え，その結果，聴衆に禁煙をしてもらう効果をねらったスピーチがこれにあたる。
　また，形式面に着目すると，スピーチは以下の4つのタイプに分類することができる。

①即興スピーチ（impromptu speech）
②即席スピーチ（extemporaneous speech）
③原稿を読み上げるスピーチ（manuscript speech）
④暗記によるスピーチ（memorized speech）

　①は文字通り，その場で指名され，準備なしで行われる即興スピーチである。②は，スピーチのタイトルまたはテーマが与えられ，アウトラインを用意できるだけの時間を経た後に行われるスピーチである。③は，政治家の所信表明演説など，発表原稿が手元にあるスピーチであり，通例話し手はその原稿を読んでスピーチを進める。④は，あらかじめ原稿を暗記しておいたものを聴衆の前で発表する形式である。多くの中学校，高等学校及び大学で行われる英語弁論大会で採用されている形式である。

■ スピーチの構成

　スピーチの成否を決める上で決定的に重要となるのが，その構成である。ここでは，スピーチの構成を考えていく過程で重要となる概念を「パトス」という視点から見ていきたい。
　パトス（pathos）とは，聴衆がスピーチに対して抱く感情のことを意味し，かの有名なアリストテレスが体系化を目指したスピーチの3大構成要素（エトス，パトス，ロゴス）の1つである。実際は，スピーチをする際に聴衆の心理状態を把握すること（聴衆分析）を意味する。聴衆分析とは，具体的に以下のような点についての情報を把握することである。

①聴衆の年齢や性別，職業など。
②聴衆の社会的，文化的関心度はどの程度であり，どこにあるのか。例えば，相手が主婦層なのか，あるいは新社会人なのかなどに応じて，テーマに対する関心度に大きな開

きがあることが容易に想像される。

③その他，物理的な要因として，会場の広さや，聴衆が会場のどの程度の割合を占めているのか，どこに座っているのか（まばらに座っているのか，前列から後列まですべて埋まっているのか）といった点も考慮しなければならない。これらは，話し手の声の出し方や目の配り方にも大きく影響する。その時々の状況に応じて，話し手はスピーチの行い方を調整しなければならない。

代表的なスピーチの構成法として広く知られているのが，モンローのスピーチ構成法（Monroe's Motivated Sequence）である。これは古典的な手法であるが，名スピーチと呼ばれるものの多くは，この構成法に沿って作られている。以下，5つのステップを通して見ていきたい。

①Attention-getting Step（聴衆の注意を喚起する：聴衆の注意・関心を引く）

まず聴衆の注意を引く。これは面白そうだなと聴衆に思ってもらうことができれば合格である。具体的には，なぜこのスピーチをするのかを明確に伝えたり，聴衆がもっている問題意識に「火をつけたりする」ことを意味する。他に，逸話や一口話などを効果的に使って話の導入とすることも可能である。また，絵や写真，実物などの小道具を使うこともある。

②Need Step（現状を説明，問題点を示す）

一言で言えば，現状分析である。現状では「問題」（issues）があると聴衆に認識してもらうことである。簡単に現状を分析し，現在の仕組みに欠陥があるため，種々の問題が生じていることを聴衆に理解してもらう。

③Satisfaction Step（問題に対して答えを用意して聴衆を満足させる）

「問題」に対する解決策を提示し，聴衆が納得・賛同することを促す。

④Visualization Step（方策を実施することでどのような効果がもたらされるのか解説する）

③で提示した解決策がどのような効果をもたらすのかを敷衍していく。さらに，その解決策を採用しなければ，現状がさらに悪化することや，解決策を採用すればどのようなメリットがもたらされるのかを強調する。また，解決策の蓋然性（probability）や実行可能性（workability, feasibility）について触れることが求められる。

⑤Action Step（実際に行動を起こさせる）

聴衆が実際に行動を起こすよう促す段階である。例えば，タバコが人体に及ぼす害を

第12章　自己表現力・対話力を鍛える指導

例証した後に，「タバコはやめましょう」と聴衆に訴え，「早速今日から禁煙しましょう」と，聴衆に行動を起こさせることが目的となる。

以上見てきた心理的展開法におけるスピーチの構成と目的の関係を表にまとめると，以下のようになる。

ステップ ＼ 目的	To entertain	To inform	To persuade	To actuate
Attention-getting Step	○	○	○	○
Need Step	×	○	○	○
Satisfaction Step	×	○	○	○
Visualization Step	×	×	○	○
Action Step	×	×	×	○

以上の理論的な枠組みを踏まえ，具体例を見てみよう。例として，「聴衆を説得するスピーチ」と「聴衆に行動を起こさせるスピーチ」を取り上げたい。

まずは，聴衆を説得するスピーチ（speech to persuade）である。

*Subject（テーマ）: Public speaking in English is an important skill in your career
*General Purpose（スピーチの種類）: To Persuade
*Specific Purpose（最終的なスピーチの目的）: To convince the audience that public speaking is a useful skill in work

1. Attention-getting Step

Please look at this chart on the screen. Billions of people speak English either as their mother tongue or their second language. Therefore, the chances are nine out of ten high that you may have to use English to communicate at some point in your life, and even come up to the front, take the podium and speak in English before an audience.

2. Need Step

The world is shrinking year after year and day by day. People of many walks of life get together at parties, lecture meetings, or other social gatherings. On such occasions, English is spoken in many cases in order to get your message across. However, Japanese people tend to be quiet and confine themselves to saying just a few words. This is because they are not accustomed to speaking in public.

3. Satisfaction Step

All you should do is not to hesitate and to keep up your courage. The answer lies in front of you. The spirit that you have now counts well. Don't try to stay away from where you are now. The challenging spirit is necessary. Please stand up and say what you have to say so that your saying counts. All you have to do is to know how to make a speech in public.

4. Visualization Step

Communication skills in the form of public speaking will help you a lot and you will benefit from it. For one thing, you will be able to know how to convey your ideas and beliefs through English logically and effectively. Secondly, by actually making speeches, you will be able to speak English with confidence.

次は聴衆に行動を起こさせるスピーチ (speech to actuate) の例である。

*Subject (テーマ): Public speaking is a wonderful asset
*General Purpose (スピーチの種類): To actuate
*Specific Purpose (最終的なスピーチの目的): To get the listeners to start learning public speaking.

1. Attention-getting Step

Do you want to be left alone at parties? Or do you want to steal the show at the party? Of course, I am sure you want to become the focus of public attention by boldly asserting your opinion.

2. Need Step

But unfortunately, many people don't have fun with public speaking. Why? That is because they don't know how to speak in public. In fact,

第12章 自己表現力・対話力を鍛える指導

they only have chitchats conversation and do not go on further to public speaking.

3. Satisfaction Step

People should start learning public speaking. If you know the knack of it, you will surely be able to understand how you start out your learning. To put it another way, if you have a will to do so, you will be a grand master of public speaking. All you have to do is to come out and start learning.

4. Visualization Step

Having skills in public speaking, you will be able to actively get involved in speaking English in public and have a lot of fun.

5. Action Step

So start learning public speaking from TODAY. All you have to do is just to come out and say what you want to say.

■ 教科書を使った英語スピーチの作成

本節では，英語の教科書を使ったスピーチ指導のあり方を見ていきたい。教科書を素材としたスピーチの場合，最も適当な形式は，内容をまとめるためのSpeech to Informである。言い換えれば，読んだ内容をまとめて発表するsummary speaking（またはsummary writing）となる。この他，教科書で扱った内容を敷衍するという点から，題材の一部を焦点化して，新しい情報を加味して発表するスピーチ（topic-based speech）や，「あなたならどうする」といった問題解決型スピーチ（problem-solving speech）を行うことも可能である。

英語の教科書を使ったスピーチを行うにあたっては，以下の6つのステップを踏むことが必要となる。

①題材の内容をよく理解する。
②題材の論点を絞り込み，箇条書きにする。
③題材の内容についてワークシートを作る。
④ワークシートを用い内容をまとめる。
⑤サマリースピーチを作成する。
⑥スピーチとしての体裁を整える。

Part 3 英語力を育むための実践的指導

以下，具体例を通して見ていこう。

Left-Handedness

Are you a lefty? If you are, you are one of millions in the world who prefer to use their left hands. There would be millions more left-handed people if societies didn't force them to use their right hands. Lefties not only prefer using the left hand. They prefer using the left foot for kicking a ball, because the whole body is "left-handed."

There is an increasing amount of research on handedness. For example, one psychologist says that left-handers are more likely to have a good imagination.

Left-handedness can cause problems for people. Some left-handed children see letters and words backwards. They read d for b and was for saw.

Anthropologists think that the earliest people were about 50 percent left-handed because ancient tools from before 8000 B.C. could be used with either hand. But by 3500 B.C., the tools, which were better designed, were for use with only one hand. More than half of them were for right-handed people.

Some famous people were left-handed. Julius Caesar, Napoleon, Michelangelo and da Vinci and Albert Einstein were left-handed. So is Prince Charles of England. Paul McCartney of the Beatles plays the guitar the opposite way from other guitarists because he is left-handed. Marilyn Monroe, the famous American movie star, was also left-handed.

Lefties sometimes find it difficult fitting into the "Right-handed World." Scissors, for example, won't cut well with the left hand. Even can openers are made to be used by right-handers. The growing awareness for the equal rights of 'lefties' has encouraged the development of all sorts of left-handed products. Soon perhaps, being a lefty will no longer be a handicap.

(*NEW CREATIVE Readers Revised Edition* **Left-Handedness**, 2002 年，第一学習社)

第12章 自己表現力・対話力を鍛える指導

【内容の絞り込み】
　①左利きの人に見られる特徴は何か。
　②心理学者や人類学者の研究の結果，もたらされた言説は何か。
　③左利きの人が抱えている背景的問題と左利きの人に対する意識の高まりがもたらした
　　ものは何か。

【ワークシートの作成】
　Write about ...
　①the problems left-handed persons have and the social environment
　　of left-handers. 　　　　　　　　　　　　　　　　（教科書より）
　②a new movement towards left-handers 　　　　　　（教科書より）
　③the way you handle your own left-handedness or for those who are
　　left-handers. 　　　　　　　　　　　　　　　　　（個人の意見）

【上の①，②，③の項目についてまとめる】
①the problems left-handed persons have ...

　　Sometimes left-handed persons find it difficult fitting into the
"Right-handed World."　For example, scissors won't cut well with the
left hand.　What is more, even can openers are made to be used by
right-handers.

② a new movement ...

　　But recently this difficult situation has been changed for the better
for lefties.　This is because the growing awareness for the equal rights
of 'lefties' has encouraged the development of all sorts of left-handed
products like left-handed notebooks, scissors, and baseball gloves.

③the way you handle your ...

　　If the growing awareness for the equal rights of left-handed persons
is progressed further, left-handedness will no longer be a handicap
both psychologically and physically.　By psychologically, we mean that
we right-handers will be able to get rid of any disadvantages a lefty
may feel to have, and by physically, we mean to say that we do not
have to think of left-handers as handicapped people any more.

168

Part 3 英語力を育むための実践的指導

【②に従って問題解決型スピーチを書いてみる：problem-solving speech】

　ここでは，左利きである自分のことをどう表現するのか，左利きの人に対してどう対処するかなど，問題解決型の英語スピーチを作成する。例えば，「左利きの人が抱える右利きの世界の難しさ」や「現実の右利きの世界をどう捉え，左利きの人にどう対応するのか」といった内容がこれに相当する。topic-based speechと重なるところがあるが，問題解決型という観点から書くことが重要である。

スピーチ例：

　My response to this issue is two-fold: one is the present-day inclinations towards right-handedness are too extreme; the other is that people should attempt to recognize left-handedness as normal and help left-handed people to adjust to the "Right-handed World." To make this possible, it is quite necessary to make more tools suitable for left-handed persons.

　以上見てきた通り，効果的なスピーチを行うためには，スピーチの目的と構成を踏まえ，ステップを踏みながら作成することが重要である。また，発表においては聴衆を分析し，自分の想いを乗せてメッセージを伝えることが求められる。

■ ディベートの限界とディスカッションとの融合可能性

　自己表現力・対話力を育成する指導法として，スピーチと並んで広く実践されているのが，ディベートとディスカッションである。特にディベートは近年，日本語・英語を問わず多くの学校で授業に採り入れられており，様々な規模の大会が開催されている。ディベートでは，与えられた論題に対して参加者が必ず肯定側・否定側の双方の立場に立つため，論題を多角的にとらえる思考力が身につくことが期待される。また，相手側の反駁に耐えるため，エビデンス（証拠資料）を効果的に援用し，論理破綻の生じないよう緻密な論理構成を行うことが求められる。さらに，相手の主張を聴くと同時に矛盾点や追及すべきポイントを見つけ出すという，高度なオンライン情報処理能力・分析力が必要とされる。このように，ディベートは論理的思考力や自己表現力を身につける上で，大きな教育的効果を有する活動であると言える。

　ディベートでは，肯定側・否定側のどちらの主張が他方と比較してより説得力があるかを複数の審査員が判断し，より多くの賛同を得た側が勝利となる。競技という性質上，勝敗を決めることは避けられないが，そこには勝ち負けを競うことがディベートの最終目標となってしまうという危険性が常に潜んでいる。ディベートのルール上，相手方の主張を認め，

169

第12章　自己表現力・対話力を鍛える指導

互いに歩み寄ることはできず，自分の立場に固執せざるを得ないからである。

　端的に言えば，ディベートとは"position game"であり，そこには勝ち負けはあっても，新たな意味の創造が起こることはない。ある問題に対して異なる価値観や意見をもつ者が集った際，「どのように合意形成を図ることができるのか」という重要な視点がディベートにはすっぽり抜け落ちているのである。創造的合意形成を図る上では，肯定側・否定側のどちらの議論に説得力があるのかが大切なのではなく，むしろ両者の主張を可能な限り接近させ，互いにどこまで歩み寄りが可能なのかを提示し，調整することが求められるのである。

　では，ディスカッション（対話）とはどのような活動なのであろうか。ディスカッションは，協働でアイディア（新しい意味）を創出する作業であるという意味において"collaboration game"である。広義のディスカッションは，目的に応じて「立場表明型」「問題発見型」「問題解決型」などいくつかの種類に分けることができる。立場表明型のものは，いわゆるディベート的な要素が強い。一方，問題発見型，問題解決型のものは，コラボレーションによるやりとりが要請されるため，ディスカッション的な要素が強いと言えよう。

　このように，ある問題について意志決定をするプロセスは，立場の主張というディベート的な要素だけで成り立つものではなく，創造的な対話というディスカッションの要素が含まれるというのがわれわれの見解である。したがって，ディベートとディスカッションを別個の活動としてとらえるのではなく，互いに補完し合いながら創造的合意形成を導く営みであるという視点を採ることが求められる。

　そこで，以下では「立場表明型のディスカッション」を例にとり，自己表現力・対話力を育成するための新たな方法論—われわれが呼ぶところの"Debate-in-Discussion"方式—を提案したい。

■ "Debate-in-Discussion"方式の進め方

　立場表明を行う際の前提として「争点（issue）」がある。"issue"という動詞は語源的に「何かから発生する」という意味合いを含む。英和辞典でissueを引くと，「発行する（動詞），発行（名詞）」という語義が載っており，語源的な意味合いが色濃く出ている。つまり，何かがイシューであるためには，問題のとらえ方が分かれていなければいけないのである。ある問題をイシューと呼ぶためには，Aという考え方，Bという考え方といったように，最低2つの異なるとらえ方が必要となる。日本語で言う「争点」である。異なる争点に対してどのような立場を採るかという問題が，立場表明である。

　ある問題についての立場を選択するということは，実は創造的な行為といえる。なぜなら，どの立場を採るかは，問題のとらえ方次第で変わるからである。本稿では，ディベートのように立場を決めてから議論するのではなく，議論を通して立場を決めることを「立場表明」と呼ぶ。そして，議論を通して立場を決めるということを教育的に実践することが，グロー

Part 3 英語力を育むための実践的指導

バル・パーソンに求められる自己表現力・対話力の育成に資するというのがわれわれの主張である。

　立場表明には，争点が前提として含まれる。すると，そこには意見を表明するという側面と，その論拠を示すという側面があることとなる。さらに，表明された意見を評価するという側面と，その評価の論拠を示すという側面がある。例えば，「学校の制服の是非」が争点であるとしよう。制服は個の多様性を制限する働きをすると同時に，学校に対する愛着や誇りのシンボルでもある。このようなプラスの側面とマイナスの側面があるため，制服を巡る議論はイシューになり得るのだ。

　以下，「学校の制服の是非」というテーマを取り上げ，"Debate-in-Discussion"方式の具体的な手順を示したい。活動としては，教室内で5，6名のグループを編成し，各グループがグループ内でのディスカッションを通して自らの立場を明らかにするというものである。なお，これは英語での対話力の育成を目標にしているが，ここでは便宜上，日本語の事例で解説する。本方式は，以下に述べる5つのステージから成る。

Stage-1：自由に意見を述べる

　まず，「学校の制服の是非」というイシューについて，参加者がグループ内で自由に意見を述べる。同じ個人でもポジティブ，ネガティブの様々な意見が出てくるはずである。ここで大切なのは，自由に意見を述べるという場合，漠然と焦点の定まらない意見を表明するのではなく，意見のポイントを明確にすることである。ブレインストーミング（brainstorming）は自由に意見を求める際の典型的な活動であるが，文字通り「頭の中の嵐」では，アイディアが拡散するだけである。そこで，生産性を高めるための工夫として，自分の意見を1文（one sentence）で表現することを約束事とする。これは「アイディアの言語化」である。そして，文として表現された意見は「オピニオン（opinion）」と呼ぶことができる。

Opinion 1	発言者	肯定的
Opinion 2	発言者	否定的
発言　→　文で表現　Opinion 3	発言者	肯定的
Opinion 4	発言者	肯定的
Opinion 5	発言者	否定的

　発言を1つの文で表現することで，「学校の制服の是非」についての様々なオピニオンを引き出すことができるというのが，ここでのポイントである。以下は，その例である。

1. 制服は我が校のシンボルであり，制服を着ることに誇りをもつべき。
2. 個の多様性を理念に掲げる本校において，画一的な制服を押しつけるのは理念に反する。
3. 生徒によってはファッショナブルであるかどうかに重きを置く。

171

第12章 自己表現力・対話力を鍛える指導

4. 制服があれば，毎日何を着ていくか迷う必要がない。

5. 保護者に対する意見調査によると，子どもには制服を着させたいという意見が多い。

6. 制服についての規則を多くすればそれだけ，規則を守らせるために本務ではない指導に教師が時間を割くことになる。

7. 制服を身につけることで，生徒としての自覚を高め，遊びモードから勉強モードに入ることができる。

8. 経済的に見れば，制服の方が私服よりも安くつく。

9. 毎日服のコーディネートを決めるのは面倒くさいかもしれないが，あえて実践することがファッション感覚を磨くことにもつながる。

10. 選択肢があれば制服はあってよい。選択肢によって画一化を和らげることができる。

11. 制服という言い方をやめて，school jacket（スクール・ジャケット）と呼ぶことで，意味合いが異なってくる。

12. 制服を基本的に制度化するにしても，制服以外を選ぶという選択肢もあるとよい。

13. 男子はズボン，女子はスカートというのはおかしい。女子にもスカートとズボンの選択肢があるべき。

　このようにグループ内で様々なオピニオンが出てくるが，それらをグループ内の「オピニオン・データベース（opinion database）」として整理する。このデータベースはグループの活動の結晶である。個々のオピニオンに発言者情報を付すことも大切になる。また，オピニオン群は，大きく分けると，「肯定的（積極的）」か「否定的（消極的）」かに分類することも可能であろう（Excelなどを利用してデータベースの作成を行うことができれば理想的である）。

　オピニオン・データベースを共有することで，グループ内における制服の是非についての全体的な印象を知ることができる（アイディアの共有化）。しかし，肯定的オピニオンと否定的オピニオンの比率によって個人あるいはグループの立場が自動的に決まるわけではない。また，1つのオピニオンが完全に肯定的（あるいは否定的）ということではなく，その判断は程度問題であることが多い。そこで，オピニオンの個別評価と重みづけの作業が必要となる。それによって，最終的な自分の立場が変わるという可能性があるからである。

Stage-2：各オピニオンの個別評価とその理由づけ

　Stage-2では，グループ内の一人ひとりが，それぞれのオピニオンについての判断を加える。例えば「制服は我が校のシンボルであり，制服を着ることに誇りをもつべき」というのは，1つのオピニオンである。オピニオンに判断を加える場合，5段階または7段階の評価尺度を用いるとよいだろう。さらに，判断の根拠を記すことが重要である。以下はその例である。

Part 3　英語力を育むための実践的指導

OPINION-1

「制服は我が校のシンボルであり，制服を着ることに誇りをもつべきである。」

7------------ 6 ------------ 5 ------------ 4 ------------ ③------------ 2 ------------1
完全に同意　強く同意　まあ同意　　中間　　まあ反対　強く反対　全く反対

根拠：制服を着ることが学校に対する誇りと結びつくという発想は短絡的である。

OPINION-2

「個の多様性を理念に掲げる本校において，画一的な制服を押しつけるのは理念に反する。」

⑦------------ 6 ------------ 5 ------------ 4 ------------ 3 ------------ 2 ------------1
完全に同意　強く同意　まあ同意　　中間　　まあ反対　強く反対　全く反対

根拠：個性は服装の選び方から始まる。制服は個性を伸ばす機会を奪ってしまう。

　Stage-1で集めたオピニオンを個別に検討することで，意見の多様性に気づくと同時に，争点に関する自らの立場・考えが柔軟に変化することも予想される。オピニオンが明文化されているため，一連のオピニオンを個別に判断することができ，その判断の過程を経て，「こういう意見は思いもよらなかった」「これに対しては確かに賛成だな」といった具合に，心が動くことが予想される。当初は制服に反対だった人でも，制服を是とするオピニオンのすべてに反対ということはなく，自らの見解を相対化し，柔軟な判断を行えるように導くのがここでのねらいである。13個のオピニオンがあれば，それぞれについて判断を行う。また，あるオピニオンに「強く反対」という判断をする人は，その理由を示すことで，自分の判断の正当性を自己チェックすることもできる。

　基本的には，グループ内で出たオピニオンを個別に一人ひとりが判定し，理由づけをするというのがここでの作業だが，時間的な余裕があれば社会調査（リサーチ）を行って，外部の人々がどう考えているかの判断を求めることも有益である。調査によって外部判断が得られると，個々人が判断を行う際の参照データとして利用することが可能となる。調査結果をさらなるディスカッションの場に持ち込むことができれば，より豊かなディスカッションに繋がるだろう。

Stage-3: 自分の立場を理由とともに明らかにする

　Stage-2の作業によって，個々人の争点に関する見解が相対化される。「制服の是非」についても，13のオピニオンに対する自己判断として，7つのオピニオンには反対だが，残り6つのオピニオンには賛成という状況が生まれる。それぞれの判断には理由が付されているが，個人としての立場を示すためには，オピニオンの重要性の順位などを考慮し，

173

相対的な判断を行う。この場合,「是」か「非」のいずれかの立場を採る。そして,その理由を記す。

この時点で,グループ内のすべてのメンバーの見解が「是」か「非」に定まることになる。これは,自分の意見を明確化するプロセスでもある。ここには,自分の立場を論拠とともに相手に示すという意味においてディベート的な要素が含まれる。しかし,あくまでも目標はグループとしての最終判断を示すことである。そして,グループとしての合意はディベートによってではなく,ディスカッションによって得られる。この意味において,ここで提案している方法は"Debate-in-Discussion"(ディスカッションの中にディベートの要素を取り入れる)と呼ぶことができる。

Stage-4: グループとしての意志決定を行う

グループとして最終的に意志決定をしなければいけないが,この段階になるとメンバーの一人ひとりが自律した参加者としてディスカッションに加わることができるだろう。Stage-4 では,活発な議論を通して,グループとしての合意形成を行うことが目標となる。ここでは,それぞれの参加者が自らの判断を議論の俎上に載せ,総合的な判断を行うことが求められる。意見が分かれていても,最終的にはある立場を採るというのがここでの課題である。グループとしての合意に達することができれば,その判断を正当化するための論拠を参加者が知恵を出し合って考えることとなる。これが,まさに生産的・創造的な合意形成の過程である。異なった意見をもつ参加者たちが進んで受諾するような,より魅力的で妥当性の高い合意案の創出を目指すことが重要である。

Stage-5: クラス内でグループ同士の意見を出し合う

それぞれのグループ内で合意が形成され,意思決定がなされたとしよう。仮に5つのグループがある場合,それぞれのグループは各オピニオン・データベースに基づき,Stage 2~4の作業を通して,それぞれの合意に至ったはずである。そこでStage-5では,各グループがそれぞれの立場を,根拠を示しながら発表する。Stage 1~4を経たことで,自信と確信を伴った発表になるはずである。グループAはグループBの発表を聴くことで,自分たちのグループでは出なかったオピニオンに接する可能性がある。新たなオピニオンは,新たな思考を誘発する。必要があれば,5つのグループの意見を総合して(Stage-4 の活動を全グループで行うことで)教室内で立場の合意形成を行うことも可能であろう。

一般に,議論は非生産的かつ非創造的な結果に終わることが多い。それは,漠然と言いたいことを言うだけで終わるからである。そうではなく,意見を明文化し,得られたそれぞれのオピニオンについて理由を考えながら個々人が判断を下す。そして,相対的な判断の中で,個々人の立場を明確にする。それをグループ内で開示し,今度はグループとしての立場を示すためのディスカッションを行う。ここでは高次の目的のために,参加者が自律的

に，柔軟なディスカッションを行う。

こうして得られた結果は，オピニオンが個別に判断され，それについて根拠が述べられ，個人的判断がなされ，根拠がチェックされ，最終的にグループとして到達した合意であり，プロセスが明示的であると同時に，説得力をもつものとなる。

● おわりに

本章では，自己表現力・対話力を高めるための教育方法論としてのスピーチ及びDebate-in-Discussionのあり方を見てきた。いずれの方法論も，グローバル・パーソンに求められる，自分の意見を論理的にまとめ，相手に対して説得的に主張する「たくましさ」と，意見の相違を超えて創造的な合意形成を図る「しなやかさ」を育成する上で，極めて高い教育的効果をもつものである。特にディベートとディスカッションを融合した "Debate-in-Discussion" 方式は，position gameとしてのディベートから，参加者が協働して新たな地平線を開拓するcollaboration gameへの転換を図る大きな可能性を秘めており，今後英語教育現場で積極的に実践されることが望まれる。スピーチやDebate-in-Discussionは，多くの授業時間数を要するため，他の指導内容とのバランスから取り組むことが困難な場合が多いが，多文化共生社会を生きるグローバル・パーソンを育成するという英語教育の高次の目標を達成するためには，欠かすことのできない活動である。そのため，体系的・継続的にカリキュラムの中に位置づけ，実践していくことが，今後ますます求められよう。

（川村正樹・田中茂範）

■ 読書案内

Byrns, J. H. (1996) *Speak for yourself: An introduction to public speaking (4th ed.)*. McGraw-Hill Companies, Inc.

スピーチ学習のポイントが手順を追って丁寧な解説が成されており，スピーチの初心者にも充分役に立つ良書である。参考文献の *Principles and types of speech communication* と併せて読むと，より効果的。

川村正樹 (2014).『ワンランク上をいく英語ライティング』大学教育出版.

総論，各論，応用編の3部から成り，書く力を身につけるための方策が展開されている。特に「英語のスピーチを書いてみる」やディベートについて読むと効果的である。

第13章

映画テクストを使った文法指導

本章のポイント

(1) 文法学習は実際の言語使用の中に位置づけられる必要がある。映画という生の教材を通じて，「テクストの中の文法（grammar in text）」を学ぶことが可能となる。

(2) 映画のテクストは professionally authentic（プロにより洗練された本物）であり，映画の中のやりとり（会話）は，文法力を身につけるための良質な教材を提供する。

(3) 映画テクストを使用して文法を指導する際は，スクリプトの言語分析や場面の選択，「気づき」「産出」等のねらいを明確にしたエクササイズの作成が求められる。

キーワード

映画テクスト，テクストの中の文法（grammar in text），言語分析，エクササイズ

はじめに

英語学習において，文法の学習にはどうもリアリティがないように思われる。その理由の1つとして，文法の学習が生の英語と結びつきにくいことが挙げられる。そこで，文法を学んでも英語が使えるようにならない，という文法学習について否定的な意見が聞かれることが多くなる。しかし，文法力なくして英語力は存在せず，文法力を身につけることは，間違いなく英語力の核心部分と言える。どの発話を取り上げても，文法力が関与しない発話はないからである。

本章では，文法学習にリアリティをもたせるため，映画を使った文法指導の可能性について議論を行う。映画を用いた外国語教育については，Travis (1948) 以来，Eken (2003) や Lowe (2007)，Sweeting (2009) らが述べており，日本では1995年に映画英語教育学会（ATEM）が設立され，活発な研究が進められている。本章の論点は，(1)「映画の中で学ぶ文法」とは何か，(2) どうして映画（テクスト）がよいのか，そして (3) 映画を使った効果的な文法指導の方法とは何か，の3つである。

映画の中で学ぶ文法

まず，映画を使った文法学習が目指す文法力とはどのような力であろうか。本書では文法力を「状況に応じて適切な発話を自在に紡ぎ出す力」と定義する。このことを踏まえて，

われわれは，映画を使って養成すべき文法力には以下の2つが含まれると考える。

(1) チャンキングによって発話を生み出す力
(2) 文法項目を言語実践の中で使う力

　第11章で見たように，発話の基本単位はチャンク（chunk）である。チャンクとは，息継ぎ（pause）によって画定される言語単位のことである。例えば Why don't you give him another chance? という発話をする際に，話し手が Why don't you / give him another chance? のように why don't you の後で息継ぎをすれば，ここには2つのチャンクがあることになる。そしてチャンクを連鎖化させることをチャンキング（chunking）と呼ぶ。われわれは，チャンキングが自然な言語処理のプロセスを反映したメカニズムであるという前提に立つ。この前提の根拠となるのが言語の線条性（linearity）という性質である。線条性とは，時間軸に沿って展開する言語表現のありようをとらえたものである。

　線条性と深く関係した論点として，言語には，以下に示すように系列軸（paradigmatic dimension）と統語軸（syntagmatic dimension）の2つの軸があることが言語学では広く認められている。これがまさに言語システムの最大の特徴である。

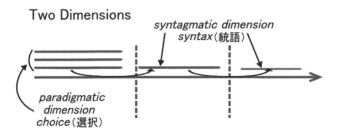

　系列軸は表現選択の軸であり，統語軸は表現連結の軸である。言い換えれば，言語処理においてはチャンキングが自然な形で行われるということである。チャンキングにはその都度その都度のチャンクの選択が前提となる。例えば，Long ago people believed that the dead came back to life on Halloween. Now people remember Halloween by going to parties or trick or treating. という2つの文は，以下に示すように，その都度のチャンクの選択とその連鎖によって構成されている。

Long ago / people believed / that the dead came back to life / on Halloween.// Now / people remember Halloween / by going to parties / or trick or treating.//

Long agoは1つのチャンクであり，people believedはそれに続くチャンクである。Long agoの代わりにMany years agoだとかA long time agoなども選択肢としては可能であったはずである。しかし，ここではLong agoというチャンクが選択されている。同様に，people believedも1つの選択であり，it was believedだとかthere was a beliefなども選択肢として考えることができる。つまり，チャンクを選択し，チャンクをつなげることで発話行為が行われるのである。

言語は線条性という性質をもつため，チャンキングは自然な言語処理のプロセスであるが，ここで注目すべきは，チャンクは全体の部分ではなく，表現行為のさなかにおける断片（fragment）として特徴づけられることである。すなわち，表現行為は断片連鎖を通して行われるのであって，文連鎖ではない。断片は完全な文を想定しない。日常言語における文法を考える際に，このチャンクの断片性は強調しておく必要があるだろう。なぜなら，英語の運用力に欠ける人の際立った特徴として，頭の中で「文」を作り，そしてそれを発話するという流れに囚われていることが挙げられるからである。これは，端的に不自然な流れであり，頭の中で文を作れば，認知的負荷が高くなる。それだけでなく，頭の中で作った文を発話するというのは，会話の流れにぎこちなさを生み出す。

例えば，学校で友人に「今日それ提出しなきゃいけないって知ってた？」と尋ねたい時，多くの学習者には，"Do you know that we need to hand it in today?"という一文を終わりまで頭の中で作ってから発話し，できるだけ間違いを避けたいという心理が働くだろう。しかし実際には，相手に知っているかどうかを尋ねるDo you know thatでチャンクが区切れ，別の節が生まれる部分としてwe need，何が必要なのか→to hand it in，そしてそれがいつなのか→todayという流れの中で，尋ねたい要素を文法的な語順に従って紡ぎ出していくのが，実際の言語使用として自然であろう。このように，文法的に正しい文を作ることにこだわる傾向が多くの学習者の間で見られるが，文法的に正確すぎる文は改まりすぎて，日常会話ではかえって不自然となることを意識しなければならない。

関係代名詞や助動詞，不定詞というのは文法項目であるが，実際の言語使用の中でどのように使われるのかが分からなければ，リアリティをもって身につけることができない。そこで，文法学習は実際の言語使用の中に位置づけられる必要がある。例えば助動詞shallを文法書で学習しても，その実際の使い方を十分にとらえることはできない。そこで「テクストの中の文法（grammar in text）」という視点が重要となる。shallの使用例として，映画 *Countdown to D-day* の中でアイゼンハワー将軍が次のように述べる場面がある。

"…. But we are united in this crusade. We <u>shall</u> liberate Europe. We <u>shall</u> restore freedom. We <u>shall</u> make the world safe for democracy. There is no other cause so urgent as to bring us far from our homes. This is our purpose."

ここでは「意志」ではなく,「そうあるべき」という「当為」が意図されていることから,willではなくshallが使われていると考えられる。意志よりももっと大きなミッションに突き動かされて行動するというアイゼンハワー将軍の想いをこのshallの使用に読み取ることができる。このshallの使い方に見られるように,文法項目の学びにリアリティを与えるという意味で,映画という生の教材は有効である。

■ 映画テクストを教材とする根拠

文法学習と実際の言語使用を架橋することが,リアリティのある文法学習(指導)につながる。しかし,実際の言語使用(生の教材)と言っても,それは数限りなく存在する。その中で,どのような基準に基づいて映画テクストを選ぶべきかについて議論をしておかなければならない。

教材の良し悪しを決める基準は,学習者にとって,authentic であること,meaningfulであること,そしてpersonal であること,の3つである(第8章参照)。authenticな教材はartificial な教材との比較の中で評価される。artificial とは人工的であり,味気ない。一方,本物は人をひきつける力をもつ。しかし,authentic であることが教材としての十分条件ではない。authentic であると同時に,学習者にとって meaningfulでなければならない。ここで言うmeaningfulとは「理解可能であること(comprehensible)」そして「面白いこと(interesting)」という認知と情意の両面を含む概念である。ここから,authentic でmeaningful であることが学習者にとってよい教材ということとなる。さらに言えば,人はpersonal なことに反応しやすい。自分事として状況をとらえられること(つまり,personalize できること),これがpersonal であることの意味である。

この3つの条件――authenticity, meaningfulness, personalization ――を満たすテクストは多い。歌や詩,スピーチ,インタビュー,小説,日常会話,会議などのジャンルや目的という観点から見れば,無数のテクストが考えられる。そこで,「なぜ映画テクストなのか」が問われなければならない。

言語使用の中心にあるのが日常会話である。言い換えれば,日常会話はすべての言語活動の基盤となり,文法学習の最良のコンテクストだと言える。しかし,日常会話は即興で行われる双方向のやりとりであり,それが教材として取り扱うことを難しくしている。日常会話は,断片的であり,絶えざる修正が行われる。結果として,意味的には冗長であり,表現的には修正の痕を多く残す。一言で言うと,教材として取り上げるには「あまりにも生々しい(too raw)」のである。

具体例を見てみよう。以下は,ある20代後半の女性が,高校生活最後の日,好きではない男子からプレゼントをもらったものの,それを目の前でごみ箱に捨ててしまったという出来事を,後悔の念を抱きつつ回想している場面である。

"And then I looked at his face, and I thought, really ... I, uh, it's

第13章　映画テクストを使った文法指導

something that just ...　I would love to apologize, because you know, it was — it's just something, I thought, why am I it was a really wonderful thing that he did. This has haunted me for a long time. He didn't have a lot of money.　He was a really nice guy ... and he just wasn't my crowd, you know that kind of thinking."

　これは語られた内容をそのまま書き起こしたものだが，チャンク分析を施すと，以下のようになる。

"And then / それで
I looked at his face, / 彼の顔を見たの
and I thought, really ... / で，思ったのよ，本当に
I, uh, / 私って，
it's something / それって
that just ... / ただの
I would love to apologize, / できたら謝りたい気持ちだわ
because you know, it was — / なぜって，分かるでしょう，それって
it's just something, / それはただ
I thought, / 思ったのよ
why am I / なぜ私って
it was a really wonderful thing / それって本当にすばらしいことだったのに
that he did. // 彼がしたことは
This has haunted me / このことがずっと気になって
for a long time. // 長い間ね
He didn't have a lot of money. // 彼ってあまりお金を持っていなかった
He was a really nice guy / というか彼は本当にいい人だったんだけど
... and he just wasn't my crowd, / でも私たちとはちょっと違うというか，
you know / 分かるでしょう
that kind of thinking. // そういう考えって

　このように文字にすれば，日常言語は文の連鎖というよりも断片連鎖によって成り立っていることがよく分かる。このことは言語事実として重要な点である。そして，チャンキング的発想で表現をする際に話し手は何をしているかと言えば，次の2つの原理に基づいた行為を行っていることとなる。

180

Part 3 英語力を育むための実践的指導

(1) 情報追加の原理：必要なだけ情報を追加する。
(2) 軌道修正の原理：必要に応じて軌道修正を行う。

　発話では表現を自由に紡ぎ出すことができる。その時々で必要だと感じられる情報は，発話をしながらでもいくらでも追加することができる，という情報追加の原理に加え，繰り返す，言い直す，言いよどむ，話題を放棄するといった軌道修正の原理が働くのである。
　文法学習の目標は，こうした原理に基づいて自由自在に英語を使える力を身につけることである。しかし，そのための教材として実際の日常会話をそのまま取り上げるのには無理がある。上で述べたようにあまりにも生々しく，教材としてそれを再現するのは構文的にも意味的にもかなり困難だからである。英語という言語で，日常の中でどのように情報追加や軌道修正が行われるのかについて理解を深めるという目的に対しては，日常会話の切り取りは有効かもしれないが，少なくとも文法を学ぶという観点においては，ベストの教材とは言えないだろう。文法学習の教材は，言語を自由に操作するために，ある形がどのような意味をもち，どのように振る舞うのかという部分を十分に提示できるものが理想だからである。
　そこで，われわれは，映画の中のやりとり（会話）が，文法力を身につけるための教材として最良だと考える。映画の会話は，台本に基づいて行われるため，俳優は台本を読み，練習をした上で撮影に臨む。基本的に映画は会話体で構成されるが，日常会話と比べて断片性が低く，より構造化されており，意味的な冗長性も低い。また，映画には，会話だけでなく，詩や手紙，演説など様々なジャンルの英語が含まれることがある。一言で言えば，映画のテクストは professionally authentic（プロにより洗練された本物）である。そして，映画であるが故に，場面が authenticity meaningfulness の条件を担保し，学習者が感情移入をすれば，personal なテクストになり得るのである。
　映画の会話が日常の会話とどのように違うのかを見てみよう。以下は *The Blind Side* (2009) からの会話場面の抜粋である。3人の女性が高級レストランで食事をしながら，Leigh Ann が世話している黒人の少年のことを話している場面である。

Leigh Ann :　He's a great kid. //
Sherry :　　Leigh Ann, / is this some sort of white guilt thing? //
Elaine :　　What would your Daddy say? //
Leigh Anne :　Um ... / before or after he turns around in his grave? // Daddy's been gone five years, / Elaine. // Make matters worse, / you were at the funeral, / remember? // You wore Chanel and that awful black hat. // Look, / here's the deal, / I don't need y'all to approve my choices alright, /

181

第13章　映画テクストを使った文法指導

but I do ask / that you respect them. // You have no idea / what this boy has been through / and if this becomes some running diatribe, / I can find overpriced salad / a lot closer to home. //

　映画の中では，これは自然な会話である。しかし，よく見ると文として整っており，先に見た日常会話の例とはだいぶ構造的に異なっていることが分かる。以下は Leigh Anne の発言をチャンク化したものである。

Um ...　で，
before or after he turns around in his grave? // 彼が墓に入る前それとも後のこと？
Daddy's been gone five years,　パパは亡くなって5年になるのよ
Elaine. // イレイン。
Make matters worse,　もっと言わせてもらうと，
you were at the funeral,　あなた，葬式に来ていたじゃない
remember? //　覚えているでしょう？
You wore Chanel and that awful black hat. // シャネルを着て，あのスゴイ黒い帽子を被ってね。
Look,　ねえ，
here's the deal,　こうしましょう
I don't need y'all to approve my choices alright, あなたたちに私の選択を認めてくれとは言わないわ
but I do ask だけどどうしてもお願いしたいのは
that you respect them. // 私の選択を尊重してほしいの
You have no idea　何も知らないでしょ
what this boy has been through　この少年がどんな目に遭ってきたのか
and if this becomes some running diatribe,　で，もし私のことを非難するのなら
I can find overpriced salad　高価すぎるサラダを
a lot closer to home. // 家に持ち帰ってもいいわ。

　このように，映画のスクリプトでは，繰り返しや言い直しを含まずに会話が構成されている。しかし，それでも間違いなく自然な会話である。

182

Part 3　英語力を育むための実践的指導

映画をどう使うか

　次に，教室で映画を使った文法指導をどのように行うのかという方法論について議論したい。容易に想像できるのは，映画の数ヵ所を取り出し，そこでの会話場面に注目して，穴埋め練習や音読練習，書き換え練習などを行う活動である。われわれは，映画を使って文法指導を行う際，以下の手順を踏むことが必要だと考える。

(1) スクリプトの言語分析を行う。
(2) 文法指導に使用する場面を選択する。
(3) テクストを使ったエクササイズを作成する。

　以下，映画 *The Outsiders*（フランシス・コッポラ監督，1983年公開）を事例として順を追って説明することとする。この映画の舞台は，1965年のオクラホマ州タルサという街であり，そこで繰り広げられるグリーサーズ（Greasers）とソシューズ（Socs）と呼ばれる若者たちの抗争が主旋律である。
　まず，映画スクリプトの全体を対象にしてテクスト分析を行うと，以下のような基礎データが得られる。

□映画を構成する総語数：6,140語
□異なり語数：1,082語
□文の総数：1,138文
□文を構成する平均語数：5.4語

　91分の映画だが，会話は約6,000語程度で構成されている。反復使用を考慮しないで異なり語だけをカウントすれば約1,000語（I've や gotta などはこの形で1語と見なす）である。文の総数は約1,100文であるが，文を構成する単語の数は平均すると5.4語であり，比較的少ない語数で構成されていることが分かる。以下，参考として映画の冒頭部分を示す。

What's going on?（3語）

We're early.（2語）

What do you want to do?（6語）

Nothing legal.（2語）

Let's get out of here.（5語）

183

第13章 映画テクストを使った文法指導

How're you doing, Bill? (4語)

Sharp! (1語)

Turn around! (2語)

I've had it! (3語)

Here come the hobos. (4語)

I ain't got no cash.... (5語)

Anyone want to buy a windshield wiper? (7語)

Give them the money. (4語)

What's the movie about? (4語)

I don't know. (3語)

　このように，映画は（もちろん，ジャンルによって異なるが）比較的短い文で会話が構成されていることが分かる。

　また，この映画を構成する語は反復使用を除くと約1,000語で構成されている。ということは頻度の高い語とそうでない語があるわけだが，比較的頻度の高い動詞として以下が含まれる。

get (76)　know (48)　come (34)　got (30)　see (30)　go (27)　look (24)　think (21)
take (18)　tell (15)　stay (14)　killed (11)　looking (11)　give (10)　say (10)

　一目で分かるように，これらはいずれも中学校で学ぶ動詞である。get が圧倒的に多く，got の形を加えると106回も使われている。テクスト分析の強みは，get を取り上げた場合，それが具体的にどのように使われているかを，映画全体を通して示せることである。以下にその一部を示す。

Let's **get** out of here. ずらかろうぜ。

Don't **get** wise. 恰好つけるんじゃないよ。

Get your feet off my chair!　私の椅子から足をどけてよ！

I'm gonna **get** a Coke. コカコーラでも買ってくる。

Get lost, hood!　消え失せろよ，ごろつき！

He's tough and all, but he's cool if you **get** to know him. 彼は粗っぽいけど，よく知るといいとこあるよ。

184

Part 3 英語力を育むための実践的指導

Get Johnny some, too. ジョニーにも買ってきてくれよ。

I'm sorry to **get** you away from this party, but I don't know what to do. 折角のパーティーを邪魔してごめん，でもどうしていいかわからなくて。

I was just trying to **get** some sleep. ちょっと一休みしようとしてたところだよ。

場面選択

次に，教室で使用する場面を選択する必要があるが，映画のベスト場面として10ヵ所程度を選択したい。以下は，われわれが選んだ一例である。

場面：映画の終盤 チェリーとポニーボーイがジョニーの容態について話す場面。

Cherry:	How's Johnny doing?	ジョニーの具合はどう？
Ponyboy:	Not so good.	あまりよくないんだ。
	Would you come and see him?	彼の見舞いに来てくれる？
C:	No, I couldn't.	いえ，できないの。
P:	Why not?	なんでだい？
C:	I couldn't.	無理なのよ。
	He killed Bob.	彼，ボブを殺したでしょう。
	Maybe Bob asked for it.	たぶん，ボブが悪いの。
	I know he did.	そうだということは分かっているわ。
	But you didn't know his other side.	でも，彼にも別の面があったのよ。
	He could be real sweet.	本当に素敵なところがあったのよ。
	He wasn't just any boy.	彼って，どこにでもいる男の子じゃなかったの。
	Bob had something that made him different ...... made people follow him.	ボブには彼ならではというか，人々をついてこさせるような面があったの。
	A little better than the crowd, you know what I mean?	そこらの連中よりちょっとはよかったのよ，分かってくれるでしょう？
P:	I don't want you to go see him anyway.	なら，彼を見舞ってくれなくてもいいさ。

185

	We don't need your damn charity!	君のつまらない施しなんかいらないから。
C:	I wasn't trying to give you charity.	施しをしようなんて思ってもないわ。
	I only wanted to help.	ただ, 助けたかっただけなの。
	I liked you from the start.	初めからあなたのこと好きだったわ。
	The way we talked.	一緒におしゃべりしたときから。
P:	Can you see the sunset from the Southside very good?	南側から夕陽がとてもきれいに見えるかい?
C:	Yeah. Real good.	ええ, とてもきれいに。
P:	You can see it from the Northside, too.	北側からも夕陽が見えるよ。
C:	Thanks, Ponyboy.	ありがとう, ポニーボーイ。
	You dig okay.	分かってくれたのね。

　このように, 取り上げたい場面を決めた後, 選択した場面を使ったエクササイズを作成する作業を行う。

■ エクササイズの作成

　映画を使ってどのように英語を教えるか。これはどのようなエクササイズを作るかという問題でもある。映画を使ったエクササイズといえば穴埋め式の聞き取りや書き換え, 英文和訳, 音読などが連想されるが, 問題はそれらが何をねらいとしたエクササイズかということである。ねらいがはっきりしないエクササイズは教育的に健全とは言えない。そこで, エクササイズの目的を明確にする必要がある。第8章で見たように, われわれは, awareness-raising（気づき）, networking（関連化）, comprehension（理解）, production（産出）, automatization（自動化）の5つがねらいとして重要だと考える。すなわち, 「これは気づきを高めるためのエクササイズだ」, 「これは自動化のためのエクササイズだ」といった自覚をもってエクササイズを行うということである。まず, 「気づき」について言えば, その対象は多種多様である。例えば「英語は前置詞言語である」や「表現はチャンキングによって行われる」といった高次の気づきもあれば, 「would や could の使い方についての気づき」「慣用表現の使い方に関する気づき」といった文法形式に関する個別具体的な気づきもある。

Part 3 英語力を育むための実践的指導

　文法形式に着目させるだけでなく，それがどのような意味機能をもち，実際の場面でどのように使われているのかを分析的な観点からとらえることで，文法への気づきが高まるはずである。映画テクストのよい面として，文脈が必ずあり，なぜその表現が用いられているのかを，切り取ったテクストの塊から考えることが可能であることが挙げられる。例えば，仮定法でwould やcould を扱ったとしても，実際の会話でどのように使われるかを直ちに理解することは難しい。ましてや従来の，1つの例文に訳語があるのみという形式においては，その表現がどのような意図で紡ぎ出されたものなのかをつかむのは困難であろう。そこで，上記の一場面のやりとりに注目をさせる。

C: How's Johnny doing?
P: Not so good. <u>Would</u> you come and see him?
C: No, I <u>couldn't</u>.
P: Why not?
C: I <u>couldn't</u>. He killed Bob. Maybe Bob asked for it. I know he did.
　But you didn't know his other side….

　ここでポニーボーイは，would を使うことで「（無理かもしれないけどできたら）彼のことを見舞ってくれるかな」と遠慮がちにお願いをしている。それに対してチェリーも No, I couldn't. と応じている。この couldn't は「仮にやろうと思ってもできないのよ」という仮定法の用法で，チェリーの立場を表している。そのことがにわかに理解できないポニーボーイは，Why not? と聞き返しているが，チェリーは再度，I couldn't. と言い，その理由を述べている。

　このように，実際の映画の中でwould やcould がどのように使われるかを見ることは，文法項目としてのwould やcould にリアリティを与える効果があり，生徒も「なるほど」と納得できるはずである。

　また先ほどのget に注目したテクストでも，中学生程度であればget がどのような意味なのかを考えさせることも可能だ。まず，「get は"〜を得る"という意味だとよく言われるが，本当にそうだろうか？」という問いかけをし，5人程度のグループに分け，それぞれに配布された（1つの映画の中の）別々のテクストを基にグループごとにget の意味の仮説を立てていく。そして，他のグループの仮説を聞きつつ，それらが自分たちのもっているテクストの文脈に合っているかを確認し，get の意味について議論を行う。この活動の目的は，get のような基本語がもつ曖昧な意味特性に関心を引きつけ，気づきを与えることである。そしてその際，文脈を必ず提示し，1つのまとまった意味世界を構成する映画テクストを最大限に活用する。最も大切なのは，テクストから意味を構成する際に，まずは学習者自身で考え，他の意見も聞きつつget の本質に迫っていくという過程である。

187

第13章 映画テクストを使った文法指導

　文法項目は有機的な関連性をもたないまま，バラバラな知識として学習される傾向が強い。そこで知識の関連化（networking）という作業が求められる。本物のテクストには様々な文法項目が含まれており，そこには意味的な連関が感じられる。以下のやりとりにおける動詞句の特徴を見てみよう。ソーシューズの中心人物ランディが，火事現場で中に閉じ込められていた子どもを，危険を顧みずに救ったポニーボーイとジョニーの行動に言及する場面である。

Randy:　….. I <u>read</u> about you in the paper. How come?
Ponyboy: I <u>don't know</u>. I <u>felt like</u> playing the hero.
R:　　　I <u>wouldn't have</u>.
P:　　　<u>Wouldn't have</u> what?
R:　　　I <u>would have let</u> those kids burn to death.
P:　　　You <u>might not have</u>. You <u>might have done</u> the same.
R:　　　I <u>don't know</u>. I just <u>don't know</u> anything anymore. I <u>never believed</u> a Greaser <u>could do</u> that.
P:　　　Greaser <u>has</u> nothing to do with it.

　まず，直説法と仮定法が交ざっていることがわかる。テンスとしては過去を回想する表現と現在のことを語る表現が含まれる。I read about you in the paper. How come? では，新聞でポニーボーイたちのことを読んだという事実が過去単純形で表現されている。それに対してポニーボーイも，I don't know. I felt like playing the hero. と応じている。I don't know. は現在単純形で今の気持ちを語り，I felt like playing the hero. で過去の出来事を回想し，「ヒーローごっこをしていたような感じだったのかも」とコメントを述べている。それに対して，ランディは I wouldn't have. と仮定法で応じている。ここでは何を言いたいのかはっきりしないが「（もしぼくがその場にいたとしたら）そんなことをしなかった」という気持ちが表現されている。ポニーボーイは真意を図りかねてWouldn't have what? と応じている。このように，どのようなテクストでもテンス・アスペクトを伴った動詞形（現在単純形，現在完了形，仮定法過去完了形，過去単純形，仮定法過去形など）が使われており，それらを「やりとり」という文脈の中で関連づけることが「関連化（networking）」のポイントである。ランディの I wouldn't have. も，彼が話題となっている火事現場に実際にいたわけではないことを考慮すれば，自然な選択だと分かる。また，ポニーボーイがYou might have done the same. と言う箇所があるが，「同じことをしていたかもしれない」という思いを might でやんわりと表現している。文脈が適切な形を決めるのである。

188

read	過去単純形	→	過去の事実
don't know	現在単純形（否定）	→	今の気持ち
felt like	過去単純形	→	過去の出来事を回想しコメント
wouldn't have	仮定法過去完了形（否定）	→	その場に自分がいたとしたら「そんなことはしなかった」と仮想の状況を述べる
Wouldn't have	仮定法過去完了形（否定）	→	相手が立てた仮想状況を受けて，真意を確認する
would have let	仮定法過去完了形	→	仮想状況の中での行動を具体的に述べる
might not have	仮定法過去完了形	→	相手の仮定の話をやわらかく打ち消す
might have done	仮定法過去完了形	→	相手が現場にいたとしても同じことをしただろうという可能性を述べる
don't know	現在単純形（否定）	→	現在の実際の気持ちを表明
don't know	現在単純形（否定）	→	現在の実際の気持ちを反復して表現
never believed ... could do that	過去単純形（否定）	→	これまでの経緯で（過去に）思ってもみなかったことを明かす
has	現在単純形	→	実際にはそれは違うと現在の心境として語る

　「関連化」のエクササイズは，動詞表現のテンス・アスペクトに注目することで知識の統合を図るのが1つであり，「気づき」と連動させるのが効果的である。

　次に，「理解（comprehension）」を促すエクササイズについて見てみよう。単に英文を和訳するだけで理解にはつながらない。理解には内容構成（content construction）の他に，共感的投射（empathic projection）が含まれるからだ。共感的投射とは，話された言葉を手掛かりにしながら，話し手の意図や態度，表情を読み取ることである。ここで言う「意図」とは「何かを言うことによって，何をしたいのか，何をして欲しいのか」を指し，「同情して欲しい」，「当惑した気持ちを表す」，「否定する」，「依頼する」，「誤解を解く」など，様々なものが含まれる。また，「態度」とは「発話態度」を指し，「誠実に，ある

第13章　映画テクストを使った文法指導

がままに語る」ことが原則である。対極には「嘘をつく」があり，真実と嘘の中間には「冗談」「皮肉」が含まれる。映画の場合には視覚情報が表情把握の手掛かりになるが，小説のような文字情報からも表情を読み取ることはできる。

「内容構成」がテクストの「発話の意味」だとすれば，「意図・態度・表情」は「発話者の意味」ということになる。ここで言う理解は，発話の意味と発話者の意味の融合としてとらえる必要があり，エクササイズもその両面に注目したものでなくてはならない。上の例で言えば，チェリーの No, I couldn't. の表現に含まれる，彼女の意図や表情を読み取るというエクササイズがそれである。しかし，テクストの種類によっては内容構成が中心になる場合もある。映画の中で詩を朗読する場面があるが，詩の理解は内容構成が中心となる。

場面：隠れ家での数日後，ジョニーとポニーボーイが美しい朝焼けに感動し，ポニーボーイ
　　　がフロストの詩を朗読する場面

Johnny:　That was sure pretty.
Ponyboy:　Yeah. The mist is what's pretty, all gold and silver.
J:　　　　Too bad it can't stay like that all the time.
P:　　　　Nothing gold can stay.
　　　　　Nature's first green is gold.
　　　　　Her hardest hue to hold.
　　　　　Her early leaf's a flower.
　　　　　But only so an hour
　　　　　Then leaf subsides to leaf.
　　　　　So Eden sank to grief.
　　　　　So dawn goes down to day.
　　　　　Nothing gold can stay.
J:　　　　Where did you learn that? That's what I meant.
P:　　　　Robert Frost wrote it. I always remembered it 'cause I never
　　　　　quite knew what he meant by it.

この詩はどのように解釈すればよいだろうか。まず nature's first green（自然の最初の緑）と her early leaf（自然の初期の葉）が賞賛される。

Nature's first green is gold.
Her early leaf's a flower.

しかし，but only so an hour に続き，輝きが失われることを嘆く表現にシフトする。

そこでは,「下方への移動 (downward movement)」というイメージが反復されている。

Leaf subsides to leaf
Eden sank to grief
Dawn goes down to day

　理解においては,なぜDawn goes down to day.なのか,Leaf subsides to leaf.とはどのようなことかという点が鍵となる。dawnはEdenとして表現されている。そして,エデンがthe Fall of Man (人間の堕落)を経て,day (生きる現実世界)になるという構図を読み取ることができる。Leaf subsides to leaf. はまさに,「花としての葉がただの葉に戻る」という意味において,現実の象徴として読み取ることができよう。どうして「下方への運動か」という点については,「花」の自然のサイクルを考えてみることができる。葉からつぼみに,そしてつぼみから花に,そして花もいずれは散るという流れを連想することができる。ちょうど,葉が地面に落ちるのが自然であるように,Dawn goes down to day.も自然な流れである。結論は,Nothing gold can stay. (すべては移ろう)である。まさに,her hardest hue to hold (止めておくことが最も難しい色合い)である。

　文法的な観点からは,subsides toとgoes down toが現在形であるのに対して,sank toは過去形になっているのはどうしてかを議論するのもよいだろう。

　「産出」(production)のエクササイズを工夫する際に大切なことは,チャンキング的発想力を身につけることができることと,コンテクストの中でぴったり合った表現を選択することができることの2点である。産出を行う際は,「自動化」を意識して活動するのがよい。典型的には,チャンキングを意識して,セリフを声に出して言う訓練が必須である。勿論,ある程度の訓練を積めば,セリフの元の音声をなぞるように繰り返す—音声をしっかり聞き,音を一旦止めて繰り返す (repeating),音声の後を影のように追いかけて読む (shadowing),音声と声をかぶせるように読む (overlapping)などを通して繰り返す—ことで,音声的な特徴も会得することができる。これはチャンキング的発想で英文を産出する訓練になるだけでなく,テクストの英語を自動化する訓練にもなる。文法学習の観点から言えば,自然な形でwouldやcouldが使えるようになることが,産出と自動化の目的である。この音声の模倣の過程が,産出において非常に重要だ。理解だけでなく,実際に発話をしてみる練習をしないことには,実際に使用するのは難しい。

　映画のセリフを声に出して言う訓練が十分にできたら,場面の中で役を演じるロール・プレイングを行うことで,感情を込めた表現活動が可能となるはずだ。その場合に大切なのは,感情移入をして役になり切り,演じ切ることである。映画の中で10場面程度を演じ切ることができるようになれば,英語学習の効果は高くなり,grammar in textの観点からの

第13章　映画テクストを使った文法指導

文法学習にもリアリティが生まれるはずだ。実際にこのロール・プレイの活動は多くの生徒にとって楽しいようで，中学生くらいであればかなりの量を覚えてしまうことが多い。実際にHarry Potterシリーズや*Frozen, Charlie and the Chocolate Factory*などを素材として身近な一場面を覚え，ロール・プレイができるようになることは，われわれ大人が考えているよりも生徒にとっては嬉しいことのようだ。しかしここで大切なのは，ただ映画のスクリプトを覚えてロール・プレイをするだけでなく，英語の文法の感覚にも意識を向けた状態でそれを行うことである。willやwouldを使用する際に「意志」を意識してロール・プレイをすると，その感覚は長い間残りやすい。そういった意味でも，authenticでmeaningful, personalな映画のテクストを文法指導に使うことには意味があるだろう。

おわりに

　本章では，実際の言語使用をできるだけ反映した教材で文法を指導するために，映画テクストを使用することを提案し，指導法及び必要な要素について述べた。映画は英語学習のための最良のテクストを提供する。映画の名場面には，自然と覚えたくなる魅力がある。映画のセリフは日常会話におけるauthenticityを十分に反映していないかもしれないが，professionally authenticな素材である。何度も修正され，計算された言葉が映画にはある。映画は，文法の学習においてリアリティを感じさせてくれる。問題は，映画のテクストをどのようなエクササイズを通して学習していくかである。せっかく最良のテクストを使用していても，文法に対するアプローチがつまらないものでは，もったいない。エクササイズのデザインの際にねらいを明確にし，テクストを通じて学習者が文法に意味をもたせていくことのできる指導を意識したい。

（田中茂範）

読書案内

映画英語教育学会東日本支部（監修）(2012).『映画英語授業デザイン集』フォーインスクリーンプレイ事業部.

小学校から大学・一般まで，映画を使った様々な授業のアイディアが詰まった実践事例集。本書で議論したエクササイズ論の観点から分析してみても面白い。

映画英語教育学会関西支部（著）藤枝善之（監修）(2005).『音読したい，映画の英語―心に響く珠玉のセリフ集』スクリーンプレイ.

映画の授業を実践したいが，どの映画のどの場面を選択していいか悩む教師にとって大変参考になるセリフ集。これを基に，ぜひ様々なエクササイズを考案していただきたい。

第**14**章

洋楽歌詞を使った文法指導

本章のポイント

(1) メッセージ性豊かな洋楽の歌詞を題材とすることで，学習の「動機づけ（motivation）」を刺激し，有意味な反復を通じた表現の「自動化（automatization）」を促すことができる。

(2) 基本語のコアに注目することによって，文法現象・多義・連語（イディオム）・比喩表現等についての「気づき（awareness-raising）」を与えることができる。

(3) 「モノ的世界」「コト的世界」「状況的世界」と対応するチャンクに注目することによって，表現者の視点からみた事態構成の仕方が感じ取れるようになる。

キーワード

コア，チャンク，レキシカル・コア・アプローチ

■ はじめに

　歌詞は，散文より韻文に属する「詩」の一種である。そこには洗練された英語表現が多く含まれている。メタファーも含めて，味わい深く，暗唱に値する表現にしばしば出会う。英語のリズム感をつかむのに格好の題材を提供してくれるし，メッセージにおいても，恋愛，友情，夢，挫折等々，歌い手・書き手の強い思いが託されている。この種のテクストを題材とした場合，学習者は，学びの「動機づけ（motivation）」を刺激されながら，種々の「気づき（awareness-raising）」が得られるのみならず，有意味（meaningful）な反復により表現の「自動化（automatization）」も図りやすくなる，等々のメリットが考えられる。

　このような題材の魅力を活かすために，押さえるべきポイントがある。歌詞をテクストとしてとらえたときの言語分析の方法である。歌詞に現れるコトバの分析が説得力のないものであっては，それらの利点も実感できなくなってしまうからだ。そこでは，言語表現の「形」と「意味」をつなぐ「意味的動機づけ（semantic motivation）」に基づく説明力が求められるが，その中核をなすのが「コア」と「チャンク」である。コアとは語の本質的な意味のことである。コアに基づくと，種々の文法現象をひもとくことができるのみならず，多義・連語（イディオム）・比喩表現についても，種々の「気づき（awareness-raising）」を得ることができる（これをレキシカル・コア・アプローチ（Lexical Core Approach）と呼ぶ）。一方，チャンクとは有意味な情報の断片のことで，「モノ（的世界）」を示す「名詞チャンク」，「コト（的世界）」を語る「動詞チャンク」，「状況（的世界）」を表す「副詞チャンク」の3タイ

193

第14章 洋楽歌詞を使った文法指導

プがある。これらのチャンクに注視することによって，英語表現の形（語句の並び）と意味（表象される意味世界）の関係についての理解が深まり，表現者の視点から見た事態構成の仕方が感じ取れるようになっていく。

　以下，まず，英語のチャンクとその文法上のポイントについて説明し，次に，洋楽の歌詞を使って文法指導を行う際のシラバスの全体像をラフな形で示す。最後に，これらの点を踏まえて，具体的な分析事例を加えることとする。コア分析の視点については，全体を通じて，適宜，導入を図ることにしたい。

■ 表現断片としてのチャンク

　チャンクとは，情報のユニット（カタマリ）のことで，具体的には，句や節や慣用表現からなるコトバのならびである（即興的な音声の連鎖（切れ目）からチャンクが生じるケースもある）。例えば，all through the night（夜通し）も，why she had to go（彼女がなぜ去らなくてはならなかったのか）も，just like the guy whose feet are too big for his bed（ちょうど自分の足がベッドに納まらないほどでかいヤツみたいに）もチャンクである。ここでは，歌詞の言語分析を念頭に置いているため，文法的な情報ユニット（句・節）からなるチャンクに焦点をあてていく。この種のチャンクは，表現者（歌の書き手・歌い手）が世界をコトバでとらえるときの視点と対応している。チャンクはその形式に応じて，「モノ」「コト」「状況」に関する世界の表象（言語化）をその役割として担っている。「モノ的世界」を示すのが「名詞チャンク」，「コトの世界」を描くのが「動詞チャンク」，そして，「状況的世界」を表すのが「副詞チャンク」である。以下，これら3種のチャンクのそれぞれについて，文法的なポイントを記しておく。

■ モノ的世界を語る名詞チャンク

　例えば，センテンスにならない名詞表現がポーンと差し出されているとしよう。それは文になっていないから意味をなさないのかと言えば，そんなことはない。むしろ，モノ的世界の対象を表すために名詞チャンクが選択されているのだ。例えば，Disney映画 *Aladdin* のテーマ曲 *A Whole New Wolrd* に出てくる“A whole new world”“A new fantastic point of view”等のフレーズは，魔法のじゅうたんに乗って世界を見下ろす視点から見えるモノ的世界の一端を提示したコトバの形（＝名詞チャンク）である。日本語で言えば，「体言止め」のごとき詠嘆や感動のニュアンスをそこに感じ取ることができる。このように，表現者がモノ的世界（の対象）に言及したいとき，名詞チャンクが必要となる。名詞チャンクを構成する要素としては，単語としての名詞が中心的な位置を占めるが，名詞が示す対象をどのように把握しているかを示すシグナルとして，冠詞をはじめとする決定詞（the, a, ゼロ冠詞；this (these), that (those); my, your, his, her, our, their, its など）の選択も問われる。例えば，the truth of a thousand lies（千の嘘

194

からなる真実）という「撞着語法（oxymoron）」を用いたフレーズがある。ここでは, the truthとa thousand liesという名詞形が結合している。前者はtheを伴って, ある一定の（聞き手との共有を想定し得る）真実を指すのに対して, 後者はどれともつかない不特定の嘘の集積を示すという具合である。名詞には, 必要に応じて数詞（順序を示す「序数」；個体としてカウントする「基数」）や形容詞を伴うこともあり, さらに, 後置修飾（「空間的イメージとその比喩的拡張を示す」"前置詞＋名詞"；「これから行う行為を示す」"to do"；「現にしている行為を示す」"ING …"；「すでになされた行為を示す」"done …"；「テンスを伴う節で情報を追加する」"関係詞節""接触節"など）が追加されることもある。有名な *I Need To Be In Love*（Carpenters）の冒頭付近に "The way that people come and go (through temporary lives)" という一節がある。形式的にはthe wayに関係詞節を伴う名詞チャンクで, 字義的には「束の間の人生を通じて人々が行き来する様」となる。しかし, これも, その様子をモノ的世界の断片として差し出すことで, 他者との交流から距離を置いて感傷にふける歌い手の孤独が描き出されている, という解釈も可能となるのだ（「後置修飾」については後の分析例も参照）。また, 名詞チャンクの関連項目として, 人間関係や文脈情報を把握するのに不可欠な指標となる「代名詞」（I, you, he, she, it, theyなど）もある。さらに, 行為の名詞概念として「～すること」を表すING形や, 「～ということ」を表すthat節, 「～かということ」を表すwh節なども, 動詞の主語や対象となるという意味で, 名詞（チャンク）の仲間とみなすことができる。

コト的世界を描く動詞チャンク

モノ的世界を示すのは名詞チャンクだが, モノとモノを関係づけて時間軸に位置づけるのは動詞チャンクの役割である。動詞チャンクの核となる情報は単語としての動詞である。動詞は, 動作・行為・状態・事象などの出来事（コト）を表す語彙項目だが, 動詞単独では出来事を具体的な文脈に位置づけることができない。まず, その動作や行為がいつ行われるのかが時間軸の上で示されなくてはならない（「テンス（時制）」の問題）。また, それが続いているのか終わっているのか（進行・完了）, 動きや変化が感じられるのか否か（進行・単純）などの「アスペクト（相）」を示すことが求められる。例えば, Linkin Parkの *What I've done* では, 自らの愚行に対する痛切なる悔恨の情が歌われている。この種の心情を語るのには, 現在完了形が欠かせない。出来事自体は過去に属する事柄であっても, それがもたらす今現在への影響を語るという意味で, "have（現在有している）＋done（完了された事態）" という表現形式がフィットするからである。このテンスとアスペクトに隣接したところに, 出来事を「誰かが何かに対してはたらきかける」という能動的な方向でとらえるのか, それとも「誰かが～された」という受動的な方向でとらえるのかという「ヴォイス（態）」の問題が位置づけられる。さらに, 動詞チャンクの先頭に置かれる法助動詞（modal auxiliary verbs[modals]）も, ここで扱うべき不可欠な項目となる。「法」とは

195

第14章 洋楽歌詞を使った文法指導

「心のありよう（mood）」であり，will, can, may, must, should などの法助動詞が使われているということは，話し手の主観的な判断がこめられているというシグナルなのだ。*The Show Must Go On* という Queen の歌では，自らの死期を悟ったリードボーカル Freddie Mercury のショーマンとしての壮絶なる覚悟が法助動詞 must の使用を不可避にしているのである。

これ以外にも，動詞を具体的な文脈で使うためには，動詞の前後に名詞を位置づけて，誰が（誰・何に対して）その動作や行為をなすのか，といったことも示さなくてはならない。これは，動詞の構文にかかわることである。例えば，Give me a break!（勘弁してくれ）は，「動詞＋名詞＋名詞」の構文だが，これを前置詞 to を使って give a break to me と表現することはできない。前者は "me a break" の語のならびが，[me (HAVE) a break] を含意するのに対して，後者は give A to B という構文で，この場合 A が移動可能な対象であるという制約が生じる。この種の構文論的な視点も，動詞のコアとその展開によって説明可能になる（この例では，give のコア：「何かを自分のところから出す」から，give A（A を出す），give A to B（A を出して B に向ける），give BA（B が A を HAVE する状況を生み出す），という3種の構文が生じるという具合である）。

状況的世界を表す副詞チャンク

モノ的世界を表す名詞チャンクは，一般に，核となる名詞が必要である。コト的世界を表す動詞チャンクは，核情報としてやはり単語としての動詞を必要とする。しかし，副詞チャンクには，そのような核となる情報が存在しないという特徴がある。副詞チャンクには，フレーズ単位の情報（over the rainbow, under the sea, to say the least, honestly speaking など）と，「主語＋動詞」を含む節情報（when you are down and out, as long as you love me, if you ever come back to me など）がある。つまり，形式的に柔軟で多様なのである（慣用表現も多い）。また，副詞チャンクは，位置的に比較的自由に使うことができ，置かれる位置は「文頭」「文尾」「文中（挿入）」の可能性がある（「文頭」では状況設定的，「文尾」では情報付加的（エンドフォーカスで念を押す感じ），「文中（挿入）」では，慌てて言い足すような印象を与える，など位置に応じたニュアンスの相違がある）。

副詞チャンクが活躍する例として，Celine Dion の *Because You Loved Me* がある。この歌は冒頭，副詞チャンクを6度反復して，ようやく主文にたどりつくという展開になっている（強調は筆者）。

For all those times you stood by me
For all the truth that you made me see
For all the joy you brought to my life

196

For all the wrong that you made right
For every dream you made come true
For all the love I found in you
I'll be forever **thankful** baby

BECAUSE YOU LOVED ME
© Copyright REALSONGS
All rights reserved. Used by permission.
Print rights for Japan administered by Yamaha Music Entertainment Holdings, Inc.

　反復される"For 〜"の副詞チャンクは，すべてI'll be forever thankful babyの"thankful"の根拠である。つまり，前置詞forによって，「感謝」が何に「差し向け」られるかを示しているのである。ちなみに，forのコアは以下に示すように，「何かに向かって」というもので，対象を心理的に指すイメージを有している。

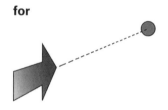

　このように，表現の必要性さえ満たせれば，複数の副詞チャンクが，連続して使われることも決して珍しくないということは，副詞チャンクを学ぶうえでのポイントのひとつである。名詞チャンクと動詞チャンクが英語表現の骨格情報を作るのに対して，副詞チャンクは英語表現に多様性と複雑性（奥深さ）をもたらすことに大きく貢献するということを実感させたいものである。

　以上，モノ的世界を語る「名詞チャンク」，コト的世界を描く「動詞チャンク」，状況的世界を付加する「副詞チャンク」について，それぞれ主要なポイントに絞って記した。チャンクの視点をもつと，歌の歌い手・書き手がどのように「モノ」「コト」「状況」をとらえてそれを言語化しているのか，ということをより敏感に感じ取れるようになるはずである。

■ 洋楽歌詞を題材とした文法シラバスの全体像（概要）

　文法の指導においては，学習者に文法の全体像を示すことが大切である。洋楽歌詞を

第14章　洋楽歌詞を使った文法指導

題材として扱う場合でも，その点はぜひ押さえておきたい。具体的には，まず，上で見たチャンクの概念をマクロの視点として導入するとよい。「モノ的世界」「コト的世界」「状況的世界」を語る（表現者の意図を反映する）3タイプのチャンクを，それぞれ「名詞の文法」「動詞の文法」「副詞の文法」の中心軸に位置づける。その構図の中で，適宜，レキシカル・グラマーの視点を加味していくと，ローカルな語彙・文法の諸現象を，よりグローバルな表現の意図とシームレスな形でリンクさせることが可能となり，文法の全体像をイメージできるようになる。構文的多様性という観点から，前置詞，ING, to do, that 節，wh- 節等の項目については柔軟な位置づけをして構わない（いずれも複数タイプのチャンクで使われる）。このような文法の全体像（文法項目として列挙すれば「コンテント・シラバス」に相当する）を踏まえながら，学期や学年を通じてのコース・シラバスを想定する際には，音楽のジャンルやアーティストの方を前景化したりしながら，学習者の興味関心を刺激するような仕掛けを施してもよい（「シラバス」については第20章参照）。各週の授業にタイトルがつけられる場合，文法用語等のメタ言語だけではなく，固有名や象徴的な表現等が含まれている方が学習者の動機付けにもプラスに作用するだろう。また，ある程度明示的に文法項目を提示する場合にも，歌詞に描かれる表現の意図が把握できるように工夫したい（この点については，以下に掲げるサブタイトルも参照）。例えば，「法助動詞」は動詞の文法として学ぶこともできるが，主観性が含意されるという意味では，歌い手・書き手が自らの想念において仮想のシナリオを思い描く「仮定法」とのつながりにおいてとらえると，メッセージの理解にストレートにつながっていく可能性が高い。「人称代名詞」なども，名詞の文法というと味気なくなってしまうが，歌の中で展開する物語のキャスティング（人物配置）や「視点」の問題としてとらえると，新鮮な学びにつながる。

　以下，洋楽歌詞を題材とした分析（とそれに基づく活動）の事例を，いくつか示しておく。

空間的イメージを表す前置詞

　前置詞は直後の名詞とセットになって（前置詞句として），いろいろな局面で使われる。名詞チャンクに組み込まれることもあれば（例：*Love For A Child*），動詞の必要情報となることもあれば（例：*I Can't Get You Out Of My Mind*），副詞チャンクになることもある（例：*Over The Rainbow*）。いずれの用法であれ，前置詞は基本的に空間的イメージを有しているという気づきが大切である。*You Belong With Me* (Taylor Swift) は，一見，「おやっ，belong to meではないのか」と思わせる。しかし，belongに続く前置詞にあえて toではなくwithを使うことによって，いわゆる所有・所属の意味合いから，心理的に寄り添うイメージにシフトしているのであり，そのあたりが解釈のポイントにもなっているのである（この種のタイトル分析も興味深い活動になるだろう）。

　ここで，*Count On Me* (Bruno Mars) を題材として，基本語のコアに注目しながら歌詞を分析してみよう。これは友情をテーマとした歌だが，タイトルでもありサビの部分

198

Part 3 英語力を育むための実践的指導

(chorus)にも出てくる count on me というフレーズに含まれる count の両義性が，メッセージ解釈上のポイントともなっている。以下，歌詞をみてみよう（強調は筆者）。

If you ever find yourself stuck in the middle of the sea
I'll sail the world to find you
If you ever find yourself lost in the dark and you can't see
I'll be the light to guide you
Find out what we're made of
when we are called to help our friends in need
You can ***count on me*** like **1, 2, 3**
I'll be there
And I know when I need it
I can ***count on you*** like **4, 3, 2**
You'll be there
'Cause that's what friends are supposed to do

COUNT ON ME
by ARI LEVINE, PHILLIP LAWRENCE and PETE GENE
HERNANDEZ
© BMG GOLD SONGS and TOY PLANE MUSIC
Permission granted by FUJIPACIFIC MUSIC INC.
Authorized for sale in Japan only.
© Copyright MUSIC FAMAMANEM LP / BMG GOLDSONGS/MARS
FORCE MUSIC / NORTHSIDE INDEPENDENT MUSIC
PUBLISHING LLC / WB MUSIC CORP.
All rights reserved. Used by permission.
Print rights for Japan administered by Yamaha Music Entertainment
Holdings, Inc.
© copyright by Round Hill Songs
The rights for Japan licensed to Sony Music Publishing (Japan) Inc.

　「海の真ん中で身動きがとれない（stuck in the middle of the sea）」なら，「世界中を航海して（sail the world）」君を探そう。「暗闇で自らを見失い（lost in the dark）」「あたりが見えない（you can't see）」なら，「灯りになって君を手引きしよう（I'll be the light to guide you）」という最初のくだりは，情景描写的メタファーが鮮やかだ。

第14章 洋楽歌詞を使った文法指導

　ここでは，"If you ..., I'll ...."の構文反復で，「君が苦境にあれば僕が救いの手を差し伸べよう」という友への思いを視覚的イメージ豊かな比喩表現に託している。情報展開としては，"If you are in trouble, I'll help you out."といった友情の歌の定番パターンを踏襲している。しかし，この歌では，sea（海）— sail（航海）; dark（闇）— light（光）といったイメージの連鎖がユニークで，そこに新鮮な響きが生じている。

　サビの部分（chorus）に入って，You can count on me like 1, 2, 3では，countが「数える」という基本義と「頼る；あてにする」といった比喩的な意味をともに含んでいるところが興味深い。しかし，「頼る」や「あてにする」というのも，いざというときに相手を「勘定に入れる（数に入れる）」ことができるという意味合いであり，やはり，以下に示すようなcountのイメージとつながっていることが分かる。

　このcountに，前置詞のonが結合することで，count on（～を頼る）というイディオムが生ずる。前置詞onは，以下のように，何かと「（ピタッと）接して（離れない）」という空間的なイメージを有している。

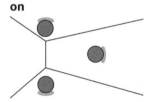

onのコア・イメージ：（ピタッと）接して（離れない）

　前置詞onが物理的な「接触」を示す場合には，例えば，the clothing on the floor（床の上の衣類），the clock on the wall（壁の時計），a chandelier on the ceiling（天上にかかるシャンデリア）のように使われる。一方，心理的な「接触」ともいうべき「依存」の意味合いをもつ表現として，depend on（～に依存する），rely on（～を頼る），そして，この歌に出てくるcount on（～をあてにする）などのイディオムがある。これらは，前置詞onを伴うことによって，相手に「（ピタッと）よりかかって・ぶらさがって（離れない）」という「接触」のイメージを表していると考えられる。onの用法展開としてみれば，〈（ピタッと）接して（離れない）〉というイメージを介して，「物理的」〈接触〉から「抽象的」〈接触〉へと「比喩的拡張（metaphorical extension）」がなされているととらえることもできる。

Part 3 英語力を育むための実践的指導

この「比喩的拡張」は, countにおいても, onにおいても, それぞれのコアとなるイメージを介して, 字義的・物理的なレベルから抽象的・心理的なレベルへと展開し, それらが結合することによって, 「あてにする」という意味合いが生じていることがわかる。このように, 語のコアに注目することによって, 語の多義（具象的な語義～抽象的な語義）, 連語（イディオムを形成する語のつながり）, 比喩（メタファー）などについての本質的な理解を得ることが可能となるのである。そして, このような理解が得られれば, 以下のようなディスカッションのトピックをかかげてみるのも面白いだろう。

設問　*Count On Me*の歌詞の中に, "I can count on you like 4, 3, 2"という一節があります。なぜ, "3, 2, 1"と言わないのでしょうか。何か違いが意図されているのでしょうか。

Teacher: Why does he say, "4, 3, 2" rather than "3, 2, 1"?
Student: Well, … maybe… You don't need to wait that long?

　前後の文脈をみると, You can count on me like 1, 2, 3に対して, I can count on you like 4, 3, 2となっている。このカウントダウンの意味について, ディスカッションをしかけてみるのである。この問いかけは想像的な解釈に開かれたものであり, 例えば, 「君が困っていれば, 僕は『1, 2の3って感じで』駆けつけよう。でも, 僕が困っていると, 君は, 『4, 3, 2くらいで』もう来てくれる。ゼロ寸前になるまで, ハラハラさせたりしないで, 余裕をもってきてくれる, それくらいいいヤツなんだよな, 君は」という具合に解釈することも可能である。ちなみに, ここでのlikeは, like I said before（すでに言った通り）のような, 口語の接続詞的な用法である。そこで, "4, 3, 2"と"you'll be there"には, 「条件」と「結果」のような関係があって, When I say (While I count) , "4, 3, 2," you'll be there. といった意味合いがこめられている。このあたりのパラフレーズや解釈をたずねてもよいかもしれない。

　ところで, ここでは, 上に記したような解釈が唯一の正答であるかどうかが問題なのではない。むしろ, その解釈の土台の部分に, countのコアが, 基本義と比喩的な意味（count on のイディオムにおける意味）の双方をカバーできる説明原理となっている, という気づきを得ることが肝心である。この種の学びは, count onという具体的な表現の理解や記憶にとどまらず, 英語という言語における, 語の多義・連語・比喩といった幅広い現象への本質的な理解を深化させるものだからだ。

201

第14章 洋楽歌詞を使った文法指導

■ 対象把握の仕方を示す名詞形の選択

　モノ的世界の示し方についても，具体的な事例を通じてみてみよう。モノ的世界を語る名詞チャンクにおいて，対象の把握の仕方によって冠詞の有無・選択が決まるという意味で，「名詞形」という項目を想定することができる（「名詞形」とは，例えば，an orange, orange, the orange, oranges, the orangesのように，冠詞の選択（aかtheかゼロ冠詞か）と名詞の数（単数か複数か）の組み合わせの問題のことである）。分析すると興味深い曲として，*My Favorite Things* がある。この歌は，Trap大佐のいたずら好きな子供7人が，住み込みの家庭教師Mariaの部屋に，雷が怖くて集まってきたときに歌ったおまじないのような歌である。第二次大戦中のオーストリアの子供たちが好みそうなアイテムが歌詞中にたくさん出てくるが，名詞形でおやっと思うところが2箇所ある。以下，歌詞を問題の名詞形を強調した形で示してみよう（「単数形」の根拠とtheの用法についての問を付してある）。

Raindrops on roses　バラについた雨のしずく
and whiskers on kittens;　と子猫のひげ
Bright copper kettles　ぴかぴかの銅のやかん
and warm woolen mittens;　と温かな毛糸の手袋
Brown paper packages tied up with strings;　紐で結んだ茶色い小包
These are a few of my favorite things.　これらは私のお気に入り

Cream-colored ponies　クリーム色の子馬
and crisp apple strudels;　とさくさくの林檎パイ
Doorbells and sleigh bells　玄関の呼び鈴とそりの鈴
and schnitzel with noodles;　とヌードルの添えられた仔牛肉のカツレツ
Wild geese that fly with the moon on their wings;　月の光を羽根に受けて飛ぶガンたち
These are a few of my favorite things.　これらは私のお気に入り

When the dog bites,　犬が噛む時,
When the bee stings,　ミツバチが刺す時,
When I'm feeling sad,　悲しい時,
I simply remember my favorite things, 私はただお気に入りのことを思う。
And then I don't feel so bad.　そうすると，悲しくなくなる

202

設問
1. 一般に好きなモノを表現するとき複数形が多いが，"schnitzel" はなぜ単数形？
2. "the dog" や "the bee" で，the がついているのはなぜか。特定の犬／ハチ？

　このような問いかけから，同じ好きなものでも，個体として識別できる対象は，I like dogs / cats / movies などと言うが，食材であれば仕切り感がなく，I love pork / fruit / ice cream などと言うということの理解を深めることができる。また，the の使用は聞き手との情報共有がポイントだが，その共有の契機として「常識」「場面」「文脈」がある。ここでは，「いわゆる犬」「いわゆるハチ」といった意味合いで，「常識的共有」を表している。listen to the radio や play the guitar などの the と同様，この the は個体（どれか）を特定するのではなく，その対象のイメージ（「どんなものか」という概念）が共有されていることを示すものなのである。

名詞に情報を追加する後置修飾の表現

　英語には後置修飾の表現がたくさんある。関係詞節もその一種であり，学習者にとってはマスターし難い学習項目（群）といってもよいかもしれない。例文で理解を促す際にも，用語による解説や分類が中心となりがちである。しかし，ある素敵な歌の歌詞の中に，その種の表現が豊富に含まれていたとしたら，どうだろうか。そのメッセージの解釈と観賞を通じて，後置修飾の表現に自然と慣れ親しむことができるのではないか。*Top Of The World* は，そんなねらいにピッタリの曲だ。以下，歌詞に後置修飾の分析を加えた形で示してみよう。

Such a feelin's comin' over me
There is wonder in most everything I see
(There is) Not a cloud 〈in the sky〉
(I've) Got the sun 〈in my eyes〉
And I won't be surprised if it's a dream

Everything I want the world to be
Is now coming true especially for me
And the reason is clear
It's because you are here
You're the nearest thing to heaven that I've seen

I'm on the top of the world 〈lookin' down on creation〉

第14章 洋楽歌詞を使った文法指導

And │the only explanation│ I can find
Is │the love│ that I've found ever since you've been around
Your love's put me at │the top│ of the world

TOP OF THE WORLD
© Copyright HAMMER AND NAILS MUSIC
All rights reserved. Used by permission.
Print rights for Japan administered by Yamaha Music Entertainment
Holdings, Inc.

Notes: 下線部＝後置修飾の表現／□＝後置修飾で修飾される名詞／〈　〉＝副詞チャンク／（　　）＝歌詞にない補足表現

　この種の分析は，歌詞分析シートを用意しておいて，個人の作業からグループ活動へと展開することもできる。発展的な問いとして，上のように後置修飾の表現にフォーカスさせてから，それぞれの「名詞＋後置修飾」の表現について，歌のメッセージとのつながりでどういう状況を表しているかを問うこともできる。この種の問いかけは，恋の歌のメッセージをより深く理解したいという情意的な動機づけも作用して，関係詞節等を学ぶ際に生じ易い学習者の心理的負荷を軽減させてくれるかもしれない。いずれにせよ，無味乾燥とした例文で学ぶのとは違った気づきが得られる可能性は高いだろう。

■ 語り手の主観（想念）を示す法助動詞・仮定法

　歌詞を理解するにあたって，心情の把握は極めて重要だが，その意味で特に重要性が高いのが，「法助動詞」と「仮定法」である。客観的な事実陳述文では決して表現し得ない主観的情緒的な世界を語るのに，これらの項目は不可欠である。Eric Clapton の *Tears In Heaven* は，仮定法の本質を理解するのに格好のテクストである。4 歳の息子を事故で亡くした父の悲哀が歌われている。

Would you know my name
if I saw you in heaven?
Would it be the same
if I saw you in heaven?
I must be strong and carry on
'Cause I know
I don't belong here in heaven…

204

Would you hold my hand
if I saw you in heaven?
Would you help me stand
if I saw you in heaven?
I'll find my way through night and day
'Cause I know
I just can't stay here in heaven …

TEARS IN HEAVEN
© Copyright BLUE SKY RIDER SONGS
All rights reserved. Used by permission.
Print rights for Japan administered by Yamaha Music Entertainment
Holdings, Inc.

設問　歌詞に現れる法助動詞に注目して，この歌のメッセージを分析せよ。

　上の歌詞の法助動詞に注目すると，would, would, must; would, would, will, can'tという順に出現している。ここでwouldという過去からmust, willという現在へとシフトしているのは，何を意味するものか。4度のwouldはすべてif節とセットであり，息子と天国で再会するという仮想状況を語る仮定法の用法である。そこからmust, willへの展開は，テンス上では過去から現在への推移だが，それは仮想から現在へのシフトバックを表現するものである。くじけてはいられない。前を向いて歩かねばならない。孤独な父がひとりの男の覚悟に立ち返る。その覚悟がmustの「強制力」，willの「意志」によって示されているのである。ここにあげた例は，法助動詞のコアに注目することで，歌のメッセージにおける特に心情的な側面（仮想的な想念）の分析が可能となるケースである。

おわりに

　コアとチャンクに注目し，表現者の視点から見た文法を構想することによって，従来の「文」を中心に据えた文法（センテンス・グラマー）では得られなかったような，新たな「気づき」を学習者に与えられる可能性は大きい。そのような新たな「気づき」が得られれば，そこから幅広いコミュニケーション活動への展開も期待される。特に，歌詞を題材とした場合，音楽に具わる身体感覚が学びのモードの複数化を促してくれるし，洋楽情報はウェブ上でも容易にアクセスできることから，メディアの複数性を活かした表現活動へ展開しやすいというメリットもある。

ICTを意識したタスク・活動としては，お気に入りの歌や歌手についてウェブで検索し調べる，YouTube動画で歌詞の英語表現にフォーカスをあてて鑑賞し，解釈上のポイントを探る，ブログ上で自分の解釈を披瀝し，他の参加者にも投稿を呼びかけてディスカッションを行う，曲の紹介と分析（と表現）を含むマルチモーダルな（画像・動画・音響・言語を含む）プレゼンテーションを行う等々，幅広い可能性が考えられる。メディアの役割・位置づけの調整も，これらの種々のコミュニケーション活動を，学習者のレベルに応じて調整する際のひとつの考慮点である。

最後に，「自動化」の観点について触れておく。学習者が自ら選択した歌詞の暗唱を課題（タスク・アサインメント・テスト）に含めることで，言語リソースの「自動化」を「有意味性」を担保した形で促すことができる。自ら選んだ思い入れある歌であれば，その反復は決して無意味で機械的なものとはならない。読むたびに歌うたびに味わいが増してくるという意味で，他では得られない有意味な自動化訓練が可能となるはずである。そして，教室内で発表の場を与える際には，まずは感情をこめて朗読するように促し，希望者には実際に歌唱パフォーマンスをしてもらう（さらに，希望する者があれば，楽器による伴奏やダンスを同時に披瀝してもらうと盛り上がる）。この種の自己表現へのコミットメントは学習者に忘れ難い達成感と自信を与え，英語を学び使うことへのモティベーションを刺激するきっかけともなり得るはずである。

(佐藤芳明)

■ **読書案内**

佐藤芳明・田中茂範 (2009).『レキシカル・グラマーへの招待：新しい教育英文法の可能性』開拓社.

レキシカル・グラマーの基本的な考え方を詳述し，豊富な実例を通してその可能性を追求した書。レキシカル・グラマーについて理解を深めたい人にとって必読の書。

國弘正雄（総監修）(1987).『新英語教育講座14英語の歌・英詩の指導』三友社.

中学校・高等学校の先生方が，*We Are The World* や *Blowin' In The Wind* などを題材として実践された活動例の報告が豊富に含まれており，教室内のイメージが髣髴としてくる。

第**15**章

英語教育における
アクティブ・ラーニングの実践とICTの活用

本章のポイント

(1) 行動（action）と省察（reflection）を軸として展開されるアクティブ・ラーニングは，英語教育のあるべき姿について再考を促す視点であるが，表面的な技法の採用に終始することは避けなければならない。

(2) ICTは，授業の単なる補助手段ではなく，授業のイノベーションを促すものとして位置づけられなければならない。

(3) アクティブ・ラーニングの実践やICTの活用は，原理（エクササイズ論）に基づいて実践されなければならない。

キーワード

ICT，アクティブ・ラーニング，additionとinnovation，エクササイズ論

はじめに

　近年の教育を特徴づけるキーワードとして，アクティブ・ラーニング（active learning）とICT（Information and Communications Technology）の活用が挙げられる。平成29年2月に公表された学習指導要領改定案では，①生きて働く「知識・技能」の習得，②未知の状況にも対応できる「思考力・判断力・表現力等」の育成，③学びを人生や社会に生かそうとする「学びに向かう力・人間性」の涵養という3つの柱を通して生徒の「生きる力」を育むという視点が打ち出されている。そして，これらの資質・能力を育成する上で「主体的・対話的で深い学び」を実現するアクティブ・ラーニングが重要な役割を果たすという認識が示されている。また，言語能力（読解力等）や問題発見・解決能力，多様な他者と協働する力といった「全ての学習の基盤となる力」の中にも，「情報活用能力（プログラミング的思考やICTを活用する力を含む）」が重要な要素として挙げられている。

　本章では，次期学習指導要領の内容を踏まえた今後の英語教育のあり方を，アクティブ・ラーニングとICTの活用という2つの視点から考察する。まず，アクティブ・ラーニングとは何かを確認し，その可能性と課題を明らかにする。そして，近年脚光を浴びているディープ・アクティブ・ラーニングという発想が，従来のアクティブ・ラーニングをどのように乗り越えることができるかを論じる。次に，アクティブ・ラーニングとICTの活用という課題に英語教育がどのように向き合うべきかを，具体的な指導例を通して考察する。

207

第15章　英語教育におけるアクティブ・ラーニングの実践とICTの活用

■ アクティブ・ラーニングとは

　アクティブ・ラーニング（active learning）という概念は，Bonwell & Eison (1991) の *Active Learning: Creating Excitement in the Classroom.* に端を発する考え方である。Bonwell & Eison は，アクティブ・ラーニングを "Doing things and thinking about the things they[students] are doing"（行為をすることと，生徒が行っていることについて考えること）であると定義し，行動（action）と省察（reflection）を中心概念に据えている。また，アクティブ・ラーニングは，以下のような特徴を有していると述べている。

(a) 学生は，授業を聴く以上の関わりをしている
(b) 情報の伝達より学生のスキルの育成に重きが置かれている
(c) 学生は高次の思考（分析，総合，評価）に関わっている
(d) 学生は活動（例：読む，議論する，書く）に関与している
(e) 学生が自分自身の態度や価値観を探求することに重きが置かれている

（下線筆者）

　わが国においても，平成24年8月の中央教育審議会答申「新たな未来を築くための大学教育の質的転換に向けて―生涯学び続け，主体的に考える力を育成する大学へ」（いわゆる「質的転換答申」）を契機に，アクティブ・ラーニングという用語が広く教育現場に普及することとなった。質的転換答申はアクティブ・ラーニングを「教員による一方向的な講義形式の教育とは異なり，学修者の能動的な学修への参加を取り入れた教授・学習法の総称」と定義し，それにより「認知的，倫理的，社会的能力，教養，知識，経験を含めた汎用的能力の育成を図る」ことが可能になるとしている。また，溝上（2015）は，アクティブ・ラーニングを「一方向的な知識伝達型講義を聴くという（受動的）学習を乗り越える意味での，あらゆる能動的な学習のこと。能動的な学習には，書く・話す・発表するなどの活動への関与と，そこで生じる認知プロセスの外化を伴う」(p. 32) と定義している。これらの定義に見られるように，アクティブ・ラーニングは，従来の一方向的な講義形式の授業へのアンチテーゼとして提唱された概念であり，生徒が授業を聴くだけでなく，書く・話す・発表するといった知識の外化（アウトプット）を伴う活動に従事することを重視したものである。これは，学習者を受動的な聞き手（passive listener）から能動的な参加者（active participant）へととらえ直すことであるとも言える。

　アクティブ・ラーニングの導入は，次期学習指導要領における大きな特徴の一つである。平成29年2月に公表された学習指導要領改訂案では，グローバル化の進展や人工知能（AI）の飛躍的な進化をはじめとする，社会の加速度的な変化を踏まえ，「将来の予測が

Part 3　英語力を育むための実践的指導

難しい社会の中でも，伝統や文化に立脚した広い視野を持ち，志高く未来を創り出していくために必要な資質・能力」を育むことが学校教育にとって急務であるという認識が示された。「生きる力」として規定されるこの資質・能力の育成は，以下の3つの柱に沿って実現される。

①生きて働く「知能・技能」の習得
②未知の状況にも対応できる「思考力・判断力・表現力等」の育成
③学びを人生や社会に生かそうとする「学びに向かう力・人間性」の涵養

　そして，改訂案においては，生徒たちが「どのように学ぶのか」に着目し，学びの質を高めていくためには，「主体的・対話的で深い学び」を可能とするアクティブ・ラーニングの実践が不可欠であると示されている。ここでは，「主体的」「対話的」「深い」という3つの点がアクティブ・ラーニングを特徴づける鍵概念として提示されている（「深い」については，後述する）。
　一般にアクティブ・ラーニングは，ディスカッションや問題発見・解決型学習，体験学習をはじめとする様々な技法を通して実践される。これらの技法は，授業の主導形態やアクティブ・ラーニング型授業としての戦略性といった観点から，以下の表のように整理することができる。この表に示されているように，アクティブ・ラーニングは，コメントシートや小テストをはじめとした教員主導・講義中心型のものから，問題発見・解決型学習やチーム基盤学習といった学生主導型のものまで，幅広い技法を通して展開されるものである。

主導形態	教員主導・講義中心型		学生主導型
アクティブ・ラーニング型授業としての戦略性	低	中〜高	高
技法	・コメントシート／ミニットペーパー ・小レポート／小テスト ・宿題（予習／演習問題／e-learning 等） ・クリッカー ・授業通信	・ディスカッション ・プレゼンテーション ・体験学習	・協調学習 ・調べ学習 ・ディベート ・ピアインストラクション ・フィールドワーク ・チーム基盤学習 ・問題発見・解決型学習

（溝上，2014, p. 71を改変）

第15章　英語教育におけるアクティブ・ラーニングの実践とICTの活用

■ アクティブ・ラーニングの限界とディープ・アクティブ・ラーニング

　このように，アクティブ・ラーニングは，英語教育を含むこれからの教育を考える上で欠かすことのできない考え方であり，これまで多くの教育機関において実践が行われている（永田・林，2016）。例えば，東京大学教養学部が平成20年より展開しているALESS（Active Learning of English for Science Students）と呼ばれるアクティブ・ラーニング型の英語教育プログラムや，新潟大学歯学部におけるPBL（問題発見・解決型学習）を中核とした学習プログラム，立教大学におけるアクティブ・ラーニングに基づいたリーダーシップ教育といった実践において，アクティブ・ラーニングの成果が報告されている。

　しかし，アクティブ・ラーニングの導入が成功したケースと同時に，様々な問題点も指摘されている。具体的には，グループ活動におけるフリーライダー（積極的に活動に関与せず，他のメンバーの働きに乗じる者）の出現や，グループワークの非活性化，思考と活動に乖離のあるアクティブ・ラーニングといった問題が挙げられる（森，2015）。その中で最も大きな問題として挙げられるのが，グループワークやディスカッションといった外的な活動のあり方に重きを置くあまり，その活動を遂行する上で求められる知識がなおざりにされてきたというものである。例えば，プロジェクト型活動やディベートなど，一見生徒が能動的に活動しているように見える授業において，必ずしも知識が十分な形で活用されていないケースがある。これは，アクティブ・ラーニングという概念が，教員による一方向的な知識伝達型授業へのアンチテーゼとして提示された背景にも関係する。

　エンゲストロームは，学習のプロセスを，「動機づけ—方向づけ—内化—外化—批評—コントロール」という一連の行動からなる「学習サイクル（learning cycle）」として記述している（Engeström, 1994）。ここでポイントとなるのが，「内化」と「外化」というプロセスである。内化とは，学習者が与えられたインプットを知識として習得することを指し，外化とはその知識を実際の問題に適用して解決を試みる行為を指す。知識の習得に終始する「外化のない内化」が意味を成さないのと同様に，活用すべき知識がないまま活動をさせる「内化のない外化」も意味を成さない。この点からこれまでのアクティブ・ラーニングの実践を振り返ると，外的活動（外化）のあり方に目を奪われるあまり，知識の内化を保証する視点が十分ではなかったと言うことができるだろう。「ディスカッションやプレゼンテーションといった活動をすればアクティブ・ラーニングになる」といった誤った見方が依然として存在することも，この証左である。したがって，アクティブ・ラーニングが十全なものとして機能するためには，いかに内化と外化のバランスを図るのかという問いに対する明確な答えが提示されなければならない。

　以上のようなアクティブ・ラーニングの問題点を踏まえ，近年提唱されているのが，ディープ・アクティブ・ラーニング（Deep Active Learning: DAL）という考え方である。ここで言う「ディープ」とは，生徒による「深い学習」と「深い理解」及び活動に関する「深い関与」

といった概念を包含するものだ。松下 (2015) は, 学習を「外的活動」と「内的活動」という2つの軸からとらえ, それぞれにおける活動の程度を考慮したモデルを提示している。

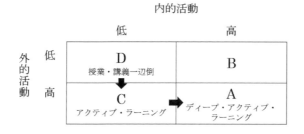

　この図において, Dのセルに該当するのが, 従来の講義一辺倒の授業である。ここでは, 生徒たちが教員の授業を受動的に聴くのみという点において外的活動の程度が低く, 同時に内的活動の程度も低いものとなっている。これを踏まえ, ディスカッションや協調学習といった活動を採り入れたアクティブ・ラーニングが, Cのセルに相当する。しかし, 上述した通り, ここでの問題点は, 外的活動の程度が高くなった一方, 依然として内的活動の程度が低い状態にとどまっているという点である。そこで, 外的活動と同時に内的活動の程度を高めることをねらいとしたディープ・アクティブ・ラーニング (セルA) へのシフトが求められているのだ。

▍「深い」学習をどのように実現するのか―学びの「動詞」に着目して

　では, ディープ・アクティブ・ラーニングが目指す「深い学び」や「深い理解」はどのように担保されるのであろうか。Biggs & Tang (2011) は, 学習活動の「動詞」に着目し, 「浅い」アプローチと「深い」アプローチを特徴づける試みを行っている。彼らによると, 以下に示されているように, 「記憶する (memorize)」や「文章を理解する (comprehend: sentence)」, 「記述する (describe)」といった動詞によって特徴づけられる学習活動が「浅い」アプローチであるのに対し, 「関連づける (relate)」や「説明する (explain)」, 「離れた問題に適用する (apply: far problems)」, 「振り返る (reflect)」といった活動から成る学習は「深い」アプローチとなる。ここで注目すべきは, 深いアプローチは, 浅いアプローチに含まれる動詞を包含したものとしてとらえられている点である。

第15章 英語教育におけるアクティブ・ラーニングの実践とICTの活用

学習活動	「深い」アプローチ	「浅い」アプローチ
●振り返る (reflect) ●離れた問題に適用する (apply: far problems) ●仮説を立てる (hypothesize) ●原理と関連づける (relate to principle) ●身近な問題に適用する (apply: near problems) ●説明する (explain) ●論じる (argue) ●関連付ける (relate) ●中心となる考えを理解する (comprehend: main ideas)	↑	
●記述する (describe) ●言い換える (paraphrase) ●文章を理解する (comprehend: sentence) ●認める・名前を挙げる (identify, name) ●記憶する (memorize)	↓	↕

（Biggs & Tang (2001), Figure 2-1 (p. 29) の一部を翻訳・作成）

　学習活動の「動詞」に着目するこの枠組みは，教員が自らの授業を省みるにあたり，「深い」アプローチに含まれる活動がどの程度反映されているのかを確認することを可能とするという点で有益なものであるが，以下のような問題点も残されている。

- それぞれの動詞による活動を通し，どのように知識が内化されるのか（概念が形成されるのか）が明らかではない。例えば，「仮説を立てる」や「離れた問題に適用する」ことを通し，知識がどのように変容するのかが不明確である。
- それぞれの動詞を，「深さ」という尺度において同列に扱うべきかについて疑問が残る。例えば，「関連づけながら＋記憶する」や「原理と関連づけながら＋記述する」という行為を通して，浅いアプローチに分類される「記憶する」や「記述する」に深みが出ることも考えられる。また，「仮説を立てて→論じる」や「中心となる考え方を理解して→離れた問題に適用する」といったように，行為間の連続性（時間的な関係）に着目することも可能である。
- 「比較する」や「要約する」「一般化する」といった学習において必要不可欠な動詞が含まれていない。

　このように，単純に動詞を「浅い―深い」という次元で議論することには限界はあるが，アクティブ・ラーニングを実践する上で学びの深さという視点を採ることは有効であろう。次節では，今後の英語教育を語る上で必要不可欠なもう1つの鍵概念であるICTの活用について見ていきたい。

■ ICTと英語教育

　ICTとは，インターネットやGPSをはじめとした情報とコミュニケーションに関する技術

及びその産物（デバイスやサービス，コンテンツ，アプリ，AI ロボット，自動運転，遠隔教育など）を表す用語である。ICT は日進月歩の勢いで加速度的に進歩しており，パソコン1つを取って見ても，わずかな期間で desktop から laptop, palmtop, wearable のように急速な変化を遂げている。

　ICT の中で極めて大きな役割を果たすのがインターネットであり，その出現は情報の流れや組織のあり方，そして学びのあり方に劇的な変化をもたらした。インターネットが登場する以前は，情報の発信者と受信者の間には一方向的な関係が存在していたが，インターネットをはじめとする ICT の発達は，同時性・同場性の最大拡張（いつでも，どこでも，誰とでも）を可能とし，社会の情報構造を自律分散協調（フラットな構造）的なものへとシフトさせつつある。今や，サイバー・スペース（cyber space）は情報の宝庫であると同時に，双方向的なやりとりを通してコミュニティが形成される場となっている。まさに，マーシャル・マクルーハンが言う"グローバル・ビレッジ（Global Village）"が現出しているのである。SNS (social networking service) や Skype, YouTube, データマイニング (data mining), クラウド・コンピューティング (cloud computing), IoT (Internet of Things) などは，現在のわれわれの生活にとって欠かすことのできないものであり，それらを活用する力を育成することは，英語教育に限らず教育全般の主要な柱の1つとなっている。

　ICT の急速な進歩は，英語教育に対しても大きな影響を与えてきた。LL 教室は今や CALL (Computer-Assisted Languege Learning) 教室に取って代わられ，さらにスマートフォンやタブレットを活用した MALL (Mobile-Assisted Language Learning) や NBLT (Network-Based Language Teaching) といった概念も提唱されている（見上・西堀・中野，2011）。ICT を活用することで，従来の教室内における授業ではなし得なかった様々な教授・学習のあり方が可能となり，生徒及び教員にとってより魅力的な授業をデザインし，実践することができるようになった。英語教育においてICT を活用する利点としては，以下のようなものが挙げられる。

- 生きた（authentic）素材を扱うことができる。
- 様々なメディアの特性を活かし，組み合わせたメディア・ミックス型の授業を展開することができる。
- 教員による一方向的な授業ではなく，学習者と教員のインタラクションを重視した授業を展開することができる。
- 学習の進捗状況や履歴をリアルタイムで確認することができる。
- e-learning 等，授業時間の枠に縛られない学習ができる。
- 板書や教材の配布・回収などをペーパーレスで行うことができ，授業の効率化を図ることができる。

第15章 英語教育におけるアクティブ・ラーニングの実践とICTの活用

- 授業内の情報共有が容易になる。
- 作品をウェブ上にアップロードして公開・共有するなど, 英語の学習者から使用者への転換が促される。

　このように, ICTの活用は, 主に教室内で完結していた英語学習の可能性を広く外に開き, 生徒をよりひきつける学習を可能とする。教員側にとっても, 出席確認や板書, 教材の配布・回収に割かれる時間を短縮し, 授業時間をより効率的に用いることが可能となる。

　しかし, ここで問わなければならないのが, ICTを活用したある種の「劇場的な面白さ」が, どのような学習効果を生むのか, そして, 教員が長期的な展望をもってICTを活用しているかという点である。換言すれば, 原理 (principle) に基づいてICTが活用されているか否かが問われなければならない。ICTを英語教育に対する補助手段 (addition) としてとらえるか, 変革を起こすもの (innovation) としてとらえるかによって, 英語教育のあり方が大きく異なるからである。前者が授業の補助手段や, 学習の場の創設の手段としてICTを用いることを指す一方, 後者は教育改革の手段としてICTを活用することを指す。アクティブ・ラーニングの議論で見たように, 外的活動がアクティブであること (hands-on) は, 必ずしも内的活動がアクティブであること (minds-on) を保証しない。つまり, ICTを活用することにより, 必ずしも学習がアクティブで教育効果の高いものになるわけではないのである。したがって, ICTは学習を活性化し, 本来のアクティブ・ラーニングを可能にすることに資するものとして用いられなくてはならない。

アクティブ・ラーニングとICTの活用を英語教育においてどのように実践するか

　では, アクティブ・ラーニングやICTの活用を実践する上で求められる「原理」とは何であろうか。結論を先に言えば, それはエクササイズ論 (第8章参照) である。エクササイズは英語教育の本丸であり, 様々なエクササイズを通して生徒の英語コミュニケーション力の育成が図られる。第3章で見たように, コミュニケーション能力は言語リソースとタスク処理の観点から記述されるものであり, エクササイズは, 学習者の言語リソースの充実化とタスク処理力の向上を実現することを目標としてデザインされなければならない。したがって, 英語教育においてアクティブ・ラーニング及びICTの活用を実践する上では, 「何をねらいとして, どのような素材を提示し, どのような活動を, どのようなメディアを通して行うことにより, 言語リソースの充実化とタスク処理力の向上を図ることができるのか」という問いが出発点とならなければならない。

　以上の議論を踏まえ, アクティブ・ラーニングとICTの活用を意識した英語教育の具体的なあり方について指導例を通して考察していきたい。以下は, 言語リソースに注目した2つの指導例である。

Part 3 英語力を育むための実践的指導

【指導例①】

オブジェクティブ（ねらい）	現在分詞と過去分詞の違いに対する気づきを高め，理解する。
マテリアル（素材）	野球の実況中継の動画
メディア（ICTの活用）	YouTube
学習活動（エクササイズ）	①動画を視聴しながら実況者による"Going, going, gone!"の部分を書き取り，ペアで答え合わせをする。その後，なぜgoingとgoneという異なる形が用いられているかについて意見を交換する。 ②"Going, going, gone!"と同じ形で表現できる動詞をペアで考え，クラスに発表する（例：Burning, burning, burned!など）。

　指導例①は，動詞の現在分詞と過去分詞の違いに対する気づきを高め，理解することをねらいとした活動である。一般に現在分詞は「何かをしている状態」を表し，過去分詞は「何かがなされた（し終えた）状態」を表すものとして解説されるが，YouTube上の実際の野球中継というauthenticな素材を用いることで，リアリティを伴ってその違いを感得することが可能となる。また，表現の書き取りや，同じ型で用いることのできる動詞を考えるといった活動では，ペア活動を通して協調学習やピアインストラクションといったアクティブ・ラーニング的な要素が活かされている。

【指導例②】

オブジェクティブ（ねらい）	基本動詞breakの意味について意識を高める
マテリアル（素材）	break＋16個の名詞（breakの目的語になるものと，ならないものを含める）
メディア（ICTの活用）	クリッカー，PowerPointスライド
学習活動（エクササイズ）	PowerPointを使って16個の名詞（英語）及び画像を提示し，それをbreakすることができるか否かの判断を，クリッカーを使ってリアルタイムで集計し，クラスで共有する。

　指導例②は，基本動詞breakに焦点を当てた活動である。breakの目的語となる名詞を提示し，それらがbreakableであるか否かを判断させることを通し，breakを「使い切る」力を育成することがねらいである。名詞を提示する際は，PowerPointなどのスライドを用い，文字だけでなく，画像を示すことにより，authenticな素材にすることができる。

215

第15章 英語教育におけるアクティブ・ラーニングの実践とICTの活用

　判断の結果は，クリッカー（生徒の反応をリアルタイムで集計し，提示することができる機器）を用いて即座に集計され，生徒にフィードバックされる。このことにより，協調的でアクティブな学習空間を創出することができる。また，自分の意見がリアルタイムに直接反映されるため，personalな活動でもある。クリッカーを用いる代わりに，個人で判断をさせた後，ペアまたはグループで結果を比較し合い，意見交換をさせるといった活動を採り入れることも可能である。

　次に，タスク処理及びその遂行において求められるスキルの養成に焦点を当てた2つの指導例を見てみよう。

【指導例③】

オブジェクティブ（ねらい）	ライティングにおける自己編集力を高める
マテリアル（素材）	各自が作成したライティング課題
メディア（ICTの活用）	オンライン掲示板またはSNSのグループ・チャット
学習活動（エクササイズ）	①作成したライティング課題をオンライン掲示板にアップロードし，他の生徒がその内容や文法・語彙・表現や内容構成等の観点からコメントを投稿する。 ②投稿されたコメントを踏まえ，自己の作品を修正し，完成作品を再度アップロードして共有する。

　指導例③は，ライティングを通して自己編集力を高めることをねらいとした活動である。一般的にライティングの場合，提出された作品を教員が読み評価をした後，個別にフィードバックを与えて終了という流れとなることが多いが，この指導例はアクティブ・ラーニングとICTの活用の視点からそれをさらに発展させたものである。各生徒は自己の作品をクラスのオンライン掲示板にアップロードして共有すると同時に，他の生徒の作品を読み，コメントを投稿することを求められる。他の生徒の作品を読んで理解し，文法・語彙・表現の観点や内容構成等の観点から分析することを通し，自分の作品をよりよいものとするための気づきを得ることができる。生徒同士のやり取りを見た教師がコメントを投稿することにより，さらに深い学びが可能となる。オンライン上で生徒同士が作品を批評し，インタラクションを行うこの活動は，協調学習やピアインストラクションといったアクティブ・ラーニングの要素を採り入れたものである。また，活動の素材は生徒自らが作成した作品であるため，MAP（meaningful, authentic, personal）の条件を満たしたものと言える。

216

Part 3 英語力を育むための実践的指導

【指導例④】

オブジェクティブ（ねらい）	プレゼンテーション・スキルの向上
マテリアル（素材）	プレゼンテーション原稿, TED Talks の動画
メディア（ICT の活用）	TED Talks, タブレットまたはスマートフォン
学習活動（エクササイズ）	①TED Talks の中から自分が興味・関心をもったプレゼンテーションを視聴し, プレゼンテーションの構成や技法, 採り入れたい表現等の観点から, 気づいたことをワークシートに記入する。 ②ワークシートの内容を意識し, プレゼンテーションの練習を行う。その際, タブレットやスマートフォンを利用して動画を撮影する。 ③撮影した動画を見ながら, プレゼンテーションの構成や技法について振り返りを行い, 練習を重ねる。 ④小グループでプレゼンテーションを行う。聴衆が記入した評価表は, 発表者に手渡される。 ⑤小グループでの練習を踏まえ, クラス全体の前で発表を行う。

　指導例④は, プレゼンテーション力の向上をねらいとした活動である。TED Talks にアップロードされている数多くのプレゼンテーション動画の中から, 自己の興味・関心に基づいて複数のものを選ばせ, プレゼンテーションの構成や技法などについての気づきを喚起させることが最初のステップとなる。TED Talks を用いることにより, プロのプレゼンターたちが用いるプレゼンテーションの構成法や技法を, 彼らの息遣いを含めて体感することができる。ここでは, ただ漠然と動画を視聴するのではなく, どのような点に着目するべきかという枠組みをワークシートの形で生徒に与え, 生徒たちが自己の言葉で記述するという外化を伴う活動である点が重要となる。この活動の後, プレゼンテーションの練習に移るが, その際はタブレットやスマートフォンを活用して録画を行い, それを見ながら省察を行うことで, 自己を客観的に見つめる機会を提供できる。個人単位での練習が終了した段階で, 小グループでの発表練習を行うが, ここでは少人数であることによって本番へのレディネスを高めると同時に, 互いの発表について意見交換を行うといった協調学習が行われる。最後に本番としてクラスの前で発表を行うが, ここでも聴衆が評価表を記入し, 発表者に手渡すことを通して更なるプレゼンテーション力向上のためのステップとする。

　ICT やアクティブ・ラーニングが本領を発揮するのが, リサーチ, ディスカッション, プレゼンテーションを軸としたプロジェクト型学習である。ICT は, リサーチを行う, ディスカッショ

第15章 英語教育におけるアクティブ・ラーニングの実践とICTの活用

ンのアイディアを得るといった場面に加え，プレゼンテーションの仕方を学んだり，海外の学校とのジョイント授業をしたりする際にも活用することで学習の質の向上を促すが，重要な点は，どのような場面で，どのような目的のために活用・実践するのかという視点をもつことである。

リサーチ	● インターネットを使い必要な情報を検索する。 ● リサーチテーマに関するMOOC (Massive Open Online Course)で視聴可能な講義を聴き，理解を深める。
ディスカッション	● オンライン掲示板やSNSのグループを活用し，授業時間内外を含めて意見交換を行う。 ● 海外の学校とビデオ会議を行い，テーマについて議論を行う。
プレゼンテーション	● 各自がパソコンまたはタブレットを用いて担当箇所のPower Pointファイルを作成し，クラウド上で共有する。ファイルを統合し，1つの作品に仕上げる（協同執筆）。 ● TED Talksを視聴し，プレゼンテーションの構成や技法等についての理解を深める。

　以上のように，アクティブ・ラーニングの実践とICTの活用を採り入れることにより，教室を「主体的・対話的で深い学び」の場にすることが可能となる。まずアクティブ・ラーニングやICTありきではなく，活動のねらいや素材を明確にした上で，両者をどのように効果的に採り入れることができるかを考える姿勢が肝要である。実際に活動が始まると，学習の主体は生徒自身に移るため，教員は活動を支援するファシリテーターとしての役割を担うことになる。しかし，活動を円滑に進めるためには，どのようなステップで，どのような活動を行い，生徒がどのような反応をするか等について入念に検討し，シミュレーションを行うことが求められる。換言すれば，授業の「仕込み」段階が極めて重要な役割を果たすことになるのである。

■ おわりに

　本章では，これからの英語教育におけるアクティブ・ラーニングとICTの活用のあり方について議論を行った。アクティブ・ラーニングは，学習の主体を教員から生徒にシフトさせることにより，主体的・能動的な学習を可能にするという点において，教育における大きなパラダイム・シフトとなる。しかし，発表やディスカッションなどの外的な活動に目を奪われるあまり，その遂行に必要不可欠な知識の内化という側面がなおざりにされてきたという問題点を抱えている。そこで近年注目を浴びているのが，学習の「深さ」に光を当てたディープ・アクティブ・ラーニングという発想である。確固とした知識を踏まえた上で，アウトプ

ットを中心とする活動に取り組むことで，従来のアクティブ・ラーニングの問題点を克服することが期待されているこの考え方は，英語教育に限らず今後の教育において重要な役割を果たすだろう。

アクティブ・ラーニングを実践する上で必要不可欠なのが，ICTの活用である。本章では，英語教育におけるICTの可能性を議論し，その有用性を確認した。その際に忘れてはならないのは，ICTはあくまでも教授・学習のメディアであり，それを通して身につけるべき知識・能力や，学習理論について教員が確固とした視点をもつことである。第3章で見た言語リソースとタスク処理から成るコミュニケーション能力理論をはじめ，第8章のエクササイズ論（オブジェクティブ，マテリアル，メディア）といった英語教育における理論的枠組み（原理）を踏まえた上で，授業のどのような局面でどのようにアクティブ・ラーニングやICTを活用するのかという視点をもつことで，場当たり的なものではなく，真の学びが行われる空間を創り出すことができるだろう。今後，アクティブ・ラーニングやICTを活用した英語教育実践の知見が数多く蓄積されることになるが，上記の点を意識してそれらを検証していかなければならない。

（森本　俊）

■ 読書案内

松下佳代（編著）（2015）『ディープ・アクティブ・ラーニング　大学授業を深化させるために』勁草書房.

アクティブ・ラーニング及びディープ・アクティブ・ラーニングの理論的枠組みと様々なフィールドにおける試みを網羅。アクティブ・ラーニングを授業に採り入れたい教員にとって必読の書。

見上晃・西堀ゆり・中野美知子（編）（2011）『英語教育学体系第12巻　英語教育におけるメディア利用―CALLからNBLTまで』大修館書店.

CALLやNBLTをはじめとするメディアを活用した英語教育のあり方を理論，実践両面から解説した好著。CALL教室を積極的に活用したいという教員にとって多くの示唆に富む内容となっている。

第**16**章

ICTを活用した英語学習
CALLとMALLに焦点を当てて

本章のポイント

（1）これからの英語教育・学習は，ICTの存在を抜きに語ることができない。
（2）ICTを活用した授業を行う際は，そのメリット及びデメリットを理解することが求められる。
（3）ICTはあくまでもメディアであり，エクササイズ論をはじめとする原理に裏打ちされてはじめて効果的に用いることができる。

キーワード

ICT, CALL, MALL

■ はじめに

　近年，情報通信技術（Information and Communications Technology: ICT）の目覚ましい進化と情報化社会の進展に伴い，英語学習を取り巻く環境も大きく変化している。2013年4月に公表された「成長戦略に資するグローバル人材育成部会提言」では，政府は2020年までに小中学校の生徒1人に1台のタブレット端末を整備し，全教師が児童・生徒の発達段階に応じたICT活用力を身につけるという目標が掲げられた。さらに，文部科学省が2011年4月に公表した「教育の情報化ビジョン」においても，2020年を目標に全国の小学校・中学校・高等学校・特別支援学校で，すべての子どもたちが情報端末を用いて授業を受けられるようにすることが目標とされている。さらに，2020年度からの次期学習指導要領の実施にあたり，デジタル教科書が小学校で2020年度，中学校で2021年度，高等学校で2022年度から導入されるという方針が示されている。

　また，2014年にベネッセ教育総合研究所が実施した「中高生のICT利用実態調査」によれば，高校生はほぼ全員，中学生も9割弱が日常的にインターネットを利用している。自分専用のスマートフォンの所有率は，中学生1年生で24.5%，中学2年生で25.6%と依然低い数字ではあるが，中学3年生になると48.8%になり，高校生では80%を越えている。このように，中高生の生活の中で，ICT化は加速度的に進んでいる。

　一方，文部科学省の「平成26年度 学校における教育の情報化の実態等に関する調査結果（概要）」によれば，2015年3月1日現在，公立学校（小学校，中学校，高等学校，中等教育学校，特別支援学校）における教育用コンピュータ1台あたりの児童・生徒数は

Part 3 英語力を育むための実践的指導

6.4人，47都道府県で最も多い佐賀県でも2.6人となっている。このように，学校における
ICT環境の整備は，必ずしも十分とは言えない状況にある。

　今後，社会のICT化はますます進み，その存在を抜きに英語教育を議論することがで
きない状況になるだろう。1960年代に普及したLL（Language Laboratory）教室は
今やCALL（Computer-Assisted Language Learning）教室に取って代わられ，
近年ではモバイル機器を活用した外国語学習（Mobile-Assisted Language
Learning: MALL）という概念も注目を浴びている。本章では，まずCALLを活用し
た指導例を紹介し，そのメリットとデメリットを整理する。そして，モバイル機器を活用した
英語学習であるMALLの可能性について議論を行いたい。

■ CALLシステムを活用した指導

　第8章で見た通り，メディアは大きく表現メディアと道具メディアに大別される。前者は，言
語や音楽，絵画等，それ自体が表現としてメッセージを表すのに対し，後者はコンピュータ
やスマートフォンなど，それ自体では表現にはならないものを指す。CALL教室には，コン
ピュータ（教員用・学習者用）やDVDプレイヤー，プロジェクタとスクリーン，教室内ネット
ワーク，CALLシステム等が設置されているが，これらはいずれも道具メディアであり，学
習を媒介するものである。

　CALLシステムには，以下の表のように，授業支援機能をはじめとする数多くの機能が
搭載されており，従来の「チョーク＆トーク」（Chalk & Talk）型の授業と比べてよりイン
タラクティブで効率的な授業を展開することが可能となる。

教員側		学習者側	
授業支援機能	・出席管理機能 ・遅刻者対応機能 ・AV制御機能 ・画面送出先選択機能（プロジェクタ，学習者間モニタ，学習者PCモニタ） ・オンデマンド機能 ・ペアレッスン機能 ・グループレッスン機能 ・ファイル操作機能（ファイル配信／回収） ・音声回収機能 ・アナライザ機能 ・教材作成（編集）機能 ・教材の蓄積機能（音声，動画）	コミュニケーション機能	・コール ・チャット機能

221

第16章 ICTを活用した英語学習──CALLとMALLに焦点を当てて

コミュニケーション機能	・モニタリング（個別，オート） ・インターカム（個別，グループ） ・モデル送信 ・オールコール ・コールレスポンス（質問受付機能）	課題提出機能	・ファイル提出機能 ・音声提出機能
学習者PC制御機能	・一斉電源オン／オフ，再起動，ログオフ ・アプリケーションリモート起動／終了 ・学習者操作パネル利用制限 ・キーボード／マウスのロック ・キーボード／マウスのリモート操作 ・ブラックアウト ・音声スピード調整設定 ・マーキング機能	個別学習支援機能	・音声／動画教材視聴機能 ・オンデマンド教材再生機能 ・音声動画再生速度可変機能 ・音声動画リピート再生機能 ・音声個別録音機能 ・動画アフレコ機能 ・音声波形表示機能 ・パート練習機能 ・シャドーイング機能

（見上・西堀・中野，2011, p. 64及びp. 69を基に作成）

　　ここで，上記の機能を活用したCALL型授業の展開例を紹介したい。本事例は筆者が大学生を対象にして行ったものだが，中学生や高校生を対象としてアレンジすることが可能である。

授業内容：　リスニング，リーディング，スピーキング，ライティングを総合的に強化する
教材：　　　Word形式の教材
環境：　　　CALLシステム，PC（人数分の台数），プロジェクタ（1台），スクリーン（1台）
学習ツール：動画学習ツール
使用ソフト：Word，PowerPoint
準備物：　　授業で使用する教材をWord（必要に応じてPowerPoint）で準備する

授業の進め方
Step 1
モード（技能）：リスニング
活動形態：　　PCを使い，個々のペースで作業を行う。

Part 3 英語力を育むための実践的指導

展開イメージ： まず，テキストを見ずにリスニングを行う。次に，以下のような教材を配信し，
音声を聞きながら重要語句を問う空欄補充問題を行う。

Listening

Staying with Samsung, and it's (　　　　) a pioneering system that
(　　　　) road safty. It's a simple idea to help you see what's ahead
if you're driving behind large trucks. A wireless camera (　　　　)
the front of the truck and replays the view of the road ahead
(　　　　) on the back. Drivers following behind can see when the
road is clear and it's safe to (　　　). This is an early ...

Wordで作成したリスニング教材の一部

Step 2

モード（技能）： リーディング

活動形態： 個人→ペア→クラス全体。ペアワークの時は，マイク付きヘッドホンを通し
てコミュニケーションを図る。

展開イメージ： ①個人単位で英文にチャンキングを施し，次にマイク付きヘッドホンを通し
てペアとチャンキングを確認しながら，英語的な発想でチャンク訳を作
成する。
②ペア活動後，以下のように教材をスクリーンに映し出し，クラス全体で文
章の内容・構成や重要語句・文法項目等を確認する。

Chunk Reading & 試訳

Staying with Samsung,
引き続き　サムスンのニュースです。
and it's unveiled a pioneering system
それで　同社は　公表しました　先駆的なシステムを
that could improve road safety.

It's a simple idea to help you see what's ahead

チャンク訳は，見えないように文
字の色を白にしてあり，色を変更
しながら確認を進める。

if you're driving behind large trucks.

Wordで作成したチャンクリーディング教材の一部

223

第16章　ICTを活用した英語学習——CALLとMALLに焦点を当てて

ここまでの段階で，以下のような点に留意したい。

- 出版社によっては購入した教科書をWord形式で配布してくれるので，入手しておけば本文を打ち込む手間を省くことができる。教科書を採択する際，確認しておきたい。

- Wordの機能を利用して，学習者に注目してもらいたい語句，文法項目等に色をつけておくとよい。筆者の授業では，語句は緑色に，文法項目は赤色にしている。

- 英文をチャンキングすること（文章をチャンクごとに分けること）によって，文章の構造をより明確に理解することができる。また，チャンキングを行うことで英語の流れを自然と追うことができ，英文の理解が促される。このように，ICTを活用した英語学習と改行チャンキングの相性はよい。（チャンキングに関しては，第11章を参照）

- 生徒に白紙の紙を配布し，ペアでチャンキングを施すように指示することで協働を可能にし，アクティブ・ラーニングの要素を採り入れた学習活動を展開することができる。

- 以下のように，PowerPointの「アニメーション」→「スライドイン」→「効果オプション」の「右から (R)」を設定すると，英語的な文章の流れを感じながら，読解をすることができる。

Staying with Samsung,
引き続き　サムスンのニュースです
and it's unveiled a pioneering system
それで　同社は　公表しました　先駆的なシステムを
that could improve road safety.
◀━━━━━━━　そして　それは　改善するかもしれない　道路の安全性を

PowerPointを利用した教材の一部

Step 3
モード（技能）：スピーキング
活動形態：　　個人
学習ツール：　動画学習ツール
展開イメージ：　動画学習ツールを使って，リピーティング→オーバーラッピング（パラレルリーディング）→シャドーイング→録音→音声ファイル作成の順番で練習を行う。

Part 3 英語力を育むための実践的指導

動画学習ツールの例（CaLabo EX, チエル株式会社）

Step 4
モード（技能）：ライティング
活動形態：　　個人→クラス全体
展開イメージ：　①以下の教材を配布し，個人単位で英作文を行う。
　　　　　　　　②クラス全体で，英文の重要事項を再確認する。

英作文

Staying with Samsung,
引き続き　サムスンのニュースです。
and _____
それで　同社は　公表しました　先駆的なシステムを
that could improve road safety.
で　それは　改善するかもしれない　道路の安全性を
It's _____
それは　単純な発想です　助けるための　あなたが　前方を見るのを
if you're driving behind large trucks.
もし　あなたが走っている場合　大型トラックの後を

英作文の教材の一例

このように，CALLシステムを利用すれば，学習者主体で4つのモード（4技能）を総

第16章 ICTを活用した英語学習――CALLとMALLに焦点を当てて

合した学習活動が可能になるだけでなく，個人の学習時間を通常授業よりもかなり長く確保することができる。さらに，バリエーション豊かな活動を行うことで，学習者の集中力を維持することにもつながる。

■CALLシステムを使った学習のメリットとデメリット

CALLシステムを活用することにより，普通教室では実現することが困難であった，マルチメディアを駆使したインタラクティブな授業をデザインし，実践することが可能となる。しかし，当然のことながらそこにはメリットとデメリットが存在し，教員には両者について十分な理解をもつことが求められる。以下は，学習者側及び教師側の視点から見たCALLのメリットである。

項目	学習者側	教師側
学習・指導のあり方	アクティブ・ラーニングやブレンディッド・ラーニング（モバイル技術と非モバイル技術を組み合わせた学習）が可能になるため，教師主導の講義形式に比べ，より主体的に学習活動に取り組むことができる。	自由に使える時間を確保することができ，机間巡視をしながら学習者に声を掛け，質問に答えるなど，個々のニーズに応じたきめ細かい支援ができる。
学習速度	学習者が自分のペースで，自分のニーズに合わせて学習を進めることができる。	教師用モニタを通して，個々の学習者の学習進度をリアルタイムに把握することができる。
学習履歴管理	学習者が自分の行った活動内容をWordファイルや音声ファイルとして保存することができる。そのため，見直しや，やり直しが容易にできる。	学習者が作成したファイルを回収・保存することができる。
インターネットの利用	学習者が必要に応じて，オンライン辞書などのWebサイトにアクセスでき，情報を得ることができる。	利用できるWebサイトの制限をすることができる。制限をしない場合も，教師用の画面に各学習者の活動状況が表示されるため，管理することができる。

協働学習	毎回異なる相手とペアやグループを組むことにより，適度な緊張感をもって活動に取り組むことができる。	ペアやグループをボタン1つの操作で作ることができるため，人や机などの移動に必要な時間を節約することができる。
出席管理		出席管理機能を使って，出席，遅刻，欠席の状況を自動集計し，履歴ファイルとして保存することができる。
教材管理	デジタル教材のため，教材の紛失などを防ぐことができる。必要に応じて何度でも印刷することができるため，予習や復習をしやすい。	ファイル管理機能を使って，用意したファイルを配布，回収（提出）でき，ペーパーレスの授業を展開できる。
教材の質	MAP (Meaningful, Authentic, Personal) な学びが可能となり，より主体的に学習に取り組むことができる。（MAPに関しては，第8章を参照）	様々なメディアを組み合わせることにより，紙ベースにとらわれず，MAPな教材や活動をデザインすることが可能となる。

　以上のように，CALLを活用することで，MAPの条件を満たす教材の提供やインタラクティブな学習活動の展開，効率的な授業運営といったメリットがもたらされる。
　次に，デメリット及びその解決策について見ていきたい。

デメリット	解決策
CALLシステムの機能を最大限に利用できる市販の教材が少ない。そのため，教師が自分で作成しなければならない。	①教員間で作業を分担し負担を軽減する。 ②出版社にデジタルの教材をもらう。
サーバー等でトラブルが起きた場合，CALLシステム担当の人が常駐していなければ，教師が対応をしなければならない。	①使用する機能を絞り込み，最初は最も重要な機能から使い始め，徐々に機能を増やしていく。3年ぐらいの期間をもって習得することを勧める。 ②必要な機能がはっきりしている場合は，CALLシステムを提供している会社に説明を求める。

	③サーバーの調子がよくない場合などの緊急事態に備え，教材を作っておく。 ④トラブルに備え，PCの台数に余裕をもたせておく。2, 3台ほど余裕があるのが理想的である。
学習者に，タイピングをはじめとする基本的なコンピュータ・リテラシーが必要となる。	情報処理の授業で身につけるか，または自助努力で対応せざるを得ない。
CALL教室数や利用状況の問題で常に利用できるとは限らない。	現時点では，解決策の1つはCALL教室を増設することだが，費用の問題を考えれば，この問題を解決することは難しい。
教員間にCALLに対する意識の格差が存在する。	ワークショップや研修を通して共通理解を図る。

　上の表に見られるように，CALLを使った授業には，教室の利用状況（availability）や機器のトラブルへの対処，CALLに対する教員間の意思統一といった様々な課題がある。その中でも，CALL教室の利用状況は，多くの中学・高等学校の教員にとっては大きな問題である。CALL教室が英語の授業だけではなく，技術や情報，総合的な学習の授業等で用いられる場合も多い。また，あるクラスでは週3回CALL教室が利用できる一方，他のクラスは時間割の関係上週1回しか使うことができないといった状況も十分考えられる。その場合，クラスや教科間で偏りが出ないよう，時間割の作成の段階から調整を行うことが必要となる。

　また，CALL教室を利用した授業に対する教員間の意思統一も重要な問題である。生徒と同様，教員の間にも当然のことながらCALLに対する得手不得手が存在する。同じ学年を担当している教員間でCALLの使用頻度が異なったり，ある学年ではCALLを積極的に利用する一方，他の学年ではほとんど利用しないといった状況は避けなければならない。したがって，英語科全体でどのようにCALLを活用するかについての意思統一を図ることが求められる。CALLシステムの使い方や，授業のデザイン，展開の仕方などについても，教員研修等を通して共通理解を図り，習熟することが求められる。これらの課題の多くは，教員が単独で処理することが難しく，チームとして取り組むことが肝要である。

■ MALLの可能性

　スマートフォンやタブレット端末，電子書籍リーダー，MP3/MP4プレイヤーをはじめとするモバイル機器の所有率の上昇に伴い，近い将来1人に1台という時代が到来するだろう。英語学習においても，CALLに加えて学習者がモバイル端末を通して場所や時間を選ば

ず自由に英語の学習ができるMALL（Mobile-Assisted Language Learning）という学習形態がより一般化していくはずである。MALLの可能性については，これまで多くの研究が行われているが，Kukulaska-Hulme (2013) は，MALLを以下のように定義している。

"the use of mobile technologies in language learning, especially in situations where device portability offers specific advantages" (p. 3701)
（言語学習―特に機器の可搬性が特定の強みを発揮する場面―において，モバイル技術を用いること）
(筆者訳)

　以上に見られるように，スマートフォンやタブレットなどのモバイル機器は，CALL教室で用いられるデスクトップ型あるいはラップトップ型パソコンとは異なり，可搬性（ポータビリティ）を最大の特徴としている。そのことは，英語学習の場を教室内から外へ開き，「いつでも」「どこでも」「誰とでも」学習を行うことが可能となることを意味する。Herrington, Herrington & Mantei (2009) は，モバイル学習を実践する上で求められる11のデザイン原理（designing principles）を挙げており，以下はその中で英語教育に特に関連する9つのものである。

(1) Real world relevance	authenticな（現実世界に即した）文脈での学習ができる
(2) Mobile contexts	学習者がどこにいても学習ができる
(3) Blended	モバイル技術と非モバイル技術を組み合わせた多様な学習形態（ブレンディッド・ラーニング）を採り入れることができる
(4) Whenever	学習者がいつでも学習することができる
(5) Wherever	教室に限らず，学習者が学習することができる
(6) Whomsoever	個人だけではなく，協同で学習を行うことができる
(7) Affordances	モバイル機器がもつアフォーダンスを活かした学びを展開することができる
(8) Personalise	学習を自分事としてとらえることができる
(9) Produse* 　*Herrington他による造語	知識を得るだけでなく，それを活用することが可能になる

以上のように，MALLは，モバイル機器の特性を活かして (7)，学習者が「いつでも (4)」「どこにいても (2, 5)」「誰とでも (6)」英語を学ぶことを可能にする。そこでは，現実世界に即したauthenticな教材を通して (1)，モバイル技術と非モバイル技術を組み合わせた多様な学習を行うことができる (3)。そこでの学びは，単に知識を得ることにとどまらず，それを活用した情報の発信や，やり取りを可能とする (9)。その結果，学習者は学習を自分事としてとらえることができる (8)。

以上の議論を踏まえ，MALLの利点をまとめると，学習者にとっての「学びの空間 (learning space)」だけではなく，「使用のための空間 (using space)」を提供し，「学習履歴や進捗状況 (learning history) のモニタリング」を可能にすること，と言えるだろう (下図)。換言すれば，MALLを通して生徒は英語の「学習者 (learner)」と同時に「使用者 (user)」となり，学習の進捗状況をモニタリングすることによって「自律した (autonomous)」学習者になることが可能となるのである。

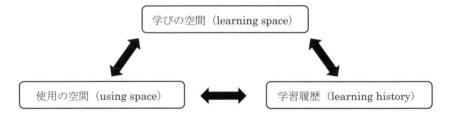

■ MALLを実践する際に考慮すべきこと

MALLはこれまでの英語学習のあり方に劇的な変化をもたらし，学習者にとってより魅力的で，取り組み甲斐のある学習環境を提供する。しかし，その実践に際し，いくつかの点について留意することが求められる。

第一に，現在の学習者の多くは「デジタル・ネイティブ」と呼ばれているが，必ずしもモバイル機器の取り扱いに習熟しているわけではない点に留意することが必要である。彼らの多くは，日常生活においてSNSでのやりとりや，アプリを使ってゲームを行うといったことを主な目的としてモバイル機器を使用しているため，「学習のために」どのようにモバイル機器を用いるのかという点について明確な理解を有していないことが考えられる。Stockwell and Hubbard (2013) は，"Simply owning the device — or even the software or app — may not necessarily be an indication that they [leaners] will automatically choose to use it for learning purposes, particularly when there is a link between that use and their online identity." (p. 5) と述べており，初期の段階からモバイル機器を学習のためにどのように用いるかについて丁寧な指導が必要であることを指摘している。

第二に，学習者の間には個々のモバイル機器や機能に対する慣れ・不慣れが存在することも多い。例えば，スマートフォンは持っているが，タブレットを使ったことがない，あるいはスマートフォンは持っているが，SNSを利用したことがない，といったケースである。加えて，スマートフォン上ではフリック入力で即座に文字を打つことができる一方，キーボード上では時間がかかるといった事例も往々に見受けられる。したがって，MALLを実践する際は，それぞれの機器の所有状況や習熟度について十分考慮し，学習のどの局面でどの機器や機能を使用するのかといった点を明確にすることが求められる。

最後に，MALLを実践するための環境や条件が整っているかを確認することが重要である。学校にスマートフォンやタブレットを持ち込むことが可能なのか，それを授業内で使用することは可能なのかについて，生徒指導部をはじめとする学校全体で共通理解を図ることが求められる。使用が可能な場合は，授業時にいかに生徒を学習活動に集中させるのかといった問題や，授業内外での適切な使い方の徹底といった問題を解決しなければならない。MALLは英語学習の自由度を拡げる一方，教員側にとっては授業を収拾させることを困難にするという面を持ち併せていることを認識しなければならない。

● おわりに

21世紀生まれの学習者にとって，パソコンやスマートフォン，タブレット端末は生まれたときから身近に存在しており，インターネットで情報を収集し，共有・発信することが当たり前になっている。このような情報環境を巡る大きな変化に伴い，英語教育の在り方，そして教師のあり方が問われている。今や好き嫌いにかかわらず，ICTを活用した英語学習を避けて通るわけにいかない時代なのである。

もちろん，すべてをデジタル化すればよいというわけではない。対面授業形式とオンライン形式を効果的に組み合わせることにより，それぞれの長所を生かすことができる。「A or B」という考え方ではなく，「A and B」の考え方で，CALLやMALLを教師がどのように活用し，対面型授業との融合を図るかという視点が重要である。また，CALLやMALLを活用する場合，どのような教授法や教材，学習活動が効果的なのか，教師がどのような役割を果たすべきなのかについて，今後も実証研究や授業実践を積み重ねることで検証していかなければならない。

竹内（2008）は，「CALLのようなメディア（あるいはテクノロジー）そのものが効果を引き起こすのではなく，むしろその利用方法と環境のあり方が効果を引き出すのである」（p. 2）と述べている。つまり，「何を目的に」，「なぜ必要で」，「どのように使うべきなのか」を吟味してはじめてICTを効果的に活用できるのである（p. 9）。前章のアクティブ・ラーニングの議論でも見た通り，ICTを無批判的・表面的に採り入れるのではなく，原理に基づいて活用することが求められるのである。ここでの原理は，言語リソースとタスク処理の連関から成るコミュニケーション能力モデルと，エクササイズ論である。ICTを用いた授業は，

第16章 ICTを活用した英語学習——CALLとMALLに焦点を当てて

外的にはアクティブに見えるが，そこに本当の意味での学びが生じているのか—活動を通してコミュニケーション能力の向上が図られているのか—という視点を失ってはならない。

　英語学習において，ICTは非常に有益な道具である。これらのツールをうまく使うことができるようになれば，ICTは間違いなく英語教育・学習を豊かにし，学習者だけでなく，教える側にも喜びや達成感をもたらすだろう。

（吉原　学・森本　俊）

■ 読書案内

竹内理（編著）（2008）．『CALL授業の展開—その可能性を拡げるために』松柏社．
CALLを使った授業を実践するにあたっての基礎理論及び実践事例を紹介した好著。CALLを初めて実践する読者に薦めたい。

唐澤博・米田謙三（2014）．『英語デジタル教材作成・活用ガイド』大修館書店．
ICTを使った教材作成を初心者にも分かりやすく解説した書。普通教室やCALL教室ですぐに実践できるアイデアが数多く紹介されている。

第**17**章

通訳・翻訳活動を活かした英語学習

本章のポイント

(1) 多文化共生社会における言語状況では，複数の言語を柔軟に使用し媒介できる複言語主義を指導理念にした異言語の仲介能力を養成する必要がある。

(2) コア理論やレキシカル・グラマーを基に，英語から直接頭の中で事態を構成した上で日本語に翻訳することにより，英文の理解と意味づけが深まっていく。

(3) チャンキング的発想を基に，オンライン処理（順送り理解）に即して読解・聴解を行い，口頭で繰り返し英語を産出する訓練を行うことで英語使用の自動化を図る。

キーワード

複言語主義，TILT，深い言語処理，事態構成，言語処理の自動化

■ はじめに——多文化共生状況とは何か

多文化共生社会という，多言語が行き交う状況の中で外国語を学習する場合，移民が受容社会の主要言語を自身の第二言語として単言語のみで学習し習得するESL環境（English as a second language）とは異なり，外国語と自身の言語とを仲介させながら状況に応じて複数言語をたくましくしなやかに使う複言語能力を身につける必要がある（translanguagingと言う）。従来の英語教育の現場では，ESLを範にして，①アメリカ英語ないしイギリス英語を標準的で正しい英語とする，②ネイティブ・スピーカーの言語能力を到達点とする，③英語は英語のみで教育し習得させるべきだという単言語主義（monolingualism），という3つの規範主義に拘泥した英米偏重のバイリンガリズム教育がその目指すところであった。

しかしよく考えてみると，日本という多文化共生社会において，例えばアジア圏のノンネイティブの英語話者と世界共通語としての英語（English as a lingua franca）を媒介メディアとしてコミュニケーションを取ることは極めて多く，また日本語話者が海外の非英語圏でノンネイティブの英語話者と英語でやり取りすることも極めて多い。このようなグローバル化した多文化共生社会において，コミュニケーションのための言語を自分の第一言語だけに限定しないという価値観のもと，英語と母語（である日本語）とを媒介する能力を英語教育の枠の中で養成することは，複数の言語が状況に応じて自由に扱えるという社会的必要性を満たすばかりでなく，英語学習そのものの効果も高めることができる。

233

第17章　通訳・翻訳活動を活かした英語学習

　この観点から上述の3つの規範主義を検討すると，①多文化共生社会では英語は英・米語を規範とするのではなく，World Englishes（世界の諸英語）を前提に理解可能な（intelligible）英語でコミュニケーションを取る必要がある。②ネイティブのように英語ができなければならない（同化；assimilation）という規範意識から英語学習者を解放すると，学習者の情意フィルターは下がる。指導者としては学習者に気楽な気持ちでたくましくしなやかに英語を使ってコミュニケーションができる場を創ることが大切であり，多文化共生社会では互いに理解可能な（intelligible）英語を使って相手に合わせて調整（accommodation）を行うことが重要である。③外国語学習における母語転移のマイナス面のみに着目するのではなく，すでに培った母語を積極的に活用しプラスの転移を利用することも有効である。

　そこで本章では二言語を媒介する言語活動である通訳・翻訳の訓練方法を英語教育に導入し（TILT: Translation in Language Teaching），高度な言語運用能力の具体的な養成方法について紹介する。ここで言う通訳・翻訳は，口頭や文字による単なる機械的な言語変換ではなく，異言語・異文化を背負った人同士の間に立って，その人たちのために異文化の間でコミュニケーションを取ることを目的としている。通常の英語学習はもっぱら自分のための言語活動であるが，通訳・翻訳はコミュニケーションに関わる人たちの言語能力の不足を補うのみならず，その人たちの気持ちや社会文化的状況を思いやり，様々な他者配慮をしながらコミュニケーションの仲介をすることが目指される点が，際立った特徴だと言える。

■ TILTと通訳・翻訳

　TILT（言語教育における通訳を含む翻訳）が目指しているのは次の点である。

1）外国語教育の主要な目的の1つである，外国語の正確な理解能力やメタ言語能力（言語および言語使用について客観的に振り返り，分析し（母語で）説明する力）の養成，また外国語と格闘するという知的訓練を通じて他者の思考をより深く理解する姿勢や，自分の思考を的確に両言語で表現する能力を養成すること。

2）外国語を深く理解しながら通訳・翻訳する，つまり母語によって再構成する過程で，無意識のうちにパターン化された母語や，母語に依拠した世界観を違った角度から眺め，言語への気づきを高めること，そしてそのことを通じて自らの世界観を改変していくこと。

3）外国語を通訳・翻訳する活動を通じて，「深い言語処理」が可能となり，外国語と母語の両言語の「共有基底言語能力」が強化され，外国語の習得も促進されること。

　近時，「英語を英語で理解する」という俗耳に入り易い言葉が単言語主義による英語教育の後押しをしている傾向があるが，適宜，母語を介在させた外国語学習は有効であるのみならず，本書が説いているコア理論やレキシカル・グラマーは「英語を英語の発想で理解」するプロセスを語る理論であり，この理論を踏まえて通訳・翻訳活動を意識的に行

うことで英語の理解自体もより明確になる。そこで，通訳・翻訳活動をどのように英語教育に採り入れることができるかについて紹介する。

■ ことばの意味への気づき（awareness-raising）とネットワーク化（networking）

基本語の重要性は本書が最も力説していることの1つであるが，通訳・翻訳にとっても重要である。例えば，runを例にとってみよう。「runはどんな意味か？」と英語学習者に問いかけると，必ず「走る」という答えが返ってくる。「他には？」と問うと，（恐らくa hotelを目的語に想定しながら）「経営するもある」，という答えが典型的に返ってくる。しかし「run＝走る，経営する」式の理解では，runを「使い切る」ことはできない。

そこで一般の英和辞典をたよりにrunの訳語ないし語義をピックアップしてみると，動詞として「走る，逃げる，立候補する，出る，伸びる，動かす，伝線する，展開する，転落する，興行する，運行する，動く」，そして名詞として「競走，得点，運行，一走り，操業，連続」など，きりがないほどたくさん出てくる。

では，英語を学習する人はこれら雑多で一見関連のない語義をひとつひとつ暗記する必要があるのだろうか。そして，通訳・翻訳の現場でも，これらの語義をあらかじめできるだけたくさん暗記しておいて対処しているのだろうか。答えは明確に，NOだ。人間にとって，関連性のないものをバラバラな知識として丸暗記することは至難の業だからである。

では，言葉の意味は一体どのような仕組みになっているのか。私たちは言葉を日常生活で使用することによって，頭の中にその語の意味を獲得していく。そして，様々な文脈や状況の中で，同じ語の様々な使い方や意味を経験することを通じて，それらに共通した意味を獲得する。これが，本書が説く「コア」である。この抽象的な意味＝「コア」を頂点として，具体的な文脈の中で様々な意味が現れてくるのが，語の意味世界である。この「コア」は，母語話者（ここでは英語）であれば，母語習得の過程で言語直観として身につくのであるが，外国語学習者にとっては，もともと使っている母語（日本語）の干渉ないし転移があるために，意識的にコアを学習して身体化していく必要がある。

『Eゲイト英和辞典』によると，runのコアは「ある方向に，連続して，（すばやくなめらかに）動く」である。様々ある具体的な意味をコアとの関連性をもたせながら見てみよう。

第17章 通訳・翻訳活動を活かした英語学習

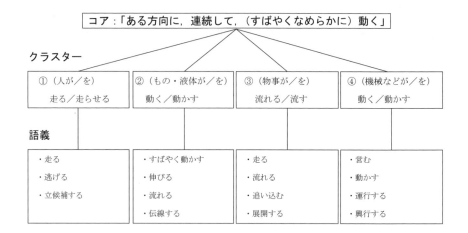

【runの意味世界】

用例

① 【(人が／を) 走る／走らせる】
run before the wind　順風を受けて走る／run away in all directions　クモの子を散らすように逃げる／run for governor　知事に立候補する

② 【(もの・液体が／を) 動く／動かす】
The tap is running.　水道が出ている／This road runs up to the right.　この道路は右手にのびている／run the pointer on the screen　画面上でポインターを動かす／Morning glories run upward.　あさがおが上にのびる／My stocking ran again.　ストッキングがまた伝線した

③ 【(物事が／を) 流れる／流す】
Shudder ran through the body.　震えが体中を走った／His story ran as follows.　彼の話は次のような展開だった／run a deficit　赤字に転落する

④ 【(機械などが／を) 動く／動かす】
run a circus　サーカスを興行する／run on solar energy　太陽エネルギーで動く／run every 15 minutes　15分間隔で運行する

これでrunの意味世界の全体像がおおよそつかめるだろう。次に、この「コア」を応用して、英文の意味を考えてみたい。次の英文はどのような意味だろうか。

1. My nose is <u>running</u>.
　「鼻が走る」では、おかしい。しかし「コア」から考えると、ツーっと下に流れるイメー

ジがわくはずで，答えは，「鼻水が垂れている」となる。このように「コア」をつかんでおくと，多様な文脈の中で的確に意味が了解でき，英語を英語の発想で理解することが可能となる。

2. They <u>ran</u> a nuclear test.

「核実験を走らせる」ではよくわからない。訳出としては「核実験をする／行う」となるだろうが，ニュアンスとしては円滑に工程を進めて行くという意味合いであり，<u>have</u> a nuclear test（核実験という出来事をもつ）や<u>carry out</u> a nuclear test（外まで運ぶイメージで，〜を完全に行う），<u>conduct</u> a nuclear test（核実験という行為を行う）との違いもコアから考えるとよくわかる。これが基本語を「使い分ける」ということである。

3. The movie <u>runs</u> for a month.

「映画が1か月間走る」ではまずいわけだが，コアから考えると「映画が上映される」と訳出することが可能であろう。

4. Don't <u>run</u> such a risk of losing money.

「リスクを走らせる」だと日本語で考えるとよくわからないが，コアから考えると「そんなお金をなくすような危険を冒してはダメだよ」となる。<u>take</u> the risk of carrying out the plan（計画を実行するリスクを引き受ける，危険を冒して計画を実行する）との違いは，「自分のところに取り込む」というtakeのコアを考えると，自らリスクを引き受ける意味合いとなるが，<u>run</u> the riskだと危険を試しに冒してみるという投機的な意味合いになる。

● コア理論の翻訳への応用

では，runが使われている小説の一節を，コアから考えながら翻訳してみよう。

5. It was cold, and they <u>ran</u> the heater in the car.（レイモンド・カーヴァー著，村上春樹訳『大聖堂』中央公論新社）

6. How could anyone that bad at math <u>run</u> a business?（三島由紀夫著，ジョン・ネイサン訳『The Sailor Who Fell from Grace with the Sea（午後の曳航）』）

7. In a district west of Washington Square the streets have <u>run</u> crazy and broken themselves into small strips called "places."（オー・ヘンリー著，飯島淳秀訳『オー・ヘンリー傑作集』角川文庫）

5.「ヒーターを走らせる」，6.「ビジネスを経営する」，7.「狂って走る」ではまずい。機械的に辞書的な訳語を当てはめているだけだからである。ここでは，コアから状況をイメージして，そのイメージを日本語で表現してみよう。実際に翻訳してから，以下の翻訳者による

第17章　通訳・翻訳活動を活かした英語学習

翻訳例を検討してみていただきたい。

5. 寒かったので，車のヒーターを入れた。
　　ヒーターがなめらかに動くようにする，という意味合いである。

6. あんなに数学ができなくて，どうしてお店をやっていけるのだろう。
　　businessは抽象的には「ビジネス，仕事」であるが，aをつけて個体化（individuation）すると具体的な普通名詞となり「会社」という意味にもなる。そこで，会社が円滑に進むようにする，という意味合いなので「お店をやっていく」という訳語が生まれる。

7. ワシントンスクエアの西の界隈にくると，通りが目茶苦茶に錯綜して「小路」と称する短い帯のような形にちょん切れている。
　　the streets（通り）が複数，crazy（ごちゃごちゃに，目茶苦茶に）な状態でrunしている，という状況を表しているので，「通りが目茶苦茶に錯綜して」と訳出されている。

▌ コアの説明力と翻訳の豊かな広がり

　次に，形容詞を例にとって見てみよう。超・基本単語とも言えるnewを検討する。これは，「（以前と違って）新しい」がコアであると了解すれば済むのだが，文脈によっては「未使用の」「今までになかった」「不慣れな」「新たな，新任の」という意味にもなる。例えば，new motherであれば，「子どもを生んだばかりのお母さん」であることが多いだろうが，文脈によっては両親が離婚後，父親が再婚して後妻を迎え入れた場合に，子どもは新しい母親のことをnew motherと言う。つまり，motherのどの側面がnewなのかによって，同じ言葉でも異なった状況を表し得るのである。

　new trialも同様で，まだ裁判が起こされて間が経ってないものもnew trialであるし，同じ事件を扱ったold trialと対比して，裁判のやり直しを行う場合にもnew trialと言える。

　では，ここでも小説の一節を，コアから考えながら翻訳してみよう。

8. The concept seemed new to him.（マクベイン著，加島祥造訳『死にざまを見ろ』ハヤカワ文庫）

9. There was something terribly new about Odeen, and existence was approaching an end inexorably.（アシモフ著，小尾芙佐訳『神々自身』ハヤカワ文庫）

10. Their new chilliness scared her.（ル・カレ著，村上博基訳『スマイリーと仲間たち』ハヤカワ文庫）

11. New sights, new thoughts, new questions.（バック著，五木寛之訳『かもめのジョナサン』新潮文庫）

Part 3　英語力を育むための実践的指導

8.　彼には，その言葉があまりにも<u>唐突</u>だった。

　　「（以前と違って）新しい」概念，考え方，ということで不慣れな言葉を聞いて「言葉
　　が唐突だ」という状況を new で表している。

9.　オディーンはなんだかいつもとひどく<u>ちがっている</u>。そして仮借なく生命の終りが近づい
　　ていく。

　　「以前と違って」という意味合いが前面に出ると「違っている」という訳出も可能となる。

10.　<u>それまでになかった</u>つめたさが，彼女をおびえさせた。

　　これも同様で「以前と違って」ということから「それまでになかった」と訳出されている。

11.　<u>ふしぎな</u>眺めだった。<u>思いもよらぬ</u>考えが心を乱し，<u>あらたな</u>疑問が湧きあがった。

　　ここでは new が 3 つ出てくるが，すべてをうまく訳し分けている。こういう工夫をする
　　ことも，英語が描いている状況を日本語で翻訳する面白さであり，コアから意味を考え
　　るよい練習となる。

英語を英語の発想で考えるとは―コア理論とレキシカル・グラマー

　「英語を英語の発想で考える指導」とは何か。端的に言うと，英語から直接事態構成（言
語表現が表す意味や状況を頭の中で構成すること）ができるよう指導することである。例
えば，You have a good sense of what is going on. であれば，従来の英文和訳
式で読み解くと，「あなたは何が起きているかについてのよい感覚をもっている」となり，直
訳ではいかにも違和感があるので，「あなたは何が起きているかについてよく感じ取って
いる」と意訳せよ，と指導するのが大方のやり方であろう。

　ところが，考えてみるとこの指導のプロセスは〈英語→直訳（→意訳）→意味〉という手
順を踏んでおり，本来あるべき＜英語→意味＞というストレートな回路を和訳という作業が
阻害している。では，レキシカル・グラマーではどうだろうか。

You have a good sense of what is going on.
　　You：「（今ここにいる）聞き手／（今ここで読んでいる）読み手」
　　have：「（今）（何かを自分のところに）もつ」
　　a：「（複数）あるものから 1 つ取り出す」機能　＝個体化（individuation）
　　good：「評価が高い」（悪くないから完璧まで）
　　sense：「ピンとくる感覚」
　　of：「切っても切れない関係」の表示機能
　　what：「何かわからないものを問う／漠然と示す」機能
　　is：「（今）（何かがどこかに）ある」
　　go：「（視点のあるところから）離れていく」
　　～ing：「（何かを）している」＝ 進行アスペクト
　　on：「接触関係」の表示機能→（時間的）継続

第17章　通訳・翻訳活動を活かした英語学習

読み手からすると，このセンテンスは，以下のようにとらえられる。

> You〔今ここでこれを読んでいる読み手の皆さんは〕→have〔自分の所有・経験空間にもっている〕→a good sense〔鋭くピンと来る感覚を（1つの行為として）〕→of〔ピンと来る感覚の対象は？〕→what is〔漠然と何かがある〕→going on〔継続してずっと進行している〕

つまり，「読者の皆さんは世の中で何が起きているか鋭くピンと来ていますね」とか，「皆さんは状況をよく把握していらっしゃいます」などという訳出が可能になる。これは，1語1語のコアを融合させながらセンテンスをチャンク化することで頭の中で意味が構成され，それを読者が想定した発言として文脈に適応させて自由に訳出した結果得られた訳文であって，あくまでも＜英語→意味→訳出＞という手順を踏んでいることに注意したい。

このように，和訳は本来，英語から直接頭の中で事態構成ができていれば文脈に合わせて自由に作れるものであり，英語教育を行う文脈の中でも，あくまでも事態構成が的確にできているか確認する補助手段として使っていくことが，英語を英語の発想で考える指導になると言える。

ここに示したのがコアで，話し手・書き手は言葉を紡ぎ出すことによって，これらを融合して豊かな意味世界を表出できる，というのがレキシカル・グラマーの基盤になっているコア理論の発想である。①従来の訳読方式と，②コアによる英語の直解・訳出プロセスの違いを示すと，以下のようになる。

①【従来の訳読方式における訳出・意味処理】

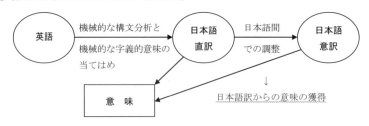

②【認知メカニズムに即した意味・訳出処理】

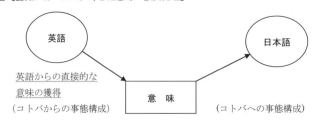

Part 3 英語力を育むための実践的指導

このように，コアから発想すると，日本語を介在させずに英語を英語で理解することも可能になってくるし，日本語に訳出する際も，原文が表現している状況に即した翻訳が可能になる。

■ 英語を英語の発想順で考える

では，今度は実例を検討してみよう。カナダ出身の12歳の Severn Suzuki さんが1992年にリオデジャネイロで開催された国連地球サミットで，世界各国のリーダーを前に行った6分間のスピーチからの引用である。

> I used to go fishing in Vancouver, my home, with my dad until just a few years ago we found the fish full of cancers. <u>And now we hear of animals and plants going extinct every day, vanishing forever.</u>

故郷バンクーバーで昔よく父と魚釣りに行っていたが，数年前に魚がガンに冒されているのを目の当たりにした，という第1文に続く第2文を検討してみよう。まずは特筆すべきコアを先に解説する。

> hear： 「（耳が機能して声や音が）聞こえる」
> of： 「切っても切れない関係」＝出所と帰属
> go： 「（視点のあるところから）離れていく」→結果に焦点を当てると，「（離れた結果〜の状態）になる」

hear of は，of が hear の対象である音や声の出所を表し，hear of で「〜のことを聞く，噂で聞く」という意味合いになる。go extinct は，「（事態が進行した結果）絶滅の状態になる」という意味である。

では，実際のスピーチに現われている音声上の切れ目を基に意味のまとまり（チャンク）で区切ってみよう。

> And now / we hear of animals and plants / going extinct / every day, / vanishing forever.

これを基に，今度は従来のスラッシュ・リーディングやフレーズ・リーディングの手法で訳を施してみよう。

> And now（そして今）/ we hear of animals and plants（私たちは動植物のことを耳にする）/ going extinct（絶滅している）/ every day,（毎日）/ vanishing forever.（永久に消えている）

241

第17章　通訳・翻訳活動を活かした英語学習

　ご覧の通り，この手法では，ややブツ切り的な日本語をチャンクごとに当てている。順送りに意味を取って順送り理解を促そうとしている点は，言語の本来の処理のあり方を反映していて優れている。しかし，この手法には順送り理解を支える文法観がなく，本質的に従来の枠組みを出ない。ところが，レキシカル・グラマーを導入することで，チャンクごとの意味の構築の仕方が見えてくる。では，〔　〕内に意味構築のやり方を具体的に示してみよう。

And now / そして今〔副詞が来た。数年前に魚がガンで冒されていることに加えて何がどういう状況か？　S＋V〜と来るはず〕

we hear of animals and plants / 私たちは動植物のことを耳にする〔動植物がどうだというのだろうか？　魚と同じ状況だろうか？〕

going extinct / 絶滅している〔まさに絶滅へと進行している状況。〜ing の形式によって，眼前に動植物が死に絶えていっている様子が鮮明にイメージされる〕

every day, / 毎日〔まさに毎日絶滅していっている，という強調の意味が込められている〕

vanishing forever. 永久に消えている〔同じ意味内容を同じ〜ing 形を使って繰り返すことで，畳み掛けるように強調している〕

　ここでセバンさんの主張を鮮明に読み解く鍵は，〜ingという形式である。つまり，動植物のことをよく耳にするが，それはまさに状況が悪化してextinctへとgoingしている姿，しかも毎日のように（every day）様々な種が死に絶えている姿，さらに永久に消えていってもう戻ってこない（vanishing forever）姿を描いているのだ。

　ところが，構造分析が主眼になりがちの従来の文法だと，前置詞ofがあるのでgoingはanimals and plantsを意味上の主語とする動名詞ではないか，いや，goingは後置修飾の現在分詞ではないか，いやいや，hear ofを1つの知覚動詞と考えてgoingは目的格補語としての現在分詞ではないか，といった用法峻別に関心が行き，goingのもつ「意味」をなおざりにしてしまいがちとなる。

　しかし，レキシカル・グラマーの発想だと，〜ingは「状態を示す分詞であれ名詞概念を示す動名詞であれ，＜何かをしている＞というイメージでつながっている」ととらえ，用法峻別を行わなくともストレートに英語から事態が構成できる。しかも，チャンクの発想と融合することで，セバンさんの発想順で意味を構築するため，彼女の息遣いや力の入れどころを直接，鮮明に感じることができる。

■ 英語スピーチの息遣いを感じる読み

　では，先ほど検討した箇所の直前の部分を見てみよう。

242

Part 3　英語力を育むための実践的指導

> I am here to speak for all generations to come. I am here to speak on behalf of the starving children around the world whose cries go unheard. I am here to speak for the countless animals dying across this planet because they have nowhere left to go.

特筆すべきコアは次の通りである。

> to：　「向き合った関係」の表示機能　→（不定詞）未来志向
> for：　「対象に向かって指差す関係」の表示機能

では，レキシカル・グラマーで読み解いてみよう。

> I am here〔私がここ（サミットの議場）にいる〕状況と相対して to speak〔これから話をする〕，それは for all generations〔すべての世代の人たちのことを指差して考えながら〕，それは to come〔今後生を受けて世に来るべき人たちなのです〕

　順送りで意味をとらえることで，セバンさんの息遣いが感じられるだろう。では，次のセンテンスを見てみよう。

> I am here to speak〔私がここでこれから話をするのは〕 on behalf of the starving children〔今まさに飢えていっている子どもたちの代わりなのです〕 around the world〔世界のいたるところにそういう子どもたちがいます〕，そして whose cries〔その子どもたちの叫び声は〕 go unheard〔誰にも聞かれないままただ声だけがどこかへ離れて行っているのです〕

　I am here to speak の反復によって，それに続く発言が焦点化されて強調されているという語りの力もよく読み取れる。では，次のセンテンスに移ろう。

> I am here to speak〔私がここでこれから話をするのは〕 for the countless animals〔数え切れないほどの動物を（指差して）考えながら〕，それは dying across this planet〔この惑星の至るところで死んでいっているのです〕 because they have nowhere left〔理由は，動物にはどこも残されていないからです〕 to go〔これから行くための場所が〕

　I am here to speak のさらなる反復によって，サミットの議場の演壇に立っている自分の存在を前面に出しつつ，その目的が来るべき世代の人たち，飢えている子ども，そして死に絶えている動物たちの代弁なのだ，という態度を議場にいる大人たちに堂々と主張し

243

ている姿が大変鮮明に読み取れる。

　ここまで来れば, generations to come の不定詞は形容詞用法で to come を generation に訳し上げていくとか,「go unheard＝無視される」と丸暗記するとか, nowhere left to go の left は過去分詞で後置修飾をしていて, これと to go という形容詞用法の不定詞とどちらを先に訳すか迷ったりする, などといったやや迂遠なプロセスを飛ばして, 英語からストレートに意味を構築できるだろう。

■ 英語スピーチの思いを訳す―通訳

　今度はこのスピーチを通訳してみたい。セバンさんの息遣いと熱い想いを日本人の聞き手に伝えるためである。

　まず, そのためにはリスニング力を鍛える必要がある。ここで, リスニング力を強化する上で立ちはだかる壁について考えてみよう。

> ① 個々の発音が聞き取れない・・・・・・・・・音声の壁
> ② 発音はわかっても意味がわからない・・・・・意味の壁
> ③ 意味はわかっても速さについて行けない・・・速さの壁
> ④ 文章が長くなると内容を覚えていられない・・長さの壁
> ⑤ わからない箇所があるとパニックになる・・・未知の壁

①音声の壁を breakthrough する

　リスニングの第1段階は音声の認識である。日本語と英語とでは, 発音・ストレス・イントネーション・リズム・ポーズなどの音声の要素（音韻；プロソディ）がそれぞれ違うことには, 異論がないだろう。日本語はひとつひとつの音節（モーラ）が等間隔に話されるモーラ拍リズムであるのに対して, 英語は強弱が同じリズムで繰り返される強勢拍リズムであり, 日本語とはかなり違うプロソディをもっているため, 日本語の音のパターンしか知らないと, 英語がうまく聞き取れない。

　もちろん, 個々の発音（母音・子音）も異なり, 単音などの音韻要素にも注意を要するが, イントネーションやリズムなど全体としての音韻体系の違いにもよく習熟しておく必要がある。そのための練習方法として, シャドーイングがある。

●シャドーイング：英語の原稿を見ないで英語の音声を聞きながら, ほぼ同時に繰り返して言うリスニングのトレーニング法。

　慣れるまでは, 次のような手順で行うのも効果的である。

1) 音読：音声を聞かずに, 自分のペースでテキストを声に出して音読する。
2) リピーティング：テキストを見ながら音声を聞き, 聞き終えたら自分のペースでテキストを

声に出して音読する。

3) シンクロ・リーディング：音声を聞きながら音声の速さに合わせてテクストを音読する。

4) プロソディ・シャドーイング：音声的な特徴に注目し，音声の正確な再現に集中してシャドーイングをする。

②意味の壁を breakthrough する

リスニングの第2段階は意味の構築である。これはもちろん，音声の認識と別々のものではなく一体化したもので，音声の特徴が意味を表していることも多々ある。例えば，強調したいところは，ゆっくり，はっきりと発音される。また，音声の認識がうまくできない箇所があっても，自分がもっている様々な知識と照合することで，不明な箇所を推論することもできる。知識には，語彙の知識や文法の知識，背景知識，状況の知識，文脈の知識などがあり，これらと耳から入ってくる音声情報とを絶えず照合しながら意味を構築していくのがリスニングのプロセスである。そしてこれはチャンクごとになされていく。そこで，チャンクごとに意味を構築する練習として，サイト・トランスレーションを紹介する。

●サイト・トランスレーション：英語の原稿を見ながら，意味のまとまり（チャンク）ごとに，順次，日本語に口頭で訳していくトレーニング法。

セバンさんのスピーチを使ってやってみよう。

> If a child on the street who has nothing is willing to share, why are we who have everything still so greedy?　I can't stop thinking that these are children my own age, that it makes a tremendous difference where you are born.

If a **child** on the **stree**t / who has **nothing** / is willing to **share**, /
路上の子どもは / 何も持っていなくても / 喜んで分け与えようとしていますが
why are **we** / who have **everything** / still so **greedy**? //
なぜわれわれは / 何でも持っているのに / こんなに貪欲なのでしょう

リスニングや通訳の場合，情報は一方向（———→）にしか流れず，通常一度しか聞けない。そこで，まずは①情報を意味のまとまりでチャンク化しながら聞き，そして②チャンクごとに構築した意味をキーワードを頼りに順次統合していくことが必要となる。（例えば，関係代名詞が来ても後戻りして意味を追いかけない。）

このように，順送りにサイト・トランスレーションができるようになったら，テクストを見ないでやることもできる。これができれば，同時通訳が可能となる。実際に声に出して通訳

第17章 通訳・翻訳活動を活かした英語学習

しなくても，頭の中で訳してみるだけでもある程度効果がある。

③速さの壁を breakthrough する

　リスニングや通訳をするには，①音声を認識し，②チャンクごとに意味を構築したら，③チャンクごとの意味を統合して，全体の大意を把握していくプロセスに向かう必要がある。しかもリーディングと違い，リスニングの場合は音声のスピードに合わせてこの処理を行う必要がある。

　リスニングでよく起こるのは，ゆっくり聞けば理解できるのに，普通のスピードだと意味の理解が追いつかないという現象である。そこでここでは，意味処理における速さについて考えてみたい。次の3つの要素がある。

---

a) 情報のチャンク化	…	意味処理の正確さ（accuracy）
b) 各チャンクの処理の高速化	…	意味処理の流暢さ（fluency）
c) 連続した情報のスムーズな処理	…	意味処理の流暢さ（fluency）

　このb)とc)は意味処理の速さに関係する。音声のスピードに即して意味を理解するための練習として，次のやり方がある。

●コンテンツ・シャドーイング：意味の把握に集中してシャドーイングを行う。

　チャンクごとに意味を考えながらシャドーイングをする。1チャンクの英語を聞き終えてから遅れて発声すると，負荷も高いが効果も高い。英語の発話者の気持ちになってやってみるのもよいだろう（empathic projection）。また，可能であれば，同時通訳を声に出して，あるいは頭の中でやってみるのも速さの壁を突破するために有効だろう。

④長さの壁を breakthrough する

　①音声を認識し，②チャンクごとに意味を構築し，③チャンクごとの意味を順次統合していった後は，④文脈を記憶していく必要がある。

　リスニングでよく起こるのは，聞いているときには理解できた感触がつかめても，聞き終えてから改めて内容を問われると，はて？と頭が真っ白になる現象である。この場合は，その程度の理解しかできていなかったというのが実際のところであろう。では，文脈を的確に把握して，大意をしっかりと記憶できるぐらいまで理解するには，どうしたらよいのだろうか。

　大意をつかむためには，以下の3つの要素が必要となる。

> 1）キーワードの抽出　　　　　　…　情報の取捨選択
> 2）キーワード間の関連をつかむ…　情報の交通整理
> 3）大意の構築　　　　　　　　　…　情報の記憶保持

1）キーワードの抽出

　　まず，重要な情報を抽出する。リスニングをしながらノートに重要情報をメモするとよい。もしそれが難しい場合は，まずはテクストを読みながら，重要情報に下線を引き，次にリスニングをしながら重要情報をメモし，下線とメモとが合致するまで練習する。

2）キーワード間の関連をつかむ

　　次に，抽出したキーワード同士の関連をつかんで，情報の流れを追う。その際に重要なのが，接続語句（discourse markerと言い，順接，逆接，並列，対比，理由などの表現）とパラグラフ内・パラグラフ間の情報の流れである。

3）大意の構築

　　最後に，キーワードを中心に情報の流れを把握するのと並行して，順次，大意の構築を行う。キーワードを見ながらあらすじを再現できるか確認すると効果的な練習になる。

　実例でやってみよう。実際は音声を聞きながら，メモを取って行う。

> If a **child** on the **street** who has **nothing** is **willing to share**, **why** are **we** who have **everything** still **so greedy**?　I can't stop **thinking** that these are **children my own age**, that it makes a **tremendous difference where** you are **born**.

　太字にした箇所が重要情報（核となる情報）で，リスニングをしているときに，これがメモできればうまく大意が把握できる。

　＜メモ例＞

> 子　street　0　will share,
> 　　なぜ　we　すべて　貪欲？
> 考　子たち　同年　大　違　where　生

247

第17章 通訳・翻訳活動を活かした英語学習

＜再構築＞

> 何も持たない路上の子どもが喜んで分け与えようとするのに，
> なぜ何でもある私たちは貪欲なのか？ 同じ年代の子どもでも
> 生まれによって大きな差がある。

　このメモを見ながら，声に出して翻訳するのが，逐次通訳である。適宜，逐次通訳の練習も行ってみるとよい。また，このメモを見ながら英文を正確に再現しようとするディクトグロスという練習方法もある。

⑤未知の壁を breakthrough する

　リスニングでよく起こるのは，知らない単語や音声が認識できなかった単語が何であるかを考えているうちに，次の箇所を聞き逃してしまい，大切な情報を落としてしまうという現象である。それを防ぐには，絶えず全体の大意を考えながら個々の意味を意識的に把握していく必要がある。そのための練習方法として，次の方法がある。

●トランスクリプション（ディクテーション）：音声を聞きながら，すべての文を書き取る。音声は適宜，一時停止しながら行う。慣れてきたら1回に聞き取る時間を長く取り，頭に内容を記憶させながら行うと効果的。分からない箇所や聞き取りが曖昧な箇所は推測で埋める。終わったら正解と突き合わせる。

　はじめのうちは，間違いが多く，原文と照合して赤で修正する作業の連続であるが，間違いのパターンを蓄積していくことで，自分のリスニングの弱点が見え，徐々にそれを克服できるようになる。不明な箇所を全体の大意を踏まえながら推測をする練習を多くすることで，聞き取りができない箇所があってもパニックにならず，全体の要旨を取り損ねないで済むようになっていく。

　以上がリスニングに立ちはだかる壁と，その克服のための練習方法である。リスニングの練習の中に，適宜，通訳活動を採り入れることで，効果的なリスニング練習法にもなる。

■ 英語のアウトプットによる言語処理の自動化（automatization）

　最後に，英語のスピーキング力の強化法について紹介する。

●リプロダクション：ある程度の長さの英語（フレーズ単位，センテンス単位など）を最後まで聞き取り，それを一時的に記憶に留め，口頭で再現する練習。メモは取らずに記憶だけで行う。

Part 3 英語力を育むための実践的指導

具体例：

> If a child on the street who has nothing is willing to share, 〔ここで音声を止めて，
>   一時的に記憶していた情報を口頭で再現する〕
> why are we who have everything still so greedy?　〔同上〕
> I can't stop thinking that these are children my own age,　〔同上〕
> that it makes a tremendous difference where you are born.　〔同上〕

　これは「声を鍛える」練習にもなる（声に出すことで構音力を鍛える）。できるようになってきたら，もう少し長い単位で音声を止める。センテンス単位でもよいし，もっと長い場合は，ある程度自分の表現に言い換えながら英文を再現してもよい（パラフレージングという練習方法）。

●英語の口頭でのサマライジング（要約）：音声をパラグラフ単位でメモ取りしながら聞き，聞き終えた段階で，英語で簡潔な要約を口頭で言う。記憶に留められる程度の長さ，内容であれば，メモは取らなくても構わない。

> I am here to speak for all generations to come. I am here to speak on behalf of the starving children around the world whose cries go unheard. I am here to speak for the countless animals dying across this planet because they have nowhere left to go.

＜メモ例＞

> I 話 all 世代
>   starve 子　⊕　叫　×届
>   動物　死　⊕　nowhere go

> I am speaking for all future generations, for starving children, and for animals dying on this planet.

　メモ取りのポイントは，情報の核となる語を中心に，両言語または記号などを使って左上から右下へと記していくことである。「主語－動詞－目的語－修飾語」という構造の中で，核となるものを書き，付随情報が右に配列されていると分かりやすい。サマライジングでは，インプットした英文から抽出した情報の核を頼りに内容の大筋を口頭で再表現するので，負荷はかなり高いが，理解力・産出力を養いつつ，言語処理の自動化がかなり促進される。

249

第17章　通訳・翻訳活動を活かした英語学習

翻訳・通訳活動のまとめ

以上をまとめると，次のような全体像になる。

①**コアから英語を英語の発想で考える**　←語彙力・文法力・ネットワーキング
　┗語彙の意味：コアから状況（意味）を考えて**翻訳**する
　┗文法の意味：コアを融合させレキシカル・グラマーから状況（意味）を考えて
　　翻訳する
②**英語の発想順で考える**　←チャンキング・事態構成力・理解力
　┗意味編成の順番：チャンクを意識し，頭から順番に事態構成しながら翻訳する
③**リスニング力を鍛える**　←音声認識力・理解力
　┗音声の壁の突破：（プロソディ）シャドーイング，音読，シンクロ・リーディング
　┗意味の壁の突破：サイト・トランスレーション，**同時通訳**
　┗速さの壁の突破：（コンテンツ）シャドーイング
　┗長さの壁の突破：メモ取り，キーワード抽出，要約，**逐次通訳**
　┗未知の壁の突破：トランスクリプション
④**スピーキング力を鍛える**　←構音力・産出力・言語処理の自動化の促進
　┗正確な再現力：英語から英語へのリプロダクション・パラフレージング
　┗的確な表現力：英語から英語へのサマライジング

　これらの活動のねらい（objective）は，他者のために原文を通訳・翻訳することであり，マテリアル（material）は小説やスピーチといった実際の生きた（authentic）英語を使い，それが学習者にとって意味があり（meaningful），個人が関心や興味をもてる魅力のあるもの（personal）であれば，とても効果的である。練習素材のメディア（media）も，インターネットから多く利用が可能であるし，それを学習者同士が共有しながら一緒に翻訳をして比較しながら議論をしたり，他者に向けて通訳やサマライジングを行ったりしてインタラクティブに練習すると，異言語仲介能力を高める上でも効果的である。ポイントは，様々な訓練法で同じ素材を使って練習するため，深い言語処理の自動化が促進される点である。これが通訳・翻訳活動を生かした英語教育の大きな特徴でもある。

おわりに

　本章では翻訳や通訳，その他様々な練習法によって，総合的な英語力を向上させるための1つの道筋を紹介した。様々な英語学習法が存在し得る中，母語を積極的に活用したやり方も，複言語主義が浸透しつつある社会状況で生活をしていく上ではかなり有効である。もちろん本章を貫くTILTの主張は，会話力を重視する（単言語つまり英語のみで

指導すべきだと誤解されている）コミュニカティブな英語教育を否定するものではない。教育現場でTILTを推進することは，コミュニカティブ・アプローチと排他的な関係にあるのではなく，両者を健全な言語能力の発達に向けて相互補完的に活用していくものである。

（河原清志）

■ 読書案内

稲生衣代・河原清志 (2005).『VOAスタンダード　ニュース英語トレーナー』コスモピア.

リスニング力強化に関する5つの壁とその突破方法について，VOAニュースを実例にして分かりやすく解説している。

門田修平 (2015).『シャドーイング・音読と英語コミュニケーションの科学』コスモピア.

シャドーイングと音読を通して，リスニング力・リーディング力・スピーキング力そしてコミュニケーション力がなぜ伸びるのかを理論的に説明している。

第18章

表現モードとしての声を鍛える

本章のポイント

(1) 英語の基本的な発声と発音方法をトレーニングする際，音の強弱に慣れることはもちろん，発音練習の有意味性を考慮して，音象徴語や話題別の語句を使用することも重要である。

(2) 英語特有のリズムをつかむために，チャンキング的発声を意識し，しっかりとモデルの音を真似ることが大切である。

(3) コトバには感情と気持ちが一体となっているため，声の大きさも意識しながらその状況を思い浮かべ，ジェスチャーを交えて発声していく練習が必要である。

キーワード

voice training，有意味性，音象徴語，チャンキング的発声，ジェスチャーと感情

■ はじめに

　日本語は，ひらがなをはじめ，カタカナや漢字，アルファベットなど様々な種類の文字を用いることからも分かるように，文字表記が重視される言語である。それに対して英語は，文字の種類としてはアルファベットのみが用いられるが，1つの綴りに当たる音が複数あるなど，明らかに音声が重視された言語と言えるだろう。したがって，日本人が英語を学習する際，音声には特に注意を払う必要がある。

　もし音声を軽視してしまうと，後々，リスニングをはじめとする様々な問題が生じることになる。その意味では，英語学習の初期段階から意識的に音声を重視したアプローチを採ることが求められる。その際に大切なことは，ただひたすら音声を聞いたり，発音をしたりするといった局所的な方法ではなく，身体全体を使ったトレーニングを行うことである。

　身体は音を出す一種の楽器であり，特に学習の初期段階で徹底的にトレーニングを行い，即座に使えるようにしておかなければ，良い音楽を奏でることはできない。そのためには，特に音の出し方のトレーニング（voice training）を十分にしておく必要がある。というのは，日本語と比べ英語には，とりわけ強弱やメリハリがはっきりしていたり，子音が強く発音されたりするといった特徴があるからである。

　本章では，日本語と英語の音声・発声の違いをもとに，英語の音の出し方のトレーニングにおいて留意すべきポイントを3つ取り上げる。

■ 日本語と英語の違いを，身近なカタカナ語と原音を比較させて気づかせる

　日本語の「ロサンゼルス」と英語のLos Angelesを比べてみよう。日本語では1文字ごとが同じ調子で発音されるが，英語では強弱がはっきりと出ている。同様に英語のputをカタカナで書くと「プット」となるが，英語の[p]は日本語の「プ」に比べるとかなり力強く発音され，呼息（吐く息）が瞬時にまとまって出る感覚である。以下のように，ティッシュを顔の前に垂らして，「プット」とputの息の出方を比べてみると，その違いがよく分かるだろう。

　　　　　〈カタカナ語〉　　　　　　　　　　〈英語〉
　　　　ロ・サ・ン・ゼ・ル・ス　　　　　　Los Angeles
　　　　　　プット　　　　　　　　　　　　　put

　　　　　「プ」発音時　　　　　　　　　　[p] 発音時

　もう1つの例として，splashという語を取り上げよう。splashを日本語的に発音すると「スプラッシュ」となり，「ス」や「プ」はそれぞれ[su]と[pu]のように「子音（C）＋母音（V）」のペアになるが，英語のspl-は「子音（C）＋子音（C）＋子音（C）」の連鎖で，母音は入り込まない。このような子音連鎖は日本人学習者にとって困難であるが，集中的にトレーニングを行うことにより，乗り越えることができるよう指導を行いたい。なぜならこの子音の連続は，英語の音にきびきびとした歯切れのよい印象を与えるからである。まずは，母音が入る日本語的な「ス・プ・ラ」の音と，息だけで音が作られる英語のspl-の音の違いをきちんと認識させるところから始める。喉に手をあてさせて，日本語的に発音すると喉に振動があるのに対し，英語の子音のみでは喉が振動しないことを一緒に確認してみるとよい。以上に加え，次のような子音の連続にも注意が必要である。

　　　　　　street　　strike　　grow　　globe　　try

　もちろん，英語が国際語として使われるということは，発音においても多様性が認めら

第18章　表現モードとしての声を鍛える

れてしかるべきである。それが個性を形づくるからである。しかし，だからと言って英語の発声の仕方をまったく無視すると，「通じない(unintelligible)英語」となってしまうことが多い。その意味では，多様性とは言っても，あくまで基本的な英語音の出し方をきちんと押さえた上での多様性であることを認識しなければならない。

■ 声のどの箇所をどのようにトレーニングすればいいのか

さて，表現モードとして声を鍛えるという場合，以下の点に注目してトレーニングを行う必要がある。

(1) 基本的な発声と発音（調音法）
(2) 英語特有のリズム（強弱，イントネーション）とチャンキング的発声法（息継ぎとスピード感覚）
(3) ジェスチャーと感情

音声面でかなり高いレベルまで到達した学習者の多くは，学習の初期段階から「英語は大きな声を出し，感情を込めて身体全体で表現する言語だ」ということを意識し，時間をかけたトレーニングを通してそれを実践してきた傾向が高い。以下，それぞれのポイントについて，具体的な指導法を通して見ていこう。

(1) 基本的な発声と発音（調音法）

英語の発音では，母音と子音，子音連鎖の3つが基本となる。発音指導のための素材としては，日常会話において高頻度で用いられる基本語（[i:]ならeat, [s]ならsit, 他にもlittle, big, takeなど）が適切である。それらに慣れてきた段階で，より高頻度の連語（a red apple, heavy rain, cold rain, take a walk, a little villageなど）や，短い決まり文句（Talk to me, Give me a break など）に取り組むとよい。連語や決まり文句の中には長いものもあるが，おおむね2〜3語で構成されているものが理想的である。

また，よく発音の指導では，個別音の練習を終えた後，ミニマルペア（最小対立）を用いたトレーニングが行われる。具体的には，pit − bit, right − lightのように，有声音か無声音か，あるいは[r]音か[l]音かのように，語の一部分のみを対照させて音の違いに気づかせる方法である。この練習は慣れていくにしたがって，かなりスピーディーに行うことができるようになるため，音の識別力や滑らかな発音を身につける上で有効である。

ミニマルペアを用いた練習は，英語の音に慣れ親しむことと，調音をスムーズに自分の口でできるようにするという，自動化（automatization）の目的においては一定の有効性をもつ一方，これが発音練習の主となると，有意味性（meaningfulness）を欠いた練習になるおそれがある。発音のトレーニングを含め，英語の様々なタスクや活動を行う際は，

Part 3　英語力を育むための実践的指導

どのような場合でも有意味性が重要な条件となる。

単語や連語における音の強弱に慣れる

　英語は，アクセントによる強弱がことのほか重要な言語である。たとえ発音が正しくても，アクセントを間違えてしまうと全く通じないことが，実際のコミュニケーションの場面でしばしば起こる。逆に，発音が多少ずれていても，強弱さえうまくできていれば，ほぼ問題なく通じるのである。その意味において，アクセントによる強弱の響きに慣れる指導を早い段階で行っておくとよい。その際，以下のような生徒が身近でよく知っている固有名などが，素材として最適である。

Los Angeles　　Yokohama　　Ieyasu Tokugawa　　McDonald's

母音と子音の練習法に音象徴を生かす

　苦手な音を克服する練習においても，できるだけ活動が有意味になることが望ましい。その際に，重要な役割を果たすのが，響きから状況を汲み取ることができる音象徴語である。音象徴（sound symbolism）には，動物の鳴き声などを真似る擬声語に加え，物理現象を表象する音（例えば，「バーンと音がする」），知覚現象を表象する音（例えば，「水がさらさら流れる」），心理現象を表象する音（例えば，「きゅんとする」）などが含まれる。それぞれ，擬音語，擬態語，擬情語と呼ばれる。

　言語は恣意的であるため，音や文字と意味の間には何ら必然的な関係はなく，あくまでも人間社会のルールや約束事として結びつきが決められたものである。その一方，「小さい」，「大きい」という語は，それぞれ母音の [i] と [o] の違いと何らかの関係があるという主張もある。また，有声音は無声音より力強いがゆえに，「さらさら」と「ざらざら」，「かたかた」と「がたがた」の対比が生まれるという指摘もなされている。

　また，英語では，鼻音の [n] は「鼻」に関係することから，nose, sneeze, sore, nostril といった語において用いられていると言われている。もちろん，これは部分的な傾向性であり，n で始まる単語がすべて「鼻」に関係するわけではない。noun などはその一例である。また，fl- は「流れるような動き」に関係しているとされる。例として，fly, flow, flare, fluid, flood, fluent, flex などが挙げられる。もちろん，これも flower のように「流れるような動き」に関係しない語もあるので，すべての語に当てはまるわけではない。

　しかし，いずれにせよ，音象徴語はそれが未知の外国語であっても，人間言語に共通に見られる特徴を学習者に体感させる手段の1つである。例えば flicker と flare という語を小学生に提示し，それぞれが「チカチカ点滅する」と「ゆらゆら光が揺れる」のどちらであるかを問うと，約9割が flicker は「チカチカ」で flare は「ゆらゆら」であると判断する。

255

第18章 表現モードとしての声を鍛える

これは，彼らが音の響きの中に意味を読み取っていることを示唆している。

音象徴語を活用した発音の練習法として，以下のようなクイズ形式の活動が挙げられる。

練習 2つの英語の音を聞いて，日本語のどれに対応するかを考え，線で結びなさい。

(1) thud　　・　　・ カチッ　　　　　　(2) blare　　・　　・ 雷のゴロゴロ

　　 click　　・　　・ ドスン　　　　　　　　 rumble ・　　・ ラッパの鳴り響く音

(3) flicker ・　　・ 点滅する　　　　　　(4) chat　　・　　・ ぺちゃくちゃしゃべる

　　 glare　　・　　・ ギラギラ光る　　　　　 chirp　　・　　・ （鳥など）チーチー

(5) crackle ・　　・ （たき火など）パチパチ　(6) snore　 ・　　・ 鼻水

　　 rustle　・　　・ （包み紙など）ガザガザなる　 sneeze ・　　・ いびき

次に，これらの音象徴語を使って，注目すべき発音上のポイントを解説し，発音練習を行う。各問題における解説のポイントは，以下の通りである。

解説と練習

(1) thud 　　・thud の "th-" は "think" の th- と同じ。舌先と前歯の間からわずかに息を
　　　　　　　出すように発音。

　　　　　　　練習 thud, think, thick

　　　　　　・thud の "-u" は "cut" の -u と同じ。口は力を入れず半開きのまま，しかし
　　　　　　　歯切れよく（驚いてあっと息を飲む感じ）。

　　　　　　　練習 thud, cut, luck

(2) rumble 　・rumble の "r" は "right" の r と同じ。唇を丸め，舌先を少し反らして喉の
　　　　　　　奥に引きながら発音。

　　　　　　　練習 rumble, right（ゥらい+t）, correct

　　 blare 　・blare の "l" は "light" の l と同じ。舌先を歯茎に軽く付けたまま，舌の両脇
　　　　　　　から音を出す。

　　　　　　　練習 blare, light, collect

(3) flicker 　・flicker の "fl-" は fly の fl と同じ。軽く歯で下唇をかみ，「フ」と「ル」（舌先を
　　　　　　　歯茎に押し当てる）を間を開けないで発音。

　　　　　　　練習 flicker, fly, flow

　　　　　　・flicker の "-er" は "paper" の -er と同じ。あいまいな低い「アー」といいなが
　　　　　　　ら舌を巻く。

　　　　　　　練習 flicker, paper, answer

　　 glare 　・glare の "-are" は "air" と同じ発音。「エ」から「ア」に移行し，舌を巻く。

　　　　　　　練習 glare, air, pair

256

Part 3　英語力を育むための実践的指導

(4) chat ・chat の "a" は "apple" の a と同じ。エの形からだんだんアの形に変化させる
ように発声（口を長方形にする感じ）。

| 練習 | chat, apple, black

chirp ・chirp の "ir" は "bird" の ir と同じ発音。あいまいな低い「あー」といいなが
ら舌を巻く。

| 練習 | chirp, bird, nurse

(5) crackle ・crackle の -ckle は [kl] となる。

| 練習 | -ackle, -rackle, crackle

rustle ・-stle の発音は [sl] となる。

| 練習 | -ustle, rustle, rustle

(6) snore ・snore の -ore は「オ」といいながら舌を巻く。

| 練習 | -ore, snore, snore

sneeze ・sneeze の -eeze は「イーズ゙」と延ばして発音する。

| 練習 | -eeze, sneeze, sneeze

以上のように，注目すべき音について解説・練習をした上で，12個の音象徴語を次のよ
うに並べて，縦あるいは横方向に単語を連続して発音するトレーニングを行うとよい（縦な
らthud-blare-crackleといった具合に）。

横練習 ───────────────▶

縦練習	thud	click	flicker	glare
	blare	rumble	chat	chirp
	crackle	rustle	snore	sneeze

■ 話題に注目した語句選択を使った発声・発音のトレーニング

有意味性の条件を満たす形で発音練習する際，ある話題に関連する語句を選ぶという
方法も大変効果的で，面白い活動となる。以下の例は，「料理を評価する形容詞」と「魚
の名前」である。

料理の評価語

biting	ツンとくる	chewy	かみごたえのある
bitter	苦い	creamy	クリーミーな
crispy	カリッとしている	delicate	繊細な
crunchy	パリッとした	fruity	フルーティーな
		greasy	油っぽい

257

第18章　表現モードとしての声を鍛える

淡水魚を表す言葉

sweetfish	アユ	rainbow trout	マス
seema	ヤマメ	char	イワナ
killifish	メダカ	loach	ドジョウ
goldfish	キンギョ	eel	ウナギ
catfish	ナマズ		

　ここには，発音に慣れることに加え，日常を語る語彙にも触れるというねらいもある。特に，料理や食べ物などは，誰しもが興味・関心をもつテーマである。chewing gum（チューインガム）のchewやgum，crisps（ポテトチップス）のcrispやcrispy，crunch（クランチチョコ）のcrunchやcrunchyといった語を取り上げて練習すると，トレーニング効果も上がり，定着を図りやすい。

　イギリス在住経験のある人の中には，ポテトチップスのことをcrispsと言う人がいるが，ポテトチップスやchicken crispsのようなカリっとした衣と，実際に食べる時の食感をcrisp，crispyという音と共に感じることで，音の響きと意味が強く結びつくことが期待される。

(2) 英語特有のリズム（強弱，イントネーション）とチャンキング的発声法（息継ぎとスピード感覚）

▌早口言葉（tongue twister）を使った練習

　どんな言語においても音の流れは重要であり，それがその言語特有のリズムを形づくる。とりわけ英語では，音の流れが日本語とかなり異なっており，初歩の段階から身体を通して馴染むことが重要になる。具体的には，強弱のリズムや抑揚（イントネーション）がポイントとなる。トレーニングの素材としてよく用いられるのが，以下のような「早口言葉（tongue twisters）」である。

Peter Piper picked a peck of pickled peppers.
Did Peter Piper pick a peck of pickled peppers?
If Peter Piper picked a peck of pickled peppers,
Where's the peck of pickled peppers Peter Piper picked?

ピーター・パイパーは唐辛子ピクルスを1ペックとった
ピーター・パイパーは唐辛子ピクルスを1ペックとった？
もしピーター・パイパーが唐辛子ピクルスを1ペックとったなら

258

Part 3 英語力を育むための実践的指導

ピーター・パイパーがとった1ペックの唐辛子ピクルスはどこ？

　これは定番の1つであるが，子音の [p] だけでなく，母音の [i],[i:],[e],[ai] などを音単位でトレーニングした後，音の連鎖を再生するトレーニングとして，ある程度有効である。しかし，これらの表現はあくまで「早口言葉」という，同じように聞こえるが実は違う音が並んでいるのを遊ぶために作られたものであり，自然な言語活動とは若干かけ離れたものである。

■ 練習のコツは英語の音に対してプラスのイメージをもち，真似できるモデルをもつこと

　英語の発声や発音を練習するときのコツは，英語の音に対してプラスのイメージをもって行うことである。憧れの言語とまではいかずとも，日本語とは違う英語の音を好きになることである。母語と異なる言語の音を美しいと感じる感性は，外国語学習において極めて重要である。そして，自分が真似したいと思う音のモデルを作ることが大切である。教員の発音でもいいし，友人あるいは映画俳優の発音でもよい。

　そして，モデルの音を早い段階から出すことができるようになれば，発音面ではかなりの部分をクリアできたと言えるだろう。出すことのできなかった音を出せるようになることは，意外に達成感があり，楽しいものである。一昔前の学習者は，モデル音を探すのに苦労したものだが，現在ではインターネット等を通して気軽に音源を集めることができる。例えば，クリントンやオバマなど，アメリカ大統領の演説をモデルにするとしよう。インターネットから演説のスクリプトを手に入れ，YouTube などを通して実際の演説を視聴することがいつでも自由にできる。かつてない素晴らしいモデル探しの環境が整っているわけである。ただし，留意すべき点として，無理をしない程度の量を扱うことが挙げられる。はじめから全文を練習するのではなく，その一部を取り出し，徹底的に練習するのである。ポイントは声の出し方とリズム，チャンクの区切り方（息継ぎの仕方）の3つである。

　実例として，女性問題や経済問題について発言したヒラリー・クリントン氏の発話を取り上げよう。

And the person in the / – in the world / who has jumped on this /
　　　　世界の人物で　　　　　　　　　　この問題に飛び移った

more than anybody /
　　　他の誰よりも

is Prime Minister Abe of Japan, / because, / when he took office, /
　　日本の安倍晋三首相である　　　　　　なぜなら　　　彼が首相になったとき

he took office on the promise / he was going to get the economy going. /
　　彼は公約をして首相になった　　　　　　経済をより動かすつもりである，という

259

第18章　表現モードとしての声を鍛える

And he looked at trade barriers; /
　　　そして彼は貿易摩擦に目を向けた

he looked at the lack of immigration. /
　　　　　移民の不足問題にも

But one of the biggest problems, was / educated Japanese women /
　　　しかしなによりも大きな問題の1つは　　　　教育を受けた日本の女性が

were not in the economy, / and that, / in fact, /
　　経済に参加していなかった　　　そしてそれは　実際に

if they had greater participation, /
もし彼女らがしっかりと経済に参加していたならば

the projection was, / the Japanese economy could go up /
　　　展望としては　　　　　　　　日本の経済は成長するだろう

to GDP– that could go up to 9%.
　　GDPが9%のプラス成長に達するほど

大意

そして，誰よりも大きくこの問題に取り組んだ世界の人物としては，日本の首相の安倍晋三が挙げられる。なぜなら彼は，経済をより動かす事を公約して首相の職に就いたからである。そして彼は，貿易障壁や移民の不足問題に目を向けた。しかし最も大きな問題としては，教育を受けた日本の女性が経済に参加していない事であった。実際に，もし彼女らがしっかりと経済に参加していたならば，GDPが9％のプラス成長に達するほど日本経済が好調になるだろうという展望があった。

　音の変化に注目すると，2文目のlooked at trade barriersにおけるlookedの -edは，息抜きを伴う[t]音として発音され，その後atのtでは息抜きをせずにこらえて，tradeのtまでもっていくという流れとなる。その結果，息抜きで消える [t]と [d]の部分は＊印で示すと　［ルック　＊　ア〜トレイ　＊　バリアズ］のような感じで発音されている。音が縮んだり，変化した現象として，going to がgonnaとなることも挙げられる。このように，まとまった文章の中で，速く読む部分や逆に遅くなる部分，また話し手が息継ぎをしている部分もしっかりと真似してしまうことが大切である。なぜならそのような音の流れや息継ぎの感覚は，別の文章であっても生きてくるからである。

　また，中高生が対象であれば，One DirectionやTaylor Swiftなど，若者に人気の歌手の動画を使い，彼らが英語で話をしている動画を部分的に音読の練習として使用することも可能である。中学生にそれらの音源を使用し，授業で毎回5分ほど時間を取って，同じ箇所を何度も音読・シャドーイングをしたところ，スクリプトなしでも何を言っているのか理解できるようになり，大半の生徒が同じようなスピードで再現することができるように

なったという事例もある。このように，有名な英語母語話者の英語をモデルとした活動は，中高生にとって刺激的で楽しいものである。

(3) ジェスチャーと感情

英語で話す際に不自然さを感じる要因の1つとして，表現にうまく気持ちを込めることができないことが挙げられる。母語であれば上手く感情を表すことができるが，英語などの外国語で話すとなると，なかなか自分らしく表現できないという問題が往々にして生じる。一般に，英語の音声指導では，母音や子音をはじめとする音声面や，イントネーション，リズムなどに多くの注意が向けられるが，感情を込めて発声することも決して見落としてはならないポイントである。

日本語と異なり，大多数の生徒にとって英語はあくまでもforeignなコトバであり，感情を込めて英語を話す必要性が，彼らの日常生活においてほとんどないのが実情である。しかし，コトバと感情・気持ちは一体であることを，常日頃から強調し，生徒に実践させなければならない。ある表現に本当に気持ちを込めるには，まずは表現が使われる状況を思い浮かべること，そして，それを念頭に発話するという態度がとても重要になってくるわけである。

その意味でも，音声指導をする場合に留意すべきことは，状況とコトバと気持ちが一体になった時に，はじめて効果的に感情を表すことが可能となり，それが血の通ったコミュニケーションにつながっていくことを，きちんと理解しておくことである。そして，それを念頭に置いたトレーニングには，例えば，次のような慣用表現を利用するのがよいだろう。

Give me a break.という慣用表現は，様々な状況で使われる。上の写真が示しているのは，山積みの仕事に日々追われている男性であり，文字通り少し休息が欲しいという状況である。この写真は一例であるが，その他にも，相手が冗談ばかり言って，なかなか真剣な話ができず，苛々している状況でも用いることができる。

いずれにせよ，状況とコトバと気持ちが結びついた時，自然と表現に気持ちがこもるのである。上記のような写真や映像などを見せながら，教師のリードの下，音と感情とジェスチャーを交えて，文字通り，絵や映像のように表現する"なりきり"練習を数多くこなしてみるとよい。上のGive me a break.のようなイラスト・写真を何枚も用意し，中学生であれば，グループ内やグループごとに，誰が一番うまく表現できるかを競わせてもよいだろう。生徒は慣れてくると，休み時間などでも会話などの「決まり文句」などを，ジェスチャーを交えながら気楽に話すようになってくる。

ここまでの内容に慣れてきたら，以下のような少し長めの5から10語程度の文を使って同様の練習を行う。もちろん，長くて一息で言えない場合は，チャンクで区切って言えるよ

第18章 表現モードとしての声を鍛える

うにして，その後，文全体を一息で言えるように練習させるわけである。

もうホットドッグは飽きたよ。	I'm sick and tired of eating hotdogs.
その店は何時に開きますか。	What time does the store open?
このビン開けられないよ。開けてくれる？	I can't open this bottle. Would you try?
ドアは開け放しにしないで。	Don't leave the door open.

英語を話す際，声の大きさは極めて重要である

　大きな声は自信を高め，自信は表現に勢いを与える。発声の仕方が違うためかもしれないが，英語の母語話者の声は大きく感じる。実際に，電車などで彼らの声は響くし，離れていても勢いが感じられる。その点，日本語は穏やかである。英語は子音に勢いをもって発声する音が比較的多く，メリハリや強弱も日本語に比べて強い。もちろん，日本語であっても大きな声で話す人もいるが，英語と比較すると概して日本語は音声的に穏やかであることが多い。言葉を発する時に，声が小さいと自信もなくなる。そこで，英語を話す際，大きな声を出すことが重要となる。

　自分が話している英語の音量が，10段階中の3か4だと考えてみる。そして，せめて7，8，可能であれば10まで声の音量を上げる練習をしておきたい。自分の話す英語の声は，思ったよりも小さいものである。少し騒がしい場所で英語を話すと，日本語で話す時よりも相手にとって聞き取りにくいことがあるし，そこには発声の仕方が関係している。

　だからこそ，日頃から英語を意識的に大きく話す心がけが必要である。実際に会話をしている時も，小さな声でボソボソと話しても通じにくいし，いかにも自信がないように見える。意識的に大きな声で話せば，不思議と自信が生まれ，自分の英語表現に勢いが加わってくるようになる。そうなればしめたものである。その上で，英語を英語らしく発音し，イントネーションや抑揚を真似ることに焦点を当てて練習をしていくうちに，次第に英語らしく聞こえる音声の出し方が身についていくのである。

おわりに

　発音や発声，イントネーションがそれなりにしっかりとできるようになってきたら，それと並行して良質の英語に耳を慣らすことが大切になる。10分程度でよいのでとにかく毎日，できれば自然で生の英語に触れることが英語力アップには欠かせない。もちろん，それとともに英文の音読も毎日少しずつ続けるようにしたい。

　ちなみに，リスニングの力と音読の力との間にはかなりの相関が見られる。その意味でも，聞こえた音をその通りに再生する訓練（repeating）を行うとよい。その際，声の出し方，息継ぎまで真似て再生するように心がけるとよい。しばらく練習した後，どの程度，再生が

できているのかを，他者に客観的に判断してもらう機会をつくることも重要である。

　ゆっくりでもいいので，正確に再生ができるようになったら，次はシャドーイング（shadowing）あるいはオーバーラッピング（overlapping）を行い，文字に頼らず音声を真似る練習に入る。それと並行して音読を行うわけである。音読は声を鍛えるのにはとても有効な方法であり，英語で表現をする時の声を意識的に出すことができるようになるのである。そして，200語〜300語から構成される文章を音読し，音の強さ，強弱，リズム，間の取り方，発音の正確さなどの観点から評価してもらうとよいだろう。

　一昔前，アメリカの大学院の英語教育課程に留学する際，TOEFLやGREのスコアに加えて，ある短い英文を音読したものを録音し，それを提出することが入学を許可するかどうかの判断材料の1つであったことがある。つまり，音読は英語ができるかどうかを判断する際の信頼できる指標だったのだ。その意味からも，発音トレーニングをはじめとする様々なトレーニングを統合した音読の有用性は今後，再評価されるべきである。英文を大きな声でスラスラ読める生徒たちに，英語の苦手な子や英語嫌いはいない，というのは現場教師がもつ率直な感想であろう。

（阿部　一・石原佳枝）

■ 読書案内

鈴木寿一・門田修平（編著）(2012)．『英語音読指導ハンドブック』大修館書店．
英語学習における音読の重要性を理論・実践面から詳細に解説した良書。第Ⅱ部：実践編では，日々の授業で実践できる指導法を幅広く紹介している。

阿部一 (2012)．『この8音を発音できれば英語はすべて聴き取れる』IBCパブリッシング．
日本人に必要な8つの音を徹底的にトレーニングすることを通して，リスニング力の向上を図ることができる。本章で議論した内容を踏まえ，具体的なトレーニング法を解説した書。

第**19**章

文章作成力を鍛える

本章のポイント

(1) 文章作成力を鍛えるためには，理解（comprehension）可能な言語リソース（語彙・文法・慣用表現）を，産出（production）レベルで定着させる必要がある。

(2) 読んだ文章のparaphrasing/summarizingを通じて，文章のタイプに応じた典型的な展開パターンを身につけることができる。

(3) 文章を書く行為を日常化するため，リーディングからライティングへの接続（read and react）をはじめ，マルチモーダルな活動の中にライティングタスクを位置づける工夫が必要である。

キーワード

言語リソース，read and react，paraphrasing/summarizing，ライティングの日常化

はじめに

　英語の文章表現力を鍛えるためには，何ができ，何をなすべきか。この問題に対処するにあたっては，主に3つの課題があると思われる。1つには，語彙・文法・慣用表現からなる言語リソースを鍛える必要がある。ライティングでは，言語リソースを理解できるだけでなく，文字を通じて言語産出（production）を行う力が求められる。そして，その力は実際に書くことによってのみ定着する。2点目に，文章展開の主なパターンを身につけることが求められる。例えば，「分類」を旨とする「説明文（expository type）」と，主張や説得を意図する「意見文（argumentative type）」では構成も展開も異なり，「物語文（narrative type）」には，登場人物とプロットをめぐる語りの型がある。これらの型を身につけるには，リーディング素材を活かしたparaphrasing / summarizingが格好の訓練となる。もう1つ大切な点は，ライティングという行為を日常化するための素材と方法論を確保することである。ここでは，リーディングからライティングへの展開を含め，複合的（マルチモーダル）な活動の中にライティングを位置づけることが有力な方法として考えられる。本章では，上記のうち，特に第三の点についての具体的な方法を提示していく中で，第二点で挙げた文章の典型的な型にも触れることにしたい。第一の点は個別に論じないが，本章での提案を実際に「書く」ことを通じて実践していくことが，そのねらいを果たすことにつながるはずである。

リーディングからライティングへ

　文章作成力を鍛えるためには，まず，文章を書く機会を増やさなくてはならない。日頃から自分が学んだことや感じたことを（完全な文章にならないものや，断片的なアイディアのメモのようなものも含めて）英語で書き留めていくことが，文章作成力を向上させる。このことは母語の経験に照らしても疑いの余地はないと思われる。では，どのようにしたら，そのきっかけが得られるのだろうか。

　1つの有力な方法として，read and react（第10章「コミュニカティブな英語教育における発問力」参照）が挙げられる。これは，リーディングの活動を前提として，その内容へのリアクションを通じて表現活動への架橋を試みる方法である。この方法のポイントは，リーディングの段階で，チャンク単位の音読等を含めて言語表現を行うためのリハーサルを先取りしておく点にある。

　リアクション活動には，reporting（読んだままを報告する），paraphrasing / summarizing（読んだ内容を自分の言葉で言い換える・まとめる），commenting（読んで感じた・考えたことを述べる）が含まれる。これらは主にテクストを読み切った後の活動となるが，これらに加えて，そのお膳立てとして，読む前の発問（think before you read），読んでいる最中の発問（while-questions），読後の発問（comprehension check）等を適宜用意しておくと，学習者の表現の機会を増やすことができる。これらの発問を通したインタラクションは，口頭でも文字でも，英語でも日本語でも行うことができるが，時間の調整が可能であれば，それらの一部をライティングタスクとして活用することができる。

　以下，read and react の方法論にのっとり，物語文と意見文（スピーチ）を題材としたライティングの活動例を見てみよう。

イソップ物語を題材とした read and react の活動例

　ここでは，イソップ物語の「キツネとぶどう（The Fox and the Grapes）」を例に取り上げたい。以下は，英文のチャンキング分析に，日本語でスクリプト（思考の流れ）分析を施したものである。

ぶどうの発見
　A hungry fox
　　saw some fine bunches of grapes
　　hanging from a vine
　　that was trained along a high trellis,

ぶどうを得ようとする努力
   and did his best to reach them
   by jumping as high as he could into the air.
失敗とその理由
  But it was all in vain,
   for they were just out of reach:
負け惜しみを言いながら立ち去る
  so he gave up trying,
   and walked away
   with an air of dignity and unconcern,
   remarking, "I thought those grapes were ripe,
  but I see now they are quite sour."

　このような分析に基づいて，チャンク単位で音読を徹底し，while-questions や comprehension check に順次取り組む。そして，いざリアクションへ向かうとしよう。以下は，英文テクストの情報の流れをナビゲーターとして示した上で，要約・パラフレーズを求めるライティングタスクの例である。ナビゲーターのポイント（以下では4点）だけでは，漠然とし過ぎてライティングにつなげにくい。そこで，各ポイントに文章の展開（再現）に必要な情報を誘導するWH疑問文を加えると，格段に取り組みやすくなるはずである。

　リアクション1 以下のナビゲーターを参考にして，The Fox and the Grapes を自分なりの英語でパラフレーズ（要約）してみよう。

Information Flow (Navigator)：

Finding grapes	What did a fox find, doing what?
↓	Where was the thing the fox found?
Efforts to get them	What was the fox's reaction to it?
↓	What did he do about it?
Failure to do so	What was the result?
↓	Why was he not successful?
Sour-graping	What did he say after his attempts failed?

ライティング例）

　A fox was walking along the street when he happened to find bunches of grapes hanging from a branch along a high trellis. <u>He thought it would be wonderful if he could taste them, so he decided to get them.</u> He jumped and jumped but he couldn't reach them because they were just out of his reach. After several trials, he just walked away with dignity and pride, remarking, "I don't want them because those grapes are so sour."

この種の paraphrasing / summarizing では，最初は原文に近い表現も認めるとよい。そうすることで，英語の自然な表現と文章の展開パターンに慣れていくことができる（剽窃（表現の無断借用）を問題視する向きもあるが，近年，マルチモーダル環境での作文という観点から，原作と独創の混淆表現に教育的な意義を積極的に認める立場も生じつつある）。物語文は，主要人物（キャラクター）の状況・目的・行動・結果・心情等をめぐるプロットから成り，通常，過去テンスで時系列に従った展開になる，といったことも自然と身についてくる。そして，この種の活動に慣れるに従って，徐々に自分なりの表現を盛り込むように促すとよい。上の例では，第2文（下線部）に創造的な解釈（本文にはない）を挿入しており，最後の直接話法ではポイントを維持しつつも単純な表現にパラフレーズしている。

同じリアクションでも，以下のように，「この物語の教訓は何だと思うか／どのようなことが学べるか」を問うライティングタスクも考えられる。これは，commenting の例である。

リアクション2 What do you think is the lesson of the story? / What can you learn from the story?

ライティング例）

You can't tell the taste of food before you eat it, but the fox remarks that he doesn't want the grapes he can't reach because they taste too sour. He says this without tasting them. This comically describes our tendency to disguise our failure in some attempt as the result of our original intention. When you don't succeed in some trial, it's not easy to admit that you have failed. But pretending you haven't might give people every reason to laugh at you when they get to know the truth. So the lesson of the story is that you will do better if you don't hide your mistakes.

■ スピーチを題材としたリアクションの例

read and react の方法は，どのようなリーディングの素材にも応用可能である。大切なことは，ライティングにおける難易度や所要時間等も考慮した上で，素材を選択（抜粋）することである。以下は，Lincoln の Gettysburg Address に対して3種類のリアクションを行う上級者向けの活動である（本文は割愛）。リアクション1は reporting（paraphrasing の要素もある），リアクション2は paraphrasing / summarizing,

第19章 文章作成力を鍛える

リアクション3はcommentingに相当する。

リアクション1 （Reporting:「事実」と「意見」の見極めを問う）

LincolnのGettysburg演説の内容のうち，どこがfacts（事実の陳述）で，どこが
opinions（意見の表明）にあたるかを考えて，以下の問いに英語で答えなさい。

Q: What are the **fact statements** given in the speech?

A: 1) The nation was founded 87 years ago based on a belief that all
   people are created equal; 2) That nation is now in danger of collapse
   as it is engaged in a civil war; and 3) They (the speaker and the
   audience) got together at the battlefield to dedicate part of that
   ground to those who fought for the survival of that nation.

Q: What are the **opinion statements** given by Lincoln in his speech?

A: 1) Lincoln says in his speech that it is right that they have gathered
   there to dedicate the battle field as a resting place for those who
   fought for the nation; 2) But he says that they cannot dedicate or
   consecrate the field since the brave soldiers have already done that
   beyond their poor ability to add or subtract; 3) Therefore, Lincoln
   concludes that they should direct their devotion to the remaining
   task before them that the brave soldiers have advanced so far and
   yet left unfinished.

リアクション2 （Paraphrasing / Summarizing）

Gettysburg演説のテクストを再度熟読し，以下のナビゲーター（思考の流れ）を参考に
して，できるだけ自分なりの英語表現でパラフレーズしてみよう（自分が同時代の演説者と
して聴衆に語りかけているようなつもりで）。

「過去と現在」87年前の理想に基づく建国 〜 現在の内戦における危機
　　↓
「事実の指摘」われわれは内戦の犠牲者たちにこの地を捧げるべくここにつどった
　　↓
「一定の評価」それはふさわしいことである
　　↓
「反論の開始」しかし，それはわれわれにはできない
　　↓
「主張の提示」むしろ，われわれは彼らの未完の偉業を受け継ぐべきだ

268

Part 3　英語力を育むための実践的指導

ライティング例）

　This nation, which was founded on the principles of liberty and equality eighty seven years ago, is now facing a crisis, engaged in a great civil war.

　Today we have gathered here to dedicate this battlefield to those who fought giving their lives for the survival of this nation. And it seems right to do so .

　But we can't dedicate or consecrate this ground because that is what the brave soldiers have already done, and there is nothing left for us to do.

　So, instead of **doing this, we should** devote ourselves to the unfinished great task that the brave soldiers have advanced so far. In other words , **we must** resolve and do whatever we can to make sure that the brave soldiers did not die in vain, that this nation will give a new birth of freedom, and that government of the people, by the people, and for the people will not disappear from the earth.

リアクション3 （Commenting）
リンカーンのゲティスバーグ演説で一番興味深いと感じることは何ですか，それはなぜですか（What part of Lincoln's Gettysburg Address interests you most and why?）。

ライティング例）

　What interests me most about Lincoln's Gettysburg Address is that in the speech Lincoln says, "the world will not long remember what we say here, but it can't forget what the brave soldiers did here." He said this in praise of the heroic deeds by the brave soldiers who fought for the survival of the nation that was founded on ideals of liberty and equality. It is quite natural that he should talk like this on such an occasion to hold the soldiers in highest respect. Looking back in hindsight, however, we should say his words have proved wrong, because his speech at Gettysburg, including [that well-known part, "government of the people, by the people, and for the people"] remains in our mind far more clearly than [the record of how the battle was actually fought at Gettysburg].

269

第19章　文章作成力を鍛える

　下線部は論理の展開（譲歩〜主張〜論拠〜対比）のシグナルとなる部分で, リンカーンの予言とは異なり, ［ゲティスバーグにおける戦闘の記録］よりも［彼の言葉］が後世に語り継がれているということを対比的に述べている。テクストの批評的な読みをライティング（Commenting）で表現した例である。

■ キーワードからステイトメントを経て, パッセージへ展開する方法

　「インターネットの功罪」についてリサーチを行った上で, argumentative writing（読み手を説得するような意見文のライティング）を行うと想定してみよう。その場合, まず, 以下のように, ライティングに活かせそうなアイディアの候補を, センテンスレベルで挙げておくとパッセージに展開しやすくなる（opinion statement をディスカッションに活かす方法については第12章を参照）。

■インターネット（ソーシャルメディア）の利点
The Internet increases life satisfaction by giving you better jobs and higher productivity.
Internet use empowers people by increasing their feelings of freedom and independence.
Nothing has made it easier to share your experience with others than *the Internet*.
Safe and affordable *Internet cafés* will be beneficial for the local community.
Social media helps you make friends with people you may not otherwise get to know.
Social media improves the well-being of citizens by giving them more chances to express themselves.

■インターネット（ソーシャルメディア）の負の側面
The Internet makes us passive consumers of whatever comes up on the screen.
Quick access to a huge amount of information may hinder deep thinking.
Internet addiction makes it hard to get along with reality.
Internet censorship controls what can be accessed or published on the web.
Social networking is a hot bed for *cyber bullying*.

270

Social media kills face-to-face relationship skills.

以下は，上記のアイディアをargumentativeライティングに活かした例である。

ライティング例）

The Internet has become an indispensable part of our everyday life. Hardly any day would pass by without us using the Internet. Quick access to a huge amount of information on the Internet saves us a lot of time and energy. However, the Internet is not free of its downsides. We should pay attention to problems such as *addiction, bullying* and *censorship*, which may happen with the use of the Internet.

First , *Internet addiction* might make it hard for users to get back to reality. Everything you do need moderation and self-discipline. Second , social networking is a hot bed for *cyber bullying*. This is a new type of bullying which can become more cruel on the victims because the attackers can remain unknown to them. Third , *Internet censorship* can control whatever you access or publish on the web. Therefore, it's a wishful thinking if you think you can become free and independent by using the Internet.

To sum up, there is no doubt that the Internet has made our lives easier. But we have to be aware that the drawbacks of the Internet may outweigh the benefits.

欠点が利点に勝るという主張だが，書き手の考え方によって，当然，逆の立場も考えられる（第12章を参照）。ここでは，全体の「構成（organization）」と複数のアイディア間の「展開（development）」という観点で見直しておきたい。まず，第1パラグラフ最終文に主題文（thesis statement）が提示されており，3つの論点が先取りされている（addiction, bullying, censorship）。これらの3点は，それぞれ第2パラグラフで2文ずつ費やして論じられている。これらの論点をそれぞれ膨らませれば，3つのパラグラフで論じることもできる。最終パラグラフでは，第1パラグラフの主題を確認するようにパラフレーズが行われ，論点が反復確認（リキャップ）されている。

ここに見られる，「主題文（そこに含まれる論点を先取りする名詞句）→主題文の展開→最後のリキャップ」という構成は，特に意見文では典型的な型として身につけたい。また，「抽象的な名詞句」から「具体的な節・センテンス」への展開，すなわち，「抽象〜具体」の展開は，文と文のつながり（結束性）や文章全体の構成（一貫性）を維持するために不可欠なスキルと言ってもよいだろう。

271

第19章　文章作成力を鍛える

メタファーを活かしたライティングの活動

　メタファー（比喩）をライティングに活かす方法もある。情報化社会と呼ばれる現代，「情報」の意味について深く考える必要がある。「情報（information）」とは何か。「知識（knowledge）」とどう異なるのか。それらと「知恵・叡智（wisdom）」はどのような関係にあるのか。これら3つの概念の関係について，以下のような詩人の言葉がある。

"Where is the *wisdom* we have lost in *knowledge*? Where is the *knowledge* we have lost in *information*?" (T. S. Eliot)

　この相互に関連し合った3つの抽象概念をめぐるライティングの活動を考えてみよう。抽象概念の意味は，雲をつかむようで，ピンとこないことが多い。そこで，イメージに訴える，あるいは，メタファーを活用するという方法が考えられる。これらの概念の相違は何かをイメージで語るとしたら，どのようなものにたとえられるだろうか。以下のようなメモを用意して，表現の断片を考えさせてから，文章を組み立てるように指示を行う。

What is it like, or what does it feel like?

	image / metaphor（どんなイメージ？何にたとえられる？）
information	data / just go by / flow of water / hard to catch / amount
knowledge	food that is digested / part of your body / system / organ
wisdom	an owl / a wise old man / advice / experience / ability to judge

　上記のような断片表現が得られたとして，それをライティングにつなげてみよう（イタリックの部分は断片表現を活かした箇所）。

ライティング例）

　Information is all the *data* going around the world, but it may not necessarily be gained or owned by people. Information can *just go by*. It is something *like the flow of water in the river*. There is *a huge amount of water in the river* but it is *hard to catch any part of it*. But again like water, information is something you can measure *in terms of amount or volume*.

　Knowledge is some piece of information you have gained inside your

272

mind. It may be *similar to food you eat and digest*. Food, once taken in your body, becomes *part of your body*. Similarly, knowledge once gained becomes *part of your knowledge system*. And most likely, knowledge should be related to other pieces of knowledge and it is *systematic*. In that respect, it may be something like *an organ in the human body*.

Then what is wisdom? *Wisdom reminds me of an owl or a wise old man who gives us precious pieces of advice when we have problems*. It may concern *the ability to judge important things* in a healthy and meaningful manner. And to do this will require something more than pieces of information or some amount of knowledge. It relates to *the amount of experience* a person has gone through and what he or she has learned in the process.

これは文章のタイプとしては，「説明文」の一種である。この活動を通し，事実陳述文のみならず，メタファーも説明に効果的に用いることができるという学びを得ることができる。

日常表現を活かしたライティングの方法

今，手元に『英語まるごと日常表現ハンドブック』という本がある。この本は38の場面と20の話題を取り上げており，日常的に用いられる生きた英語表現が，動詞・名詞・形容詞・センテンスごとに分類・ネットワーク化されている。ここに収録されているような日常表現のフレーズ（特に動詞句）をつなげることによって，文章作成力を鍛える方法が考えられる。題材は日常のありふれた事柄である。ゆえに，ライティングをより身近なものにすることができるというメリットも期待される。具体的には，以下の手順でライティングを行う。

1) ある場面を選択して，ストーリー展開を想定しながら，いくつかの動詞表現をピックアップする。
2) それぞれの動詞表現について，主語を立て，テンス（回想を語る過去形／習慣を語る現在形など）を調整して，センテンスをつくる。
3) センテンスをつないで，ストーリーを展開する。このとき，適宜，つなぎの表現（接続詞・副詞・慣用表現など）を足す。

以下，「場面4（散歩とジョギングと天気）」の「散歩する」から「毎日ジョギングする」の流れを想定して，ストーリーをつくるところまで見てみよう。

273

第19章　文章作成力を鍛える

1）ストーリー展開を意識しながら，動詞表現を複数選ぶ（最初は少数でよい）

散歩する　→　take a walk

毎日1万歩歩く　→　walk 10,000 steps every day

ジョギングを始める　→　take up jogging

早朝にジョギングをする　→ go jogging early in the morning

いい汗をかく　→　work up a good sweat

筋肉を強くする　→　strengthen one's muscles

強い骨を作るのに役立つ　→　help (to) build strong bones

ジョギングでカロリーを消費する　→　burn off calories by jogging

体重を減らすのに役立つ　→　be a good way to lose weight

空腹で走る　→　run on an empty stomach

走る前にはものを食べない　→　avoid eating before going for a run

ジョギングを毎日の習慣にする　→ make jogging a part of one's routine

　次に，2）で上の動詞表現ごとに主語を立てて，テンスを調整し，センテンスにしてみる。その後3）で，センテンスをつなぎ，ストーリーの展開にする。その際，適宜つなぎ表現を足すとよい。ストーリーを展開させる際，以下のような論理の展開をナビゲーターとしてメモしておくと，ライティングに取り組みやすい。

【論理の展開（ナビゲーター）】

〈変化〉

「散歩」　～　「ジョギング」

メリット：汗／筋肉／骨／カロリー＆体重

　以上のメモに説明を足していく。第一に，過去から現在への「変化」を語るので，「以前は散歩をしていた」という表現で，used to などを使って書き出すとよい。そして，「最近，ジョギングを始めた」という「変化」を語る。そこでは，recently / now とか，have taken up などを使うことができる。また，work up a good sweat / burn off calories by jogging / strengthen one's muscles / help (to) build strong bones / be a good way to lose weight などは，ジョギングのメリットとしてまとめることができる。以下，これらの点を踏まえたライティングの例を示す。

I used to *take a walk* every morning, *walking 10,000 steps every day*. But now I have *taken up jogging*. Jogging is good for your health. You can *work up a good sweat*. You can *strengthen your muscles*. And

274

jogging *helps to build strong bone*s. Besides, you can *burn off calories by jogging*, so it *is a good way to lose weight*! But I always *run on an empty stomach*. I *avoid eating before going for a run*. Anyway, there is nothing to lose by *making jogging a part of your daily routine*.

この方法を実践することにより，日常の場面や話題でよく使われるリアルな表現を使って，自分の身近な体験について英語で文章化する機会を増やすことが可能となる。

日英翻訳プロジェクト

日本語の詩や広告文を英語に翻訳する。これはかなり難度の高いタスクだが，学習者のレベルによっては興味深い活動となる。グループでディスカッションをしながらアイディアを出し合い，1つの作品を作り上げていく。一定時間の後，グループの代表者に作品を披瀝させ，相互に鑑賞・批評し合うという活動が可能である。以下，具体的な翻訳の例を示す。

寒いねと話しかければ
寒いねと答える人のいる
あたたかさ

これは俵万智の有名な作品であるが，この歌をまず日本語でシェアする。そして，この作品がなかなか日本人以外には理解され難いと言われていること，そしてその理由の一端として助詞のはたらきが関わっている可能性があることを紹介する。例えば，「ね」という助詞を，「わ」「よ」「な」「か」「でしょ」「だろ」「じゃん」などに変えたら，ニュアンスはどう変わるか，などと問うのも面白い。この種の助詞は，対話的な共感の調整に寄与する部分が大きく，それを英語で伝わりやすく表現するのは容易なことではない。しかし，あえてこの詩を英語で表現するとすればどうなるだろうか。このような問いかけをすると，日英の違いについてより深い気づきが得られるかもしれない。以下は，翻訳作品の一例である。

"It's cold isn't it?" you say,
and get this answer, "Yes, it is really cold."
How warm it makes you feel that someone's there to answer.

助詞による共感調整作用が，英語では付加疑問文によって表現されている。ちなみに，日本語原文は五七五の歌であったが，韻律は無視して詩として扱っている。

もう1つの例として，とある企業の広告文で，「人と人を結ぶのは人だと思う」という表現があった。これを題材に翻訳タスクを行ってみたところ，After all, it's people who

connect people.という作品が出てきた。After allを文頭で使っているところがとても
上手い。「結局」「最終的には」といったニュアンスだが, それは原文の日本語にはない。
ないけれども, そのニュアンスを感じ取って英語で表現しているのだ。

　この種の翻訳活動は, 日本語と英語の言語体系の相違について, 深い気づきを与えてく
れる可能性がある。それはまた, 英語の文章構成力を向上させることにもつながるはずだ。

複合的なタスクにおけるライティング

　最近注目を集めている方法にディクトグロスがある。これはリスニングでのnote-
takingを前提にライティングへの接続を図る活動である。今やテスティングにおいても, 例
えば, TOEFL-iBTでは, リスニングとリーディングを踏まえたライティングの設問が出され
ている。今後, 時代の要請として, この種の複合的な活動と絡めたライティングタスクの増
加が予想される。その流れを踏まえて, 日常的にライティングをマルチモーダルな活動の中
に位置づけていく工夫も必要である。例えば, 学生のプレゼンテーションを, 発表だけで
終わらせずに, ディスカッションや追加リサーチを経て, ライティングタスクへ接続する方法も
考えられる。以下は, Fast Fashionというタイトルの格安ファッション産業がもたらす負
の側面についてのプレゼンテーションに対するリアクションの例である。

プレゼンテーションに対するリアクションの例：

　Knowing there must be people suffering from the environmental and
economic problems that the fast fashion industry causes, I always
neglect to seriously consider the matter and blindly shop around for
useless pieces of clothing. The color of the Indonesian river was
disgusting and made me rethink the consequences that our thoughtless
actions cause. Yet, I am made of H&M.

　この活動は, CALL教室内で学生全員がウェブ上で情報をリアルタイムにシェアできる
環境で行われた。発表者がPowerPointを使ったプレゼンテーションを行い, 質疑応答
の後, 周囲の人との意見の交換を促す。続いて, 発表者の資料をオンラインでシェアし, 各
個人がウェブ上で追加リサーチを行った上で, 時間内にコメントを書き, オンラインで提出
するというものであった。これはICT環境を活かした, マルチモーダルなライティングタスク
の一例である。

おわりに

　おわりに代えて, フィードバックのあり方について触れておきたい。ライティングのフィード
バックと言えば, 添削で答案を真っ赤にすることと思いがちである。しかし, 教師の時間が

限られていることや，学習者のself-editing（自己編集）力の向上という観点から，発想の転換が求められる。ポイントは，「完成作品（字面の形）」から「編集プロセス（意識のはたらき）」に重点をずらすことだ。フィードバックは本人に直接与えられる場合だけでなく，他者がフィードバックを受けるのを観察する場合でも，学習者に多くの気づきをもたらすという指摘がある。そこで，例えば，プロジェクタに匿名学生の答案を大きく提示して，リアルタイムで添削してみせることも効果的である。ペアワークやグループワークも添削に活かせるはずだ。以上のように，ライティングを日常化させることに加え，フィードバックのチャンネルを多様化させる工夫も必要である。

（佐藤芳明）

■ 読書案内

門田修平（監修・著）（2005）．『決定版英語エッセイ・ライティング』コスモピア．
トピックの決め方やレトリックの主要パターンとその展開，導入パラグラフ・展開部分・結論パラグラフの書き方について，具体例を通じて分かりやすく書かれている。

長尾和夫＋トーマス・マーティン（2016）．『英語で書く力。70のサンプル・ライティングで鍛える！』三修社．
同じ話題についてある記事を読み，CD（対話・スピーチ）を聴いて英文を書くといったマルチモーダルな活動を通してライティング力の強化を図ることができる。

Part 4

カリキュラム・
シラバス・
評価のあり方

第**20**章

カリキュラム・シラバス論

本章のポイント

（1）英語教師には，カリキュラム・シラバスがもつ多様な役割・機能を理解することが求められる。

（2）カリキュラム・シラバスの策定において，言語リソース（CAN-SAY）とタスク処理（CAN-DO）の両面を射程に入れる必要がある。

（3）英語教師には，カリキュラム・シラバスを所与のものとみなすのではなく，常に批判的に検討し，改善をしていく姿勢が求められる。

キーワード

カリキュラム，シラバス，らせん状発達モデル，
言語リソース（CAN-SAY）とタスク処理（CAN-DO）

はじめに

英語を教える際，一度にすべての項目を学習者に提示することは原理的に不可能であり，時間の制約上，一定の単位に分割された項目を提示するしかない。これは英語教育に限らず，あらゆる教育活動に当てはまる。したがって，教育活動を展開する上では，何を，どのような配列・順序で，どのように，どの程度指導し，どのように評価するのかという点を明確にしなければならない。これらを具現化したものが，カリキュラム（curriculum）とシラバス（syllabus）である。カリキュラムは当然のことながら，近年ではシラバスを生徒に配布したり，ホームページ上で公開したりする学校も増えており，英語教育を語る上でその理解は必要不可欠である。本章では，英語教育におけるカリキュラム・シラバス論を素描し，今後求められるあり方について探究していくこととする。

カリキュラム・シラバスとは何か

『改訂版英語教育用語辞典』（白畑他，2009）は，カリキュラムとシラバスを以下のように定義している。

カリキュラム

特定の教育プログラムの方針を示した総合的な教育計画。プログラムの教育目的，教育内容，教授手順，学習方法，評価方法などを明確に示したもの。カリキュラムという用語

はシラバス（syllabus）と同じ意味で使われることもある。（以下省略）

シラバス

　特定の教育課程の教育内容，学習項目の選択・配列を具体的に示した授業計画。より総合的に教育の目的や学習内容・方法・評価についての方針を示したものは**カリキュラム**（curriculum）と呼ぶ。（以下省略）

　以上をまとめると，カリキュラムとは総合的な教育活動に関するもので，教育「内容」のみならず「目的」や「評価」にも言及するものである。一方，シラバスは特定科目の教育内容に関して，学習項目の選択とその配列を示すものとされている。しかし，実際には，特定の科目に関するシラバスを語る文脈で，カリキュラムという語が使われることもある。また，特定の科目のシラバスにおいても，教育内容のみならず「目的」や「評価」に言及するのが，今の教育現場での慣例になっているように思われる。

　カリキュラムとシラバスとの関係を，高等学校外国語科を例に考えてみよう。カリキュラムとは，学校が掲げる教育目標を実現するための教育課程を指し，国語，数学，地歴・公民，外国語をはじめとする科目群を，どの年次において年間何単位履修するのか，必修か選択かの区分，履修順序などを明記したものである。外国語科の科目は，カリキュラムを構成する一要素であり，現行ではコミュニケーション英語Ⅰ～Ⅲ，英語表現Ⅰ～Ⅱ，その他学校設定科目等から構成される。この科目群における特定の科目について，教育内容，学習項目の選択・配列を具体的に記述したものがシラバスである。そのうち，学習項目の選択に焦点を当てたものをコンテント・シラバス，時系列上の配列に注目したものをコース・シラバスと呼ぶこともできる。

シラバスの種類

　シラバスは，特定の科目について，年間（学期間）を通して，どのような目的で，何をどのような順序で学ぶのか，また，学習の成果はどのように評価されるのか等を具体的に記したものである。主なシラバスの種類としては，以下のようなものが挙げられる。

- 構造シラバス（structural syllabus）
- 概念／機能シラバス（notional/functional syllabus）
- 状況／場面シラバス（situational syllabus）
- トピック中心シラバス（topic-based syllabus）
- タスクシラバス（task syllabus）

　構造シラバスはその名の通り，文法項目・文型・語彙など，言語構造の観点から構成さ

第20章 カリキュラム・シラバス論

れたシラバスである。概念／機能シラバスは，「時間」や「位置」「頻度」といった概念や，「依頼する」「謝罪する」「許可をする」といった言語の機能に基づいて編成されたシラバスである。状況／場面シラバスは，「病院」「学校」「買い物」など，言語が使用される状況や場面に基づいて構成されるシラバスである。トピック中心シラバスは，「環境問題」「グローバル化」「ジェンダー」をはじめとする話題（トピック）を軸として展開されるシラバスである。最後に，タスクシラバスは，task-based language teaching (TBLT) の考え方を反映し，学習者が言語を用いて行うタスク（例：自己紹介をする，道案内をする，料理のレシピを説明する）を配列して展開されるシラバスである。上記それぞれのシラバスには，長所・短所があり，現在は特定のシラバスではなく，複数のシラバスを組み合わせた複合シラバス (mixed syllabus) が一般的に用いられている。

■ シラバスの作成 (syllabus design)

シラバスを作成する上で明確にしなければならない項目として，以下の点が挙げられる。

(1) 授業の目的，到達目標
(2) 何を
(3) どのような教材（マテリアル）を用いて
(4) いつ・どのような順序で
(5) どこで
(6) 誰が
(7) 指導方法
(8) 評価方法・評価規準

(1) は，学習を通してどのような力を身につけることを目標とするのかを明示したものである。(2) はWHATに関わる項目であるが，これには言語リソースや表現モードに関する事項が含まれる。前者は，文法項目として不定詞と動名詞，比較構文，受動態を扱い，語彙は年間300語学習するといった記述である。後者は，listeningとspeaking力の育成に重点を置くといったものである。(3) は授業で用いる教材（マテリアル）であるが，検定教科書をはじめとする主教材に加え，問題集や資料集，単語帳などの副教材，自作のハンドアウト，Web教材などが含まれる。(4) は，WHENに関する項目であり，以下のように短・中・長期的な視点を考慮しなければならない。

3年間（入学〜卒業） ＞ 年間 ＞ 学期 ＞ 単元 ＞ 1コマ

通常，シラバスは年間（または学期）単位で作成されるものであるが，中学・高校であれ

ば3年間という長期的なスパンの中でどのような位置づけになるのかを意識することが必要である。高校であれば，50分の1単位時間を35単位時間（年間35週）とするのが標準であり，各教科の単位数に応じて年間の授業時間が算出される。この年間授業時間を元に，各学期に何時間が配当されるのかを，学校行事等の要因を考慮しながら決定する。そして各学期において，どの単元を何コマ使って学習していくのかを決定することとなる。

　(5)はWHEREに関する項目であり，通常の教室かCALL教室かによって授業の性質が異なる。(6)は授業担当者に関する情報であり，日本人英語教師（JET）もしくはネイティブ教員（NET）単独なのか，両者によるティームティーチング（TT）なのか，TTの場合，NETが授業に参加する頻度はどの程度なのかといったことを明確にしなければならない。(7)は指導法に関する項目である。例えば，ペアワークやグループ活動を積極的に行うのか，指導言語はall Englishなのか，日本語を主とするのか，パターン・プラクティスや音読をどの程度実施するのかをはじめとする，様々な要素が含まれる。同一科目を複数の教員で担当する場合，ある先生の授業ではコミュニケーション活動が中心で，別の先生の授業では文法訳読式が主となっているといった，指導方法におけるズレが存在する場合，教員間の連携不足として生徒や保護者にとらえられてしまい，不満のもととなることも予想されるため，一定の共通理解を図ることが求められる。HOWを巡っては，習熟度別クラス展開の有無についても明確にしなければならない。クラス分けを実施する場合は，いくつのレベルに分け，人数の比率をどうするのか，内容・進度はどのように調整するのか，そしてクラス間の移動はどのタイミングで，何を基準として行うのか，といった一連の点について，生徒に周知しなければならない。

　(8)は評価法に関する項目であり，シラバスの中でも特に重要度が高い項目である。評価を巡っては，評価の観点，評価規準，評語・評定の3つの点を明確にしなければならない。評価の観点とは，学習者に身につけてもらいたい力を短い用語で表現したものであり，教科学習において文部科学省は「関心・意欲・態度」「思考・判断」「技能・表現」「知識・理解」という観点から評価を行うよう求めている。評価規準とは，評価観点によって示した学習者に身につけて欲しい力を，より具体的な成長の姿として文章で記したものである。例えば，「技能・表現」という観点に対する評価規準としては，「日常的な話題について，英語で3分間会話をすることができる」や，「過去に起きた出来事について，適切な時制を用いて1パラグラフの文章を書くことができる」といったものが挙げられる。さらにそれぞれの評価規準がどの程度身についたのかを明示するための指標として，1〜5のような評定や，A・B・Cのような評語があり，通常はそれに文章表記を併記することが求められる。以上の項目に加えて，評価対象（中間・期末考査の得点，授業中のペアワークやプレゼンテーション，単語テストの得点など）は何であり，それぞれが全体の評価の中に占める割合（例：中間・期末考査の得点70%，単語テスト10%）を示すことが必要となる。評価については，次章で詳しく述べることとする。

第20章　カリキュラム・シラバス論

以上のように，シラバスは多岐にわたる要素から構成されるものであり，入念な計画に基づいて策定されなければならない。

■ カリキュラム及びシラバスの役割・機能

上述したように，カリキュラムとシラバスは，教育機関における教育活動を総合的かつ具体的に表した計画であり，教育活動の根幹を成すものである。では，カリキュラムはどのような役割・機能を果たすのであろうか。ここでは，カリキュラムに関わる様々な主体の立場から考えていきたい。

第一に，学習者にとってカリキュラム・シラバスとは，学習の道筋を示すものであり，どのような順序で学習を進めていくと，どのような学習の成果が得られるのかを知る手段である。また，自己の学習進度や理解度を図る尺度としても機能する。また，どの科目を履修するのかを判断する際の材料ともなる。

第二に，教員にとってカリキュラム・シラバスとは，授業を進めていく上での羅針盤であり，何を目標として，いつまでにどの内容を，どの程度指導するのかを把握し，教員同士で相互理解を図ることを可能にするものである。カリキュラム・シラバスは，教員の言語学習観・教授観を反映するものであり，また通常，学習者は教員が設定したカリキュラムに従って学習を進めるため，その策定にあたっては大きな責任を伴う。

第三に，カリキュラム・シラバスは文部科学省や教育委員会をはじめとする教育行政機関や，各種学校への入学を検討している生徒及び保護者など，多くの主体に対する影響力をもっている。教育行政機関は，各教育機関において適切な教育活動が行われているのかを判断するために，カリキュラム・シラバスのあり方をチェックしている。また，入学を検討している生徒及び保護者は，志望校とするか否かを判断する指標としてカリキュラムを参考にすることが多いだろう。在学中の子どもがいる保護者にとっては，子どもがどのような内容を学習しており，どのような力が身についているのかを知る術となる。

以上のように，カリキュラム・シラバスは学習者と教員を中心とした多くの主体に影響力を及ぼすものであり，教員はこの点を十分意識した上でその策定を行うことが求められる。その際，カリキュラム・シラバスは，学校がどのような教育理念をもって教育活動を実践しているのかを説明する役割（accountability）をもつことを意識することが肝要である。

■ 言語リソースとタスク処理の観点に基づいたカリキュラム・シラバスの策定

平成20年3月に告示された中学校学習指導要領は，外国語の目標を「外国語を通じて，言語や文化に対する理解を深め，積極的にコミュニケーションを図ろうとする態度の育成を図り，聞くこと，話すこと，読むこと，書くことなどの<u>コミュニケーション能力の基礎を養う</u>」（下線筆者）として掲げ，平成21年3月告示の高等学校学習指導要領では，「外国語を通じて，言語や文化に対する理解を深め，積極的にコミュニケーションを図ろうとする態度の育成

を図り，情報や考えなどを的確に理解したり適切に伝えたりするコミュニケーション能力を養う」（下線筆者）ことを外国語の目的としている。両者に共通する目的として，外国語によるコミュニケーション能力の育成が挙げられるが，これを達成するための教育プログラムをカリキュラムやシラバスとして具現化していく上で，コミュニケーション能力をどのようにとらえるのかという理論的な枠組みが必要となるのは言うまでもない。

　第3章で見た通り，CEFRに代表されるコミュニケーション能力モデルは，要素還元主義的に下位能力をリストアップすることに終始しており，要素間の有機的な連関が分断されているという問題を孕んでいる。これに対しわれわれは，コミュニケーション能力を言語リソース（Language Resources: LR）とタスク処理（Task Handling: TH）の連関として動態的にとらえるコミュニケーションモデルを提示した。

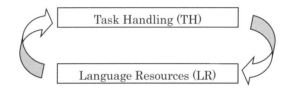

　このモデルに依拠してコミュニケーション能力をとらえると，「どのような言語リソースを使って，どのようなタスクを遂行できるのか」という問いに還元することができる。言語リソースに対してはCAN-SAYが，タスク処理に対してはCAN-DOが対応し，この両者を伴ってはじめて十全な形でコミュニケーション能力を語ることができる。

　カリキュラムを策定する際，例えば3年間という時間軸に沿って学習項目を配列しなければならないが，コミュニケーション能力は，直線的に発達するものというよりも，むしろらせん状（スパイラル）に発達していくものである。これをらせん状発達モデル（Spiral Communication Progress）と呼び，以下の図のようにとらえることが可能である。

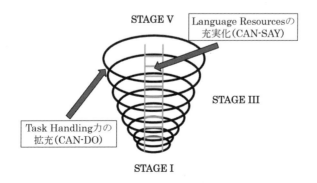

第20章 カリキュラム・シラバス論

　この図において，中央に位置する梯子状の部分は，言語リソースの発達を示しており，それを取り囲むようにらせんを描いているのが，タスク処理力の発達である。ここで仮にSTAGE Iを小学5年生，STAGE Vを大学4年生とすると，ステージが上がるにつれて言語リソースの充実度が高まると同時に，タスク処理力の幅が広がっていくことになる。したがって，カリキュラムの編成は，「それぞれのステージにおいて，どのような言語リソースを身につけ（CAN-SAY），どのようなタスクを処理できるようにするのか（CAN-DO）」という命題に収れんすることとなる。上記の例で言えば，STAGE Iに位置する小学5年生とSTAGE Vに位置する大学4年生では，扱う言語リソースと処理するタスクは当然異なることとなる。小学5年生が友達に何かを依頼する際，I'd appreciate it if...という表現を用いることはまず考えられず，またアルバイトについて口頭発表を行うこともあり得ないだろう。学習者はそれぞれのステージにおいて，それに相応しい言語リソースとタスクに向き合うという視点は重要である。

　以上の議論に基づくと，カリキュラムのデザインは，次のフレームを具体化することとなる。

	言語リソース（CAN-SAY）			タスク処理 （CAN-DO）
	文法	語彙	慣用表現	
STAGE 1				
STAGE 2				
STAGE 3				

　第3章で見た通り，言語リソースは，文法・語彙・慣用表現から成り，それらは互いに有機的に連関している。これらの言語リソースを活用しながら，様々なタスクを処理する力がコミュニケーション能力である。次節では，言語リソースとタスク処理それぞれの観点から，カリキュラムをどのようにデザインするべきかを素描したい。

■ 言語リソースの観点

　文法は，一言で言えば語の配列の仕方に関するルールである。一般に中学校では，be動詞・一般動詞の文（肯定文・否定文・疑問文・命令文）や時制（現在形，現在進行形，現在完了形，過去形，過去進行形），名詞と冠詞，代名詞，受動態，前置詞，不定詞と動名詞，分詞の形容詞的用法，比較構文，接続詞，助動詞，未来表現，that節，関係代名詞といった一連の項目を学習する。検定教科書を使った場合，これらの項目は各課に配置され，その順にしたがって学習を進めることとなる。しかし，ここでの問題点は，それぞれの文法項目がどのような関係になっているのかを直感的に理解することが難しく，英文法の全体像が見えないという点である。例えば，I am a junior high school student.

Part 4　カリキュラム・シラバス・評価のあり方

におけるbe動詞が, be + *doing*で表現される進行形や, be + *done*で表される受動態とどのような関係になっているかは通例示されない。同様に, I have a pen in my hand.におけるhaveと, 現在完了形におけるhaveとの関係や, 前置詞のtoと不定詞のtoとの関係など, 文法項目間のつながりが断たれ, それぞれの項目を別個のものとして学習せざるを得ない状況になっている。加えて, それぞれの文法項目の提示順が必ずしも妥当とは言えない事例も散見される。例として, ある中学校検定教科書では, 一般動詞の命令文がUnit 1で登場し, be動詞の命令文がUnit 4, 否定命令文がUnit 9に登場すると言った配列が見られる。さらに極端な例として, 人称代名詞の所有格及び所有代名詞については, Unit 2でmyとyourを, Unit 6でhis, Unit 7でher, Unit 8でmine, yoursがそれぞれ導入されており, 何を基準にその配列がなされているのかが不明な項目も見受けられる。人称代名詞の場合は, すべてを一度に提示すると学習者が混乱するという意見がある一方, はじめから体系的に指導し, 徐々にそれらの知識を洗練させていくという考え方もあるだろう。いずれにせよ, 提示された項目を額面通りに受け取るのではなく, その提示内容・提示順が学習者にとって有益なものかを吟味することが教員に求められる。文法指導の要となるのは, 学習者に英文法が全体としてどのような体系を成しており, それぞれがどのような関係になっているのかについて, ネットワーク型の知識を構築させることである。

　では, 文法の全体像はどのようにとらえることができるのであろうか。第6章で見た通り, 文法は, 「名詞の文法」「動詞の文法」「副詞の文法」「構文と配列」の4つの要素から構成される。中学校で学習する主な項目をこの区分にまとめると, 以下のようになる。

名詞の文法	動詞の文法	副詞の文法	構文と配列
・名詞と冠詞 ・形容詞 ・関係代名詞 ・分詞の形容詞的用法 ・人称・指示代名詞 ・that 節 ・動名詞	・時制 ・受動態 ・未来表現 ・助動詞	・副詞（時間, 場所, 様態, 手段, 目的など） ・前置詞	・接続詞 ・比較構文 ・否定構文 ・命令文 ・There is/are 構文

※不定詞は名詞・動詞・副詞の文法すべてに該当

　以上のように分類された各項目は, 一般的には教科書の提示順にしたがって学習されることとなる。しかし, ここで留意すべき点は, 文法の学習はbuilding block式に行われるものではないという点である。例えば, 比較構文は多くの教科書において中学2年生で扱われるが, 提示されたすべての項目を学習者が身につけることはあり得ず, また比較構文で扱われるすべての項目を網羅することも不可能である。したがって, 「比較力」とい

287

う概念を設定した場合，それは学習の過程でどのように発達していくのかという観点をもつことが大切である。同様に，「前置詞力」や疑問文を使った「質問力」についても，発達的な視座からとらえることが求められる。

　次に，語彙について見ていきたい。カリキュラムにおける語彙の取り扱いを検討する上で，いくつの語を教えるのかという数の視点と，どのような領域の語を教えるのかという視点が不可欠となる。数の問題に関していえば，現行の指導要領では中学校で1,200語程度，高等学校で1,800語程度という数値が示されている。仮にそれぞれを目標とした場合，中学校・高校各3年間でいつ，何語教えるのかということを明確化することが求められる。また，第4章，第5章で見た通り，語彙力は大きく基本語力と拡張語力に分けることができる。基本語力とは，語を「使い分けつつ，使い切る」力と定義される。前者はsay/talk/speak/tellやbring/carryなど，意味的に類似した語を状況に応じて適切に使い分ける力を指し，後者は，例えばgiveやbreak, inなどの語がもつ意味的な可能性をどの程度実現できるかに関する力である。基本語の中でも重要な位置を占めるのが，基本動詞と前置詞であり，拡張語と比べてその数は限られている。3年間のうちどの段階で，どの基本語を押さえるのかについての見通しをもつことで，体系的・継続的に基本語力を身につける指導を行うことが可能となる。

　拡張語については，「話題の幅（thematic range）」と「語のサイズ」が重要となる。話題の幅を広げるためにはネットワーク化が鍵となるが，その原理としては，「移動」や「生成」といった概念領域や，「環境問題」「医療」といったテーマ領域を立て，それぞれに含まれる語彙を関係づけて学ぶことが挙げられる。例えば，「医療」というテーマ領域にはmedical examination, cancer, patient, surgery, second opinionといった表現が含まれる。これらの表現を，「病気」や「医療機関」「医療行為」といったカテゴリーに分類することにより，医療に関する語をネットワークとして身につけると同時に，語のサイズを増やすことが可能となる。医療以外の様々な領域を取り上げることで，話題の幅を広げることが可能となる。したがって，どのような領域をいつ，どのように扱うかについても検討することが求められる。

　第7章で見た通り，慣用表現はWhy don't you …? やCould you …? などの機能慣用表現や，Give me a break. やWay to go. などの丸ごと慣用表現，句動詞，by and largeやin the endのような副詞慣用チャンクなど，様々な形態・機能をもつ。カリキュラムの中に慣用表現を位置づける際は，数と機能・場面を考慮することが求められる。例えば「依頼する」という機能に着目した場合，中学1年生ではDo x, please. / Please do x. という表現を身につけ，中学2年生ではCan [Will] you do x, please? などの表現，さらにレベルが上がるにつれてCould [Would] you do x? や，I'd appreciate it if you do x. といった形で表現の数が増えていくことになる。同様に，「相手の意思を確認する」「話の途中で要点をまとめる」「感情的反応を示す」などの機能や言語使用場

面を考慮することが必要である。これまでの英語教育において慣用表現はその重要性にもかかわらず，文法や語彙と比べて焦点が当てられてこなかった。特に by and large や with respect to...といった表現は，単語に対する「熟語」として見なされ，教科書で登場したものに加えて熟語帳でリスト的に覚えるという学習形態が一般的である。したがって，慣用表現の全体像を把握した上で，どのような表現をどの程度導入するのかについて検討することが求められる。

タスク処理の観点

　次に，タスク処理という概念がカリキュラム・シラバスにどのように位置づけられるかを見ていきたい。その出発点として，タスクとは何であるかについて理解しなくてはならない。われわれは日々の生活において，「道に迷った人に道案内をする」「ラジオの交通情報を聞いて，渋滞の有無を確かめる」「住民票の申請用紙に必要事項を記入する」といった一連のタスクを行っている。換言すれば，われわれの生活はタスクの連続体とも言える。タスクは言語を伴うタスク（verbal task）と，非言語タスク（non-verbal task）に大別されるが，英語教育においては前者が主な関心事となる。

　タスクの概念に基づいたカリキュラム・シラバスをデザインするためには，学習者が遂行できるようになって欲しいタスクをリストアップし，タスク・データベースを構築することが求められる。その際，以下の項目について明確にしなければならない。

(1) どのステージで取り組むのか。
(2) タスクの難易度はどの程度か。
(3) タスクはどのような表現モードを通して行われるのか。
(4) タスクの遂行にあたり，どのような言語リソースが必要であるか。
(5) タスクはどのような文脈（コンテクスト）で行われるのか。

　(1)は，例えば3年間のうち，どの年次で，どの時期に行うのかという点である。(2)については，simple – complicated，familiar – unfamiliar，procedural – creative といった要素を加味し，タスクの全体的な難易度を明らかにすることである。(3)については，第3章で見た通り，タスクは listening, reading, speaking, writing, そしてそれらが組み合わさった複合モードを通して遂行される。したがって，タスクは listening comprehension task, reading comprehension task, speaking task, writing task，それらの複合である multi-modal task として分類することが可能である。ここで重要なのは，表現モード間のバランスを取ることである。(4)は，当該タスクを遂行するにあたり，どのような文法・語彙・慣用表現が必要となるかを示したものである。

　(5)は，タスクをデザインする上で極めて重要な点であり，第8章で議論した MAP

（meaningful, authentic, personal）の条件を満たすような状況設定が必要である。下の図は，タスクの基本的な構成要素を示したものである。

これらの要素が様々なタスクにおいてどのように具現化されているかを示したのが，以下の表である。

誰が (主体)	どこで (場所・領域)	誰に/から (相手)	何について (話題)	何の目的で (目的)	何を (行為・メディア)	どのように (様態・チャンネル)	Vすることができる
私が (学生)	自分の部屋で	彼女に	昨日の喧嘩について	仲直りするために	会話を	電話で	することができる
私が (学生)	学校で	先生から	英文学について	学習をするために	授業を	対面で	聴き，ノートを取ることができる
私が (会社員)	会社で	取引先に	納品が遅れたことについて	謝罪をするために	E-mailを	パソコンで	書くことができる
私が (主婦)	自宅で	スーパーから	お買い得商品について	情報を得るために	チラシを	赤ペンで丸をつけながら	読むことができる

この表から分かるように，タスクをデザインする際は，「誰が」「どこで」「何のために」といった一連の情報を明確化する必要がある。タスクを学校教育現場で実践する際，「誰が」の部分は中学生や高校生になる。そして，タスクは実際に彼らが日常生活で経験し得る，適切なものであることが望ましい。ただし，生徒にとっては，必ずしも英語話者がクラスや学校にいるとは限らず，海外旅行に行く機会も人によって異なることが容易に想像できる。したがって，今現在においては使用する機会は限られているが，将来遭遇し得る状況を設定したタスクも必要となる。

以上の点を踏まえることで，タスク処理という概念を英語教育において具現化することが可能となる。

カリキュラムを巡る諸問題

最後に，カリキュラムを巡る諸問題について触れていきたい。まず，"the faster, the

Part 4 カリキュラム・シラバス・評価のあり方

better”の信念の存在が挙げられる。高校を例に取ると，特に私立の場合，大学受験を見据えて，いかに早く高校での学習範囲を終え，大学受験対策を行うのかという点が，受験生及び保護者の大きな関心事の1つとなる。換言すれば，先取り学習がカリキュラムを評価する際の指標となっている。しかし，ここで考えなければいけないのが，高校までの学習項目を「授業でカバーすること」は必ずしもそれを「習得した」ということにはならない点である。授業進度が速い学校の場合，学習内容が十分に定着しないまま授業が進み，個別指導等の補完抜きでは，極端な場合ドロップアウトしてしまう生徒が出ることも十分に考えられる。また，複数の教員で同一年次を担当している場合，中間・期末考査までに足並みを揃えるため，該当範囲をカバーすることにばかり意識が向かい，内容の定着が二の次になってしまう状況もよく見られる。このような状況を避けるためにも，事前に教員間で現実的な授業運営についての情報共有を行うことが必要である。

また，近年では当たり前となっているが，習熟度別クラス展開を行っている学校も数多く存在する。習熟度別クラス展開は，上級・中級・初級や，発展・基礎といった複数のクラスに生徒を配置し，それぞれの習熟度に応じた内容・進度において着実に学習内容を理解できるようにするという目的をもって行われている。ここで問題になるのが，それぞれの習熟度別クラスにおいて，どこまでの内容をどの程度深く学習し，進度をどのクラスに合わせるのかという点である。仮に初級に進度を合わせた場合，全体の進度が遅くなるため，計画していた学習項目を扱うことができなくなるといったことが考えられる。いずれにせよ，同一科目を担当する教員間で以上の点について情報共有を図り，柔軟に軌道修正を行うことが求められるだろう。

また，科目間の連携をいかに図るかも，教員にとっては重要な意味をもつ問題である。例えば，コミュニケーション英語ⅠとⅡ，英語表現Ⅰという科目群は，互いにどのような関係になっており，それぞれの科目が学習プログラム全体の中でどのような位置づけになっているのかについて，教員間で共通理解が図られなければならない。

加えて，多くの教員にとってカリキュラムは「所与」のものであり，カリキュラム編成（curriculum development）に携わる機会が限られているという点も挙げられる。一般に，英語の年間授業計画を策定する際ベースとなるのは採用した検定教科書であり，教科書会社が提供する年間授業計画に従い，学校行事等の要因を考慮した上で何学期までにUnitいくつまでカバーするといった決定のされ方が往々に見られる。ここで重要なのは，教員の視点からカリキュラムを批判的に検討するという姿勢であろう。授業をどのように展開していくのか，現行のカリキュラム・シラバスにおいて修正すべき点は何かという点について，日々情報交換を行い，改善を図ることが求められる。

最後に，英語教育において近年注目を浴びているのが，内容言語統合型学習（Content and Language Integrated Learning: CLIL）である。CLILの基本的な考え方は，歴史や数学といった教科の内容を，英語を通して学習することにより，教科の内容と言

第20章　カリキュラム・シラバス論

葉を統合した学習形態である。また，CLILは学習者が学びの主体となることで，学習意欲を引き出し，様々な学びに対する能力を身につけることを重視している。現在CLILに基づいた様々な教育実践が積み重なってきているが，その有効性や乗り越えるべき課題を今後も検証していかなければならない。教科学習と英語学習をリンクさせるというCLILの発想は，文部科学省が提示している合教科型授業と軌を一にしているため，他教科との連携をどのように図っていくのかという問題は，より一層の重要性をもつに至るだろう。

おわりに

　本章では，カリキュラム・シラバスが英語教育において果たす機能・役割を概観し，その策定にあたって明確にすべき点について議論を行った。具体的には，生徒の英語力の発達をらせん状のモデルとしてとらえ，それぞれのステージに求められる英語力を，言語リソース（CAN-SAY）とタスク処理（CAN-DO）の両面から記述することが鍵になると指摘した。カリキュラムやシラバスの策定及び改訂には，多くの時間と労力が伴うが，英語教師に求められるのは，それらを所与のものとしてとらえるのではなく，実践的な英語コミュニケーション能力の育成にどの程度資するものかという観点から批判的に検討し，常に改善していく姿勢である。

（森本　俊）

■ 読書案内

Richards, J. C. (2001). *Curriculum development in language teaching*. Cambridge: Cambridge University Press.
カリキュラム・シラバスの策定に求められる手順及び留意点を網羅的に解説した良書。カリキュラム・シラバス論を基礎から学びたい人に薦めたい。

第21章

評価論

本章のポイント

(1) 評価を行う際は，妥当性や信頼性，実行可能性，波及効果等を十分検討しなければならない。

(2) 英語力の評価は，CAN-SAY（言語リソース）とCAN-DO（タスク処理）の両面を射程に入れなければならない。

(3) 教師は様々な評価法の特性を理解し，効果的に組み合わせることによって学習者の英語力を多面的に評価することが求められる。

キーワード

妥当性，信頼性，実行可能性，波及効果，CAN-DOとCAN-SAYの連動，多面的な評価

はじめに

評価（ASSESSMENT）は，WHAT（何を教えるのか）とHOW（どのように教えるのか）と並び，英語教育を議論する上で重要な柱の1つである。評価の良し悪しは，学習者の動機づけや学習法をはじめ，指導の仕方や教育プログラムのあり方などに多大な影響を及ぼすため，英語教師はその役割や機能について十分な知識を有することが求められる。

評価について考える出発点として，以下の期末考査の問題を批判的に検討してみたい。これは，筆者が以前勤務していた学校の英語Ⅰの授業で実施した期末試験の抜粋であり，本設問は，授業で取り扱った教科書のレッスンの一部を題材にしたものである。

問8　次の文章を読み，各問いに答えなさい。（24点）

Dear John,

　　You left us before I was born, but now I would like to write to you.

　　I went to Hiroshima last summer.　Before I went there, I was not so interested in war or the history of Hiroshima.　When I visited Hiroshima, I learned a lot about its history.　That experience changed me.

　　In Hiroshima at 8:15 a.m., August 6, 1945, many people were having breakfast（　①：普段通りに　）.　Then there was a flash of light in the blue sky.　The atomic bomb took everything away from the people of Hiroshima.　People lost their friends and family in an instant.　So many lives suddenly came to an（　②　）.　Hopes and possibilities died.　This was the war.

第21章 評価論

③Why do people sometimes hate each other because of differences of nationality, race, or religion? I am listening to your song now. In your song, there are no countries or religions. I am now imagining such a world. This is that world:

One morning a woman hands me a note. "Come to the square," it says. I give it to people around me and they pass it on to all the others. They gather in the square and start holding hands. A young man holds his girlfriend's hand with his left hand, and his mother's hand with his right. An old man holds his granddaughter's hand with one hand and an old woman's hand with the (④). This small circle of people gradually turns into one big circle. The people there are just (⑤ : 人間), with no nationalities or religions. And the blue sky spreads above them.

The same blue sky spreads above me. I feel like ⑥(shout): "No more war – for any reason!" Unfortunately, my message may not reach the whole world. But, John, your message ⑦does through your song.

⑧(it, more, to, listen, I, people, want, to) and imagine your peaceful world. Then, we can share the same world of *Imagine*.

I believe that your world will become a reality someday. I believe in the power of your song. So I will continue to sing it.

Sincerely,

Tashiro Aika

(⑨) John's wishes, there are still wars in the world. Every day we hear news stories about war and death and ⑩they make us sad. We still have no answers to stop wars. It may be difficult to imagine a world with no wars. If more people dream about the world as one, as John hoped, ⑪such a world will not be just a dream (⑫) a reality. Till then, imagine.

1. 下線部の発音が左の語と同じ語を**ア**〜**エ**の中から１つ選び，記号で答えなさい。
   (1) w<u>a</u>r [ア p<u>a</u>rk イ d<u>a</u>rk ウ w<u>a</u>rm エ st<u>a</u>rt]
   (2) thr<u>ough</u> [ア t<u>ou</u>ch イ gr<u>ou</u>p ウ th<u>ough</u>t エ th<u>ough</u>]
2. 次の各語の最も強く読む部分を選び，記号で答えなさい。
   (1) ex-pe-ri-ence　　(2) a-tom-ic　　(3) re-li-gion
   　　ア イ ウ エ　　　　ア イ ウ　　　　ア イ ウ
3. (①)，(⑤) にそれぞれ２語を入れなさい。
4. (②)，(④)，(⑨)，(⑫) に適切な語を入れなさい。
5. 下線部③を日本語にしなさい。
6. (⑥) の動詞を適切な形に変えなさい。
7. 下線部⑦の内容を４語で表しなさい。

294

8. （⑧）の中の語を正しく並べ換えなさい。

9. 下線部⑩が表す内容を日本語で答えなさい。

10. 下線部⑪が表す内容を英語で答えなさい。

11. 本文の内容と一致するものを次の**ア〜カ**の中から<u>2つ</u>選び，記号で答えなさい。

    ア   John was alive when the writer wrote this letter.

    イ   It was a fine day in Hiroshima on the morning of August 6,1945.

    ウ   People lost their friends and family, but did not lose their hopes.

    エ   The writer is strongly against war.

    オ   The writer believes that her message will reach the whole world.

    カ   A world with no wars will never become a reality.

　おそらくこの出題形式は，多くの読者にとって馴染みの深いものであり，大学入試においても類似した形式が見られる。しかし，評価論という観点から分析すると，以下のような問題点を挙げることができる。

- 全11問の小問の中に，発音・アクセント問題，文法問題，語彙問題，内容理解問題が混在しており，全体を通してどのような力を測りたいのか不明確である。仮にリーディング力を測るのが目的であるならば，発音・アクセント問題はそれとどのような関係にあるのか。
- 生徒は既に授業でこの英文を読み，内容理解をしているという事実を鑑みた場合，同一の素材を提示して読解力が本当に測れているのか。
- 本大問には24点が配分されているが，受験者が仮に24点を取った場合，それをどのように解釈すべきなのか。12点の受験者と比べて，何がどのように優れていると言えるのであろうか。
- 他の大問の点数と合わせて受験者に合計点が示されるが，その得点は何を意味するのか。「発音・アクセント」「文法」「語彙」「読解」「聴解」といった観点別に試験結果がフィードバックされるのか（筆者が実施した際は行わなかった）。

　以上は，数ある問題点の一部に過ぎないが，総じて言えば，このテストでは試験範囲の暗記（memorization）と再生（reproduction）に主眼が置かれており，極端な場合，すべての範囲を丸暗記すれば得点することができる。このような問題点が存在するのにもかかわらず，上記の形式によるテスト問題は，現在においても頻繁に目にするものである。たしかに従来行われてきた評価の枠組みを改善するためには，多大な時間と労力が必要であり，組織的な取り組みが求められる。しかし，教師はこれまで再生産されてきた評価形式を無批判的に踏襲するのではなく，自身が自在に想像力と感性を生かし，新しいテス

第21章 評価論

ト作りの可能性を探求していく姿勢をもたなければならない。本章では，評価の種類や満たすべき要件，CAN-DOとCAN-SAYの連動といった一連のテーマを通し，これからの英語教育に求められる評価のあり方について議論を行いたい。

評価の種類

評価には，主観的な価値判断的記述を含むevaluationと，一般に数値や記号で表される客観的評定を旨とするassessmentがあるが，概して「評価」という用語はその双方を含むのに対し，「テスト・テスティング」は後者に比重が置かれる傾向がある。

評価は，クラス分けや進級・入学・卒業の判定，資格の認定，ある一定期間の学習の成果の測定といった様々な目的で実施され，それに応じて内容や形式も異なる。また，TOEFLやTOEIC，英検といった標準テストや模擬試験などの外部試験がある一方で，中間・期末考査や実力試験，単元テスト，パフォーマンス評価，ポートフォリオ評価など，英語教師自身が作成・実施する評価法もある。このように，一口に評価と言っても，その目的や実施時期，評価対象をはじめとする要素によって多様な形態を採る。

まず，絶対評価と相対評価の区別がある。絶対評価とは，到達目標や基準を決めて到達度を測る評価であり，目標規準準拠評価（criterion-referenced assessment）とも呼ばれる。例えば，「英語で3分間の自己紹介を行うことができる」や「英語でA4用紙2枚以上のレポートを書くことができる」といった到達すべき基準を設定し，個々の学習者がそれを到達できた否かを，他の学習者を考慮せずに評価するものである。一方，相対評価とは，特定の学習者が集団の中でどのような位置にあるのかを見る評価であり，集団規準準拠評価（norm-referenced assessment）とも呼ばれる。相対評価の場合，例えば5段階の評定のうち，5は上位何％のように，それぞれの段階に入る学習者の割合が予め決められており，集団の平均や順位が考慮されることとなる。

次に，いつ評価が行われるのかという時間的な側面に着目してみよう。学期の半ばや学期・学年末にまとめて行う評価を総括的評価（summative assessment）と呼び，一般に中間・期末考査と称されている。一方，日々の授業を通じて継続的に学習者の発達過程を見る評価を形成的評価（formative assessment）と呼び，行動観察や振り返りシートなどの手段を通して行われる。

また，評価の目的は「誰が評価する（される）か」と密接に関係している。学習者にとっては，自分がどこまで到達できたかを自己評価する契機となり，評価内容を踏まえてその後の学習のあり方を改善していくことになる。一方，教員にとっての評価とは，指導内容を学習者がどの程度身につけることができたのかを確認し，授業の改善に資するものである。指導と評価は表裏一体の関係にあり，その一体化を図ることが教員に求められるのである。以上に加えて評価には，教育行政関係者や学校の管理職者，保護者など，様々な主体が関与することとなる。教育行政関係者にとって評価情報は，教育政策を立案・決定するた

めの基礎データとなり, 学校の管理職者にとっては学校や教師の教育力を検証するための材料となる。また, 入学試験の結果は入学者を選抜する際の基礎データとなる。保護者にとっては, 子どもが学校での授業を通してどのような知識を身につけ, 何がどの程度できるようになったのかを把握する手段として機能する。

　最後に, 評価の形式に注目した場合, 最も一般的なのは, 多肢選択や空欄補充, 英文和訳などから成る筆記テストであるが, 近年では実際に英語でスピーチをしたりスキットで役割を演じたりするパフォーマンス評価が積極的に授業に採り入れられている。また, 振り返りシートなどを用いた自己評価及び学習者間の相互評価や, 作品やワークシートなどを蓄積しておき, それらを見直して評価を行うポートフォリオ評価, 学習者が何をどの程度できるようになったのかを見るcan-do評価といった従来のペーパーテストを補完する様々な評価方法 (alternative assessment) も行われている。

　以上のように, 評価はその目的や形式, 時期などの観点によって, 様々な形態・機能をもつ。それぞれの特性を理解し, 効果的に組み合わせた包括的な (holistic) 評価を行うことが今後ますます求められるだろう。

■ テスト・テスティングが満たすべき要件

　言語テスティングの分野では, 評価が満たさなければならない要件として, 妥当性 (validity), 信頼性 (reliability), 実行可能性 (feasibility) または実用性 (practicality) が挙げられている。

　妥当性とは, テストが評価すべき対象を的確に測定できているかを示す概念であり, 評価をデザインする上で最も重要な要件の1つである。妥当性には内容妥当性 (content validity) や基準関連妥当性 (criterion validity) などの種類があるが, その中でも特に重要なのが構成概念妥当性 (construct validity) である。構成概念 (construct) とは, 測定しようとする対象を理論的に操作定義したものであり, 構成概念妥当性とは, その構成概念をテストがどの程度測定できているかという問題である。例えば, あるテストの語彙セクションを見た場合, 10問程度の設問が語彙力の何を測定しているのかという問題が問われなければならない。以下は2015年10月に実施された英検2級の問題である。設問Ⅰには20問の問題があり, 文脈に合う適切な語彙, 文法, 慣用表現を選択することが求められている。

Even though the reporter asked him many questions about the scandal, the prime minister did not (　　) to any of them.
1. conclude　　2. engage　　3. compare　　4. respond
(2015年10月11日実施　実用英語技能検定2級　過去問)

297

第21章 評価論

　明らかにこれは語彙に関する問題であるが，respondを選ぶことができることが語彙のどのような力を測定していることになるのだろうか。これが妥当性の問題である。また，文法的な観点から見るとto any of themと連語を形成するのはrespondのみであり，他の選択肢は排除される。そこから，この問題は文法力と語彙力の両方を測定しようとするものなのだろうか，という疑問が出てくるが，いずれにせよ，「語彙力の何を」「文法力の何を」評価しているのかを明確化することが肝要である。つまり，語彙力が何であるかの定義がないところに，妥当性の高い語彙テストは生まれないということである。定義がなければ，妥当性をチェックする方法が原理的にないということになる。妥当性問題が看過される限り，実施者そして作成者自身が説明できないテストを再生産し，それを生徒に与え続けるということになる。

　では，妥当性のある語彙力テストはどのようなものであろうか。本書では，語彙力を基本語力と拡張語力に分け，基本語力が拡張語力の基盤となるというとらえ方をしている。そして，基本語力を「基本語を使い分け，使い切る力」と定義し，拡張語力を「話題の幅とそれぞれの話題についての語彙サイズ」という観点で規定する。このように基本語力の定義が与えられれば，次のようなテスト項目を作成することができる。

指示：以下の4つの文の状況を考え，fallかdropのいずれかを空欄に記入しなさい。
(1) The drunken man [　　] into the river.
(2) An apple [　　] off the tree.
(3) The night [　　] upon the town.
(4) [　　] some whiskey in your tea.

　これは語の使い分けを意識した設問だが，使い切りの観点からは，以下のような問題を考えることができる。

指示：以下の3つの文には共通の基本動詞が入ります。どれが適切かを考え，空欄に記入しなさい。

(1) Let me [　　] your temperature.
　　Have you [　　] some cold medicine?
　　I can't [　　] it any more.（解答：take）
(2) Our work has [　　] to nothing.
　　Your shirt button is [　　] loose.
　　The appetizer will [　　] before the meal.（解答：come）

298

Part 4 カリキュラム・シラバス・評価のあり方

以上のように，基本語力とは何であるかという定義が明確になってはじめて，テストのあり方が決まるのである。

評価が満たすべき第2の要件として，信頼性（reliability）が挙げられる。評価の信頼性とは，同一個人に同一の条件で同一のテストを行った際，同一の結果が出るかという安定性と，同一個人が同じような質問に対して同じような答え方をするかという一貫性・等質性という観点からとらえることができる。また，評価者の視点からは，同一の評価者が首尾一貫した評価を行うことができるかという採点者内信頼性（intra-rater reliability）や，複数の評価者間で評価にブレが存在しないかという採点者間信頼性（inter-rater reliability）といった問題が含まれる。テストの信頼性を担保するためには，再テスト法や並行テスト法，折半法，内部一貫法などを用いて，ρ（ロー）やクロンバックのαに代表される信頼性係数（reliability coefficient）を算出するといった方法がある。英検やTOEFLなどの大規模な外部試験では，実施団体によって信頼性の分析が徹底して行われている。一方，学校での中間・期末考査や校内実力テストといった場面では，人員や時間といった様々な制約上，十分検討し切れていないというのが実情であろう。

評価が満たすべき第3の要件は，実行可能性（feasibility）または実用性（practicality）である。あらゆる評価は，人員，費用，時間，効率的な採点・評価システムの有無をはじめとする様々な条件下で行われる。2020年より大学入試センター試験の代わりに導入予定の「大学入学共通テスト」は，マークシート式の問題に加え，記述式問題を導入するという点で大きな注目を集めている。しかし，実行可能性を考慮した場合，何万人といる受験生の記述式解答を誰がどのように採点するのか，採点にどのくらいの時間や費用がかかるのかといった問題が未解決であり，その実行性が懸念されている。また，記述試験の採点の際は，評価者間の信頼性が重要となるため，評価者間で公平な採点ができるようにするための詳細な採点基準の作成や，評価者のトレーニングなどにも膨大な費用と時間がかかることが予想される。

実行可能性の問題は，以上のような大規模テストに限らず，授業内で行われる評価といったミクロなレベルにおいても，十分検討されなくてはならない。例えば授業時間内にパフォーマンステストを実施する場合，50分という限られた時間内で全員分の評価を終えることができるのか，評価をする教員を複数確保できるのか，公平な評価を行うための細目（ルーブリック）が準備されているのか，学期中に何回実施できるのかといった点を考慮しなければならない。

波及効果

評価は，学習者の学習に対する動機づけや学習方法，教師の指導法などに様々な影響力を及ぼす。これをテストの波及効果（backwash effect）と呼ぶ。波及効果は，プラス・マイナス双方の性質をもつ。

299

第21章　評価論

　プラスの波及効果の例として，2006年度より導入された大学入試センター試験における
リスニングテストが挙げられる。大学入学者を選抜する際に実施されるセンター試験は，
大きな社会的影響力をもつテスト（high-stakes test）であり，受験生は出題範囲や出
題形式，時間配分などを意識して長期間に及ぶ試験対策を行う。2006年度以前は，文法
や読解を中心とした筆記面での問題演習で対応できていた。しかし，この変化を受け高
等学校の現場では，3年間を通して確かなリスニング力を育成するための授業を展開する
ことが求められるようになり，それに応じて学習内容や指導方法の転換を迫られた。この
改革は教育現場に対して大きな波及効果を及ぼすことになったが，実践的な英語コミュニ
ケーション能力の育成という外国語教育の目的を鑑みれば，プラスの影響であったと言え
るだろう。

　一方，現在大学入試改革の一環として，TOEFLや英検などの外部試験を利用する動
きが活発化しており，その是非を巡って教育行政関係者や外国語教育の専門家の間で様々
な議論が展開されている。その候補の1つであるTOEFLは元来，北米を中心とする英
語圏の高等教育機関が非英語圏出身の入学希望者の英語力を判定する際に用いるため
に開発されたテストであり，出題内容も必ずしも国際的指向性を反映したものとは限らない。
もしTOEFLが大学入試において活用されることになれば，高等学校において当然その
対策を行わなければならなくなる。すると，本来は実践的なコミュニケーション能力を育成
することを目的とするはずの学校教育が，外部試験の対策に成り下がるという事態に陥っ
てしまう。また，現在TOEFLはインターネットベースで実施されており（TOEFL-iBT），
受験者はコンピュータを使って解答しなければならない。そのため，充実したコンピュータ
利用環境にある学習者は，そうでない学習者と比較して有利な立場に置かれることとなる。
さらに，TOEFLに加えて英検など複数の試験が利用可能になるため，どの試験を利用す
るかに応じて個別の指導を行うことが要請され，高校現場の負担はさらに増加すると予想
される。テストの波及効果という観点から見ると，大学入試における外部試験の活用とい
う方向性は，マイナスの影響をもたらす可能性が高いと言わざるを得ない。

　以上，センター試験におけるリスニングテストの導入と，大学入試における外部試験の
活用という事例を見てきたが，テストの波及効果は日々の授業における評価や中間・期末
考査といったよりミクロなレベルの評価においても当然考慮されなければならない。例えば，
2学期の中間考査より，与えられたテーマに対して自分の意見を自由に記述する設問を出
題するという方針に教員が転換を図った場合を考えてみよう。表現力をより重視するとい
う観点からは望ましい方向性である一方，生徒にとっては1学期までとは異なる学習を行う
必要性が生じると同時に，なぜ1年の途中で急に方針転換が行われるのかといった不信
感が生じる可能性が高い。また，教師の側も日々の授業に意見を自由に記述する形式のタ
スクを採り入れることが求められるだろう。このように，評価を行う際は，それがどのような
波及効果を及ぼすかをあらかじめ入念に検討しなければならない。

Part 4 カリキュラム・シラバス・評価のあり方

CAN-SAYとCAN-DOを連動させた評価のあり方

第3章では，コミュニケーション能力を知識としての言語リソースと，行為としてのタスク処理の相互連関としてダイナミックにとらえるべきであるという議論を行った。評価を考える際も同様に，言語リソースとタスク処理という視点を採ることが求められる。前者については，CAN-SAYとして扱う文法・語彙・慣用表現それぞれを学習者がどの程度理解し，使うことができるかを測ることであり，後者は様々なCAN-DOをどの程度機能的に遂行できるかを評価することである。特にタスク処理については，speaking, listening, writing, reading及びそれらの複合型の表現モードを通して行われるので，モード間に偏りのない評価を実施することが肝要となる。

授業では，設定したCAN-SAYとCAN-DOを基に学習活動が展開され，様々な授業内評価（in-class assessment）が行われる。CAN-SAYに注目した授業内評価には，文法の小テストや単語テストなどが含まれる。一方，CAN-DOに焦点を当てた評価は，机間巡視による行動観察やパフォーマンステスト，学習者の自己評価シートなどを通して行われる。

	【授業内評価】	【中間・期末考査】
CAN-SAY（言語リソース）	小テスト（文法・単語テスト等）	言語リソースに焦点を当てた設問
CAN-DO（タスク処理）	行動観察 パフォーマンステスト 振り返りシート	授業内に実施したタスクと同一または条件を変えた設問

中間・期末考査は，授業を通して学習した内容をどの程度身につけることができたかを測る目的で実施される。作問の際も授業と同様，CAN-SAYとCAN-DOの視点を採り入れることが必要である。以下，第8章で取り上げたbe動詞の例を通し，CAN-SAYとCAN-DOをどのように中間・期末考査に反映することができるかを考えていきたい。

本単元では，以下のCAN-DOを設定した。

- 人がどこにいるかを言うことができる。（Speaking）
- 人がどこにいるかを書いて伝えることができる。（Writing）
- 人がどこにいるかを聴き，理解することができる。（Listening）
- 人がどこにいるかについての英文を読み，理解することができる。（Reading）

以上のCAN-DOに対し，CAN-SAYとして以下の言語リソースを活用して表現することができるよう求めている。

301

第21章　評価論

①文法

　be動詞（am, is, are），前置詞in＋名詞，人称代名詞（he, she）

②語彙

　学校の施設名（cafeteria, classroom, music room など）

③慣用表現

　Excuse me, ○○.

　Where is ○○?

　No worries.

　Thanks anyway.

　以上のCAN-DOとCAN-SAYを基に，授業では各言語リソースに注目した学習活動を行い，スキットを用いたコミュニケーションタスクを実施，そしてパフォーマンステストを通して授業内評価を実施した。

　これらの内容を中間・期末考査の問題に落とし込むと，以下のような設問が考えられる。以下は，言語リソース（CAN-SAY）に焦点を当てた設問例である。

①校内の施設名を聞き，正しい位置を答える。

②イラストを見て，ある人物がいる場所を英語で書く。

③与えられた状況に対して，適切な慣用表現を用いて表現する。

　【状況】貸してあげたノートの隅に小さなコーヒーの染みをつけてしまって謝る友人に一言。

　①は語彙についての設問であり，listeningモードを使った問題である。形式としては多肢選択式や，地図上に振られた番号を選択するといった方法が考えられる。②は文法に焦点を当てた設問であり，be動詞や前置詞句を使って適切な英文を構成することができるかを，writingモードを使って評価する問題である。③は，与えられた状況に対して適切な慣用表現を用いることができるかを評価する問題である。解答の形式としては，表現を書かせたり，選択肢の中から選ばせたりするものが考えられる。このような設問を設定することにより，言語リソースを構成する文法力，語彙力，慣用表現力それぞれを評価することが可能となる。

　次に，タスク処理（CAN-DO）に焦点を当てた設問例を見てみよう。

問題A　下線部に入る適切な表現を記入し，会話を完成させなさい。

　　You:　　　①アニータ先生に声を掛ける。

　　　　　　　②斉藤先生を探している旨を伝える。

　　　　　　　③どこにいるかを尋ねる。

| Anita: | I'm sorry, but I don't know. |
| You: | ④気にしないでと伝え，感謝する。 |

問題B　下線部に適切な表現を記入し，会話を完成させなさい。

Anita:	(Your name), I'm looking for Kenji. Where is he now?
You:	健司は体育館にいる旨を伝える。
Anita:	Thank you, (your name).

　問題Aは，学習者が授業中に行ったタスクをそのまま出題したものである。授業時に実施したパフォーマンステストでは，speakingとlisteningモードを用いたため，本考査ではwritingとreadingモードを通して評価を行う。この問題のポイントは，下線部が単純な和訳ではなく，どのような意図を表現したいのかを記述した文言である点である。したがって，タスク処理の観点から言うと，例えば④では，表現意図が伝わる限り，No worries. 以外にDon't worry. や Never mind. といった表現を答えても正解となる。

　問題Bは授業中に行ったタスクの変形である。校内でネイティブの先生に友人の所在を尋ねられるという現実にあり得る状況を設定し，適切な応答をすることができるかを，writingとreadingモードを通して評価するというものである。問題Aと同様，下線部は与えられた状況を示しているので，単純な和文英訳にはなっていない。

　以上の問題を通し，設定した「人がどこにいるかを書いて伝えることができる。（writing）」と「人がどこにいるかについての英文を読み，理解することができる。（reading comprehension）」という2つのCAN-DOに対するタスク処理力を測ることが可能となる。

　以上のように，中間・期末考査を作問する上では，①CAN-SAY（言語リソース）とCAN-DO（タスク処理）それぞれに焦点を当てた問題を設定すること，②日々の授業における活動・評価と考査を連動させることが重要である。この考え方は，従来の中間・期末考査のデザインとは一線を画すものであるが，コミュニケーション能力を測定するという目的に合致したものであると言えるだろう。

　では，授業内評価と中間・期末考査の結果はどのように学習者にフィードバックするべきであろうか。以下はその一例である（数値は仮である）。

第21章 評価論

CAN-SAY（言語リソース）

	授業内評価	中間・期末考査	合計
文法	40/50 (80%) A	20/20 (100%) A+	60/70 (86%) A
語彙	15/30 (50%) C+	22/30 (73%) B+	37/60 (62%) B
慣用表現	15/20 (75%) B+	10/20 (50%) C+	25/40 (63%) B

CAN-DO（タスク処理）

	授業内評価	中間・期末考査	合計
人がどこにいるかを言うことができる。（Speaking）	10/10 (100%) A+	10/10 (100%) A+	20/20 (100%) A+
人がどこにいるかを書いて伝えることができる。（Writing）	2/10 (20%) D	5/10 (50%) C+	7/20 (35%) D
人がどこにいるかを聴き，理解することができる。（Listening）	9/10 (90%) A+	9/10 (90%) A+	18/20 (90%) A+
人がどこにいるかについての英文を読み，理解することができる。（Reading）	8/10 (80%) A	2/10 (20%) D	10/20 (50%) C+

　表に示されているように，CAN-SAYとCAN-DOそれぞれに対して授業内評価と中間・期末考査，そして合計の得点，達成率，評語を記入する。CAN-SAYは文法，語彙，慣用表現から成るが，上記の生徒の場合，例えば「文法力は高いレベルまで身についているので，今後は語彙と慣用表現の学習にもより力を入れるようにしよう」といったフィードバックを与えることが可能である。CAN-DOについても，「スピーキングとリスニングの力は着実についているので，引き続き伸ばしていこう。これからの課題はライティングとリーディングなので，キーセンテンスをしっかり書く練習をすると同時に，英文を読んで意味を正確に理解するといった練習により積極的に取り組もう」といったフィードバックを与えることができる。一般に評価は，評点（1〜5または10段階）や評語（合格／不合格，A, B, Cなど）

Part 4 カリキュラム・シラバス・評価のあり方

として提示されるが，上記のような評価スキームを用いることにより，学習者の英語力の伸長を多面的にとらえることができ，よい点や改善点をピンポイントに指摘することが可能となる。また，学習者にとっても，「自分の英語の成績は2だから，できないんだ」という次元ではなく，「自分はスピーキングとリスニングが得意なので，これからはリーディングとライティングにより力を入れよう」「もっと語彙の学習に時間をかけよう」といった観点から自己の英語力をとらえることが可能となり，自らに負のレッテルを貼り，自己肯定感を失うことを防ぐことができる。

よりよい評価へ向けて

テストは，生徒間の序列を生み出すと同時に，学習の動機づけになることはよく議論されている通りである。テストに向けて勉強することは，たとえそれが外発的な動機づけによるものであれ，学びの継続という点においては意味をもつ。しかし，仮にある生徒がどの試験を受けても，下位層から脱することができなければ，学習の動機づけどころか，「自分は英語ができない」というレッテルを貼ってしまい，テストのたびに苦痛と屈辱感を味わわせることにもなりかねない。本来は，教師がWHATとHOWを工夫し，ある試験では平均以下の得点を取った生徒が，次の試験では平均以上の得点を取ることができるような仕掛けがなければならない。それがなければ，ある生徒にとってはテストの点数がマイナスの働きしかしないことになる。評価の仕方についても，生徒間の序列が逆転し得るような多様なテストがあってもよいだろう。例えば，ペーパーテストが苦手な生徒でも，英語の歌を歌わせたら得意ということがある。そこで，ある英語の歌を歌い，歌のうまさで評価するということも「逆転」効果を生む可能性がある。また，英語は苦手だが絵で表現するのは得意な生徒もいるはずである。だとすれば，ある文章の意味を絵で表現するというテストがあってもよいだろう。また，Give me a break. （勘弁してよ）だとかHang in there. （がんばれ）といった表現を演じるというテストがあってもよい。英語が使えるということは，英語で表現するということである。そして，表現は身体，表情，イラストなどマルチ・モーダルな形で行われる。要は，生徒の苦手意識をさらに強化するような変化の乏しいテストを継続するのではなく，教師の感性と想像力を活かした多様なテストの可能性を模索するということである。それによって，英語に苦手意識をもった生徒が自己肯定感や有能感を得られるよう促し，やる気を取り戻すきっかけを与えることにつなげることができる。人は，他者から承認され，褒められて成長するものである。褒められた時に，達成感を感じる。達成感がないところに学習は起こり得ない。

おわりに

本章では，目的や期間などによって評価が多様な形態をもつことを概観し，それぞれの

305

特性を組み合わせて生徒の英語力を多面的にとらえることの重要性を述べた。また，評価を企画・実施するにあたっては，妥当性や信頼性，実行可能性（実用性）に加えて波及効果を吟味し，その中でも特に妥当性が鍵となることを述べた。妥当性とは，テストで測定しようとしている力を理論的に操作定義したものであることから，教師は「コミュニケーション能力とは何か」「文法力・語彙力とは何か」「リーディング力とは何か」といった一連の問いに対して確固たる理論的な枠組みを有していなければならない。最後に，評価とは本来学習者にとってencouragingなものであるべきであり，「自分は英語ができない」という負のレッテルをいかに貼らないようにするかが重要となる。そのためには，複数の観点から生徒の英語力を多面的に評価し，英語が「できる／できない」という二項対立的な考え方から脱却することが求められる。このように，教師がどのように評価という問題をとらえるかにより，学習の成否が決まると言っても過言ではない。

（森本　俊）

■ 読書案内

松沢伸二（著），佐野正之・米山朝二（監修）(2002)．『英語教師のための新しい評価法』大修館書店．

英語教育における実践的コミュニケーション能力の評価のあり方について，理論及び実践両面から解説。評価の基礎・基本を押さえる上で必読の書。

Brown, H. D. (2003). *Language assessment: Principles and classroom practices.* Longman.

評価の基本原則を平易に解説し，reading, writing, speaking, listeningそれぞれの力をどのように評価することが可能かについて詳述している。上記『英語教師のための新しい評価法』と併せて読みたい。

Part 4 カリキュラム・シラバス・評価のあり方

あとがき

　今，時代は大きな転換点を迎えている。本書編纂の最中である2016年6月，英国が国民投票により欧州における政治経済的統合の象徴であるEUからの離脱を決め，11月の米国大統領選では政治経歴皆無の不動産王トランプ共和党候補が民主党のクリントン前国務長官を破り第45代大統領の座を射止めた。これらの現象を近年世界的規模で推進されてきたグローバリズムに対するナショナルな気運の高揚とみなす向きも多い（トランプ氏は選挙演説で"Americanism, not globalism, will be our credo"という標語を掲げていた）。グローバリズムの標語ともいうべき人・物・金の流れの自由化を先導してきた欧米中枢における動向であるだけに，世界に与える影響も甚大である。これらの動きを，テロ・移民・難民・人種差別・経済危機・格差拡大等の諸現象と合わせて，「グローバリゼーション・ファティーグ（疲労）」の現れとみなす論者もいる。

　この時代状況を日本の英語教育の文脈に引き寄せて考えると何が言えるだろうか。例えば，英語教育の分野で近年重視されてきた概念群の含意に微妙な変化が生じてくる可能性がある。CEFRの位置づけもその一つとなるかもしれない。グローバリズムの旗印的存在であったEUの展望が停滞を余儀なくされつつある以上，域内言語政策の支柱であるCEFRの理論的意義について再検討を求める声が出てくるとしても不思議ではないからである。グローバル化の大きな流れに変化が生じてくるとすれば，長期的には教育行政のスタンスや指導的文言にも何らかの影響が生じてくるかもしれない。

　これらは憶測の域を出るものではないが，一つ確実に言えることがある。政治経済にいかなる動きが生じようと，また，教育行政的なディスコースにいかなる変容が生じようとも，そのうねりに翻弄されないためにも，われわれ英語教育に携わる者は，この時代状況を踏まえた上で確固たる理念を堅持しておかなくてはならないということである。その理念をキーワードで把捉しようとすれば，「多文化状況」「たくましさ」「しなやかさ」等となるであろう。異なる価値観をもつ多様な他者と交わりながら，たくましくしなやかに協働し協創していける，そのような人材の育成に寄与すること。それを，学習者の国際語としての英語コミュニケーション力向上を支援することを通じて実践していくことである。これは日々の英語教育活動を行っていくにあたっての羅針盤のようなものである。この高次の目的を確保しておけば，どのような時代の波に遭っても，それに翻弄されることなく，日々の教育活動に真摯に取り組んでいくことができると考えるからである。また，教師自身も「たくましさ」と「しなやかさ」を身につけながら現代を生きる一人の人間として成長していけると信じるからである。

あとがき

　本書は，英語教育に携わり，深い関心を抱く有志からなる研究会ALIPSのメンバーが執筆を行ったものである。ALIPSとは，Applied Linguistics in Practice Society のアクロニム（頭字語）である。この名称には以下のような思いが込められている。従来の理論言語学（Linguistics）は教育的応用の可能性が十分に考慮されたものではなく，そこに第二言語習得（Second Language Acquisition）を含む応用言語学（Applied Linguistics）の台頭を見る。しかし，理論と実践の融合または研究と教育の架橋は容易ならざる課題として，今に引き継がれている。そこに，応用言語学を理論において（in theory）よりもむしろ実践の中に（in practice）とらえ，未来の英語教育を切り拓いていこうという志を抱く同志が集い，田中・阿部両先生の御指導の下，研究教育活動に勤しんでいるのがALIPSである。

　本書は，ALIPSが2015年2月以来，隔月に開催してきた研究例会の成果であり，また，新しい英語教育の可能性を切り拓くための提案の書でもある。英語コミュニケーション能力を言語リソース力とタスク処理力のダイナミックな相互作用としてとらえる視点や基本語が有する本質的意味であるコアから多義の構造を明快に示す方法，言語使用の実相としてセンテンスよりも断片連鎖としてのチャンキングに着眼するアプローチ等々，ユニークで強力な理論装置が支柱となっている。これらは監修の田中茂範先生が年来唱導されてきた理論である。ALIPSのメンバーは，これらの最先端の理論を学びつつ，その実践法を探求できることに対する誇りと歓びの念を通じて結束をより深めている。

　本書を通じて，読者の皆様にも，英語教育の実践と理論を架橋することの醍醐味の一端を感じて頂けたらと願って止みません。その魅力が十全に伝わり切らない要素が残るとすれば，それは我々の今後の課題として受け止める以外ありません。真摯に読者の皆様の御叱正を仰ぎつつ，今後の更なる精進をここにお誓い申し上げるものです。

平成29年7月

編　　者　森本 俊・佐藤 芳明

執筆協力　田邊 博史

参考文献

阿部一 (2012).『この8音を発音できれば英語はすべて聴き取れる』IBCパブリッシング.

The Academic Word List: http://www.victoria.ac.nz/lals/resources/academicwordlist/

Aijimer, K. (1996). *Conversational routines in English: Convention and creativity.* London: Longman.

Aitchison, J. (2012). *Words in the mind: An introduction to the mental lexicon (4th ed.).* Oxford: Blackwell.

赤野一郎・堀正広・投野由紀夫 (編著) (2014).『英語教師のためのコーパス活用ガイド』大修館書店.

Anthony, E. M. (1963). Approach, method, and technique. *ELT Journal, 17*(2), 63-67.

Austin, J. L. (1975). *How to do things with words (2nd ed.).* Cambridge, MA.: Harvard University Press.

Ausubel, D. (1968). *Educational psychology: A cognitive view.* New York: Holt, Rinehart and Winston.

Backman, L. F. (1990). *Fundamental considerations in language testing.* Oxford: Oxford University Press.

Backman, L. F. (2004). *Statistical analyses for language assessment.* Cambridge: Cambridge University Press.

Backman, L. F., & Palmer, A. S. (1996). *Language testing in practice.* Oxford: Oxford University Press.

Barcfrot, J. (2015). *Lexical input processing and vocabulary learning.* Amsterdam: John Benjamins.

Barrs, B. (1987). *The cognitive revolution in psychology.* New York: The Guilford Press.

バトラー後藤裕子 (2015).『英語学習は早いほど良いのか』岩波書店.

ベネッセ教育総合研究所 (2014).『中高生のICT利用実態調査』
http://berd.benesse.jp/shotouchutou/research/detail1.php?id=4377

Biggs, J., & Tang, C. (2011). *Teaching for quality learning at university. (4th ed.).* Berkshire: The Society for Research into Higher Education & Open University Press.

Boers, F. (2013). Cognitive linguistic approaches to teaching vocabulary: Assessment and integration. *Language Teaching, 46*(2), 208-224.

Bogarrds, P., & Laufer, B. (Eds.). (2007). *Vocabulary in a second lan-*

guage. Amsterdam/Philadelphia: John Benjamins.

Bolinger, D. (1977). *Meaning and form.* London: Longman.

Bonwell, C. C., & Eison, J. A. (1991). *Active learning: Creating excitement in the classroom.* ASHE-ERIC Higher Education Report No. 1.

Brilhart, J. K., & Galanes, G. J. & Adams, K. (2001). *Effective group discussion (10th ed.).* New York: McGraw-Hill.

Brown, H. D. (2004). *Language assessment: Principles and classroom practices.* New York: Pearson Education.

Brown, H. D. (2014). *Principles of language learning and teaching (6th ed.).* New York: Pearson Education.

Brown, H. D. (2015). *Teaching by principles: An integrative approach to language pedagogy (4th ed.).* New York: Pearson Education.

Brown, H. D., & Abeywickrama, P. (2010). *Language assessment: Principles and classroom practices.* White Plains, NY: Pearson Education.

Brown, J. D. (1988). *Understanding research in second language learning.* Cambridge: Cambridge University Press.

Byrns, J. H. (1997). *Speak for yourself: An introduction to public speaking (4th ed.).* New York: McGraw-Hill.

Canale, M. and Swain, M. (1981). A theoretical framework for communicative competence. In Palmer, A., Groot, P. and Trosper, S. (Eds.), *The construction validation of tests of communicative competence.* Washington, DC: TESOL.

Caws, C., & Hamel, M. (2016). *Language-learner computer interactions: Theory, methodology and CALL applications (Language Studies, Science and Engineering).* Amsterdam: John Benjamins.

Celce-Murcia, M., & Larsen-Freeman, D. (1983). *The grammar book: An ESL/EFL teacher's course.* Rowley, Mass.: Newbury House.

Chomstky, N. (1957). Syntactic structures. The Hague: Mouton.

中央教育審議会 (2012).「新たな未来を築くための大学教育の質的転換に向けて～生涯学び続け、主体的に考える力を育成する大学へ～」答申.

中央教育審議会 (2015).「新しい時代にふさわしい高大接続の実現に向けた高等学校教育, 大学教育, 大学入学者選抜の一体的改革について」答申.

Chuska, K. (1995). *Improving classroom questions: A teacher's guide to increasing student motivation, participation, and higher level think-*

ing. Bloomington, IN: Phi Delta Kappa Educational Foundation.

Cook, G. (2010). *Translation in language teaching: An argument for reassessment*. Oxford: Oxford University Press.

Corder, P. (1967). The significance of learner's errors. *International Review of Applied Linguistics, 5*, 161-170.

Council of Europe. (2001). *Common European framework of reference for languages: Learning, teaching, and assessment*. Cambridge: Cambridge University Press.

Cruse, A. (2000). *Meaning in language: An introduction to semantics and pragmatics*. Oxford: Oxford University Press.

Cruse, A., & Croft, W. (2004). *Cognitive linguistics*. Cambridge: Cambridge University Press.

Crystal, D. (2003). *English as a global language (2nd ed.)*. Cambridge: Cambridge University Press.

Dixon, R. M. W. (2005). *A semantic approach to English grammar (2nd ed.)*. Oxford: Oxford University Press.

Ehninger, D., Gronbeck, B. E., McKerrow, R. E., & Monroe, A. H. (2000). *Principles and types of speech communication (14th ed.)*. New York, NY: Addison-Wesley/Longman.

映画英語教育学会東日本支部（監修）(2012).『映画英語授業デザイン集』フォーインスクリーンプレイ事業部.

映画英語教育学会関西支部（著）藤枝善之（監修）(2005).『音読したい，映画の英語—心に響く珠玉のセリフ集』スクリーンプレイ.

Eken, A. N. (2003). You've got a mail: A film workshop. *ELT Journal, 57*(1), 51-59.

Ellis, R. (1985). *Understanding second language acquisition*. Oxford: Oxford University Press.

Ellis, R. (1994). *The study of second language acquisition*. Oxford: Oxford University Press.

Ellis, R. (1997). *SLA research and language teaching*. Oxford: Oxford University Press.

Ellis, R. (2003). *Task-based language learning and teaching*. Oxford: Oxford University Press.

Ellis, R., & Barkhuizen, G. (2005). *Analyzing learner language*. Oxford:

Oxford University Press.

Engeström, Y. (1994). *Training for change: New approach to instruction and learning in working life.* Paris: International Labour Office.

Folse, K. S. (2004). *Vocabulary myths: Applying second language research to classroom teaching.* Ann Arbor, MI: The University of Michigan Press.

Fries, C. (1945). *Teaching and learning English as a foreign language.* Ann Arbor, MI: University of Michigan Press.

外国語能力の向上に関する検討会 (2011). 『国際共通語としての英語力向上のための 5 つの提言と具体的施策』 http://www.mext.go.jp/component/b_menu/shin-gi/toushin/__icsFiles/afieldfile/2011/07/13/1308401_1.pdf

General Service List: http://jbauman.com/aboutgsl.html

Goldberg, A. E. (1995). *Constructions: A construction grammar approach to argument structure.* Chicago: The University of Chicago Press.

Grice, P. (1975). Logic and conversation. In P. Cole and J. Morgan (Eds.), *Syntax and semantics (3)*: Speech acts. New York: Academic Press.

Cummins, J. (1980). The construct of language proficiency in bilingual education. In J.E. Alatis (ed.) *Georgetown University round table on languages and lnguistics 1980.*

Halliday, M. A. K. (1973). *Explorations in the functions of language.* London: Edward Arnold.

畑佐一味・畑佐由紀子・百濟正和・清水 崇文 (編) (2012). 『第二言語習得研究と言語教育』くろしお出版.

Hatch, E., & Brown, C. (1995). *Vocabulary, semantics, and language education.* Cambridge: Cambridge University Press.

Herrington, A. Herrington, J. & Mantei, J. (2009). Design principles for mobile learning. In J. Herrington, A. Herrington, J. Mantei, I. Olney & B. Ferry (Eds.), *New technologies, new pedagogies: Mobile learning in higher education* (pp. 129-138). Wollongong: University of Wollongong. Retrieved from http://ro.uow.edu.au.

Herskovits, A. (1986). *Language and spatial cognition: An interdisciplinary study of the prepositions in English.* Cambridge: Cambridge University Press.

廣森友人 (2015). 『英語学習のメカニズム:第二言語習得研究にもとづく効果的な勉強法』大修館書店.

広田照幸・吉田文他（編）(2013)．『シリーズ大学1　グローバリゼーション，社会変動と大学』岩波書店．

Hymes, D. (1972). On communicative competence. In J. Pride and J. Holmes (Eds.), Sociolinguistics. London: Harmondesworth, Penguin.

Illich, H. (1973). *Tools for conviviality*. New York: Harper and Row.

稲生衣代・河原清志 (2005)．『VOAスタンダード　ニュース英語トレーナー』コスモピア．

井上達夫 (1986)．『共生の作法－会話としての正義』創文社．

James, W. (2016) *Talks to teachers on psychology*. Retrieved from https://ebooks.adelaide.edu.au/j/james/william/talks/contents.html

自由民主党教育再生実行本部 (2013)．『成長戦略に資するグローバル人材育成部会提言』http://www.kantei.go.jp/jp/singi/kyouikusaisei/dai6/siryou5.pdf

上智大学CLTプロジェクト（編）(2014)．『コミュニカティブな英語教育を考える』アルク．

Johnson, M. (1987). *The body in the mind: The bodily basis of meaning.* Chicago: The University of Chicago Press.

Kachru, B. (1987). *The alchemy of English: The spread, functions and models of non-native Englishes.* Oxford: Pergamon.

門田修平（監修・著）(2006)．『決定版英語エッセイ・ライティング』コスモピア．

門田修平 (2010)．『SLA研究入門：第二言語の処理・習得研究のすすめ方』くろしお出版．

門田修平 (2015)．『シャドーイング・音読と英語コミュニケーションの科学』コスモピア．

門田修平・池村大一郎（編著）(2006)．『英語語彙指導ハンドブック』大修館書店．

川村正樹 (2014)．『ワンランク上をいく英語ライティング』大学教育出版．

Kellerman, E. (1979). Transfer and non-transfer: Where we are now. *Studies in Second Language Acquisition, 2*, 37-57.

小池生夫（監修）SLA研究会（編）(1994)．『第二言語習得研究に基づく最新の英語教育』大修館書店．

Kukulska-Hulme, A. (2013). Mobile-assisted language learning. In C. Chapelle (Ed.), *The encyclopedia of applied linguistics* (pp. 3701-3709). New York: Wiley

國弘正雄総（監修）(1987)．『新英語教育講座14英語の歌・英詩の指導』三友社．

教育用例文コーパスSCoRE: http://www.score-corpus.org/

Laing, R., Phillipson, H. & Lee, A. (1966). *Interpersonal perception: A theory and a method of research.* London: Tavistock.

Lakoff, G. (1987). *Women, fire and dangerous things: What categories re-*

veal about the mind. Chicago: The University of Chicago Press.

Lakoff, G., & Johnson, M. (2003). *Metaphors we live by with a new afterward.* Chicago: The University of Chicago Press.

Langacker, R. W. (1987). *Foundations of cognitive grammar: Theoretical prerequisites.* Stanford, CA: Stanford University Press.

Langacker, R. W. (2002). *Concept, image, and symbol: The cognitive bases of grammar.* The Hague: Mouton de Gruyter.

Larsen-Freeman, D. (2003). *Teaching language: From grammar to grammaring.* Boston: Thomson Heinle.

Larsen-Freeman, D., & Long, M. H. (1991). *An introduction to second language acquisition research.* London: Longman.

Lewis, M. (2002). *Implementing the lexical approach: Putting theory into practice.* Boston: Thomson Heinle.

Lightbown, P. M., & Spada, N. (2003). *How languages are learned (4th ed.).* Oxford: Oxford University Press.

Lindstromberg, S. (2001). Preposition entries in UK monolingual learner's dictionaries: problems and possible solutions. *Applied Linguistics, 22*(1), 79-103.

Littlemore, J. (2009). *Applying cognitive linguistics to second language learning and teaching.* Basingstoke, UK: Palgrave Macmillan.

Long, M. (2014). *Second language acquisition and task-based language teaching.* NJ: Wiley Publishing Inc.

Lowe, M. (2007). Films in English language teaching. *IH Journal, 23,* 16-19.

松下佳代（編著）(2015).『ディープ・アクティブラーニング　大学授業を深化させるために』勁草書房.

松沢伸二（著），佐野正之・米山朝二（監修）(2002).『英語教師のための新しい評価法』大修館書店.

McKay, S. L. (2002). *Teaching English as an international language.* Oxford: Oxford University Press.

見上晃・西堀ゆり・中野美知子（編）(2011).『英語教育学体系第12巻　英語教育におけるメディア利用―CALLからNBLTまで』大修館書店.

Miller, G. A. (1978). Semantic relations among words. In H. Halle, J. Bresnan, and G. Miller (Eds.), *Linguistic theory & psychological real-*

ity. Cambridge, Mass.: Harvard University Press.

Miller, G. A., & Johnson-Laird, P. N. (1976). *Language and perception.* Cambridge, Mass: Harvard University Press.

Mitchell, R., & Myles, F. (1998). *Second language learning theories.* London: Arnold.

溝上慎一 (2014).『アクティブラーニングと教授学習パラダイムの転換』東信堂.

溝上慎一 (2015).「アクティブラーニング論から見たディープ・アクティブラーニング」

松下佳代 (編著)『ディープ・アクティブラーニング 大学授業を深化させるために』(pp. 31-51) 勁草書房.

森 朋子 (2015).「反転授業─知識理解と連動したアクティブラーニングのための授業枠組み─」松下佳代 (編著)『ディープ・アクティブラーニング 大学授業を深化させるために』(pp. 52-57) 勁草書房.

望月正道・相澤一美・投野由紀夫 (2003).『英語語彙の指導マニュアル』大修館書店.

文部科学省 (2011).『教育の情報化ビジョン』 http://www.mext.go.jp/b_menu/houdou/23/04/__icsFiles/afieldfile/2011/04/28/1305484_01_1.pdf

文部科学省 (2014).『平成26年度 学校における教育の情報化の実態等に関する調査結果 (概 要)』 http://www.mext.go.jp/a_menu/shotou/zyouhou/__icsFiles/afieldfile/2015/11/06/1361388_01_1.pdf

文部科学省初等教育局 (2013).『各中・高等学校の外国語教育における『CAN-DOリスト』の形での学習到達目標設定のための手引き』 http://www.mext.go.jp/a_menu/kokusai/gaikokugo/__icsFiles/afieldfile/2013/05/08/1332306_4.pdf

Morgan, N., & Saxton, J. (1991). *Teaching, questioning, and learning.* New York: Routledge.

村端五郎・村端佳子 (2016).『第2言語ユーザのことばと心：マルチコンピテンスからの提言』開拓社.

村野井仁 (2006).『第二言語習得研究から見た効果的な英語学習法・指導法』大修館書店.

長尾和夫＋トーマス・マーティン (2016).『英語で書く力』三修社.

永田 敬・林 一雅 (編) (2016).『アクティブラーニングのデザイン 東京大学の新しい教養教育』東京大学出版会.

中條清美・内山将夫・赤瀬川史朗・西垣知佳子 (2016).『データ駆動型英語学習における教育用例文コーパスSCoREの活用』言語処理学会 第22回年次大会発表論文集, pp. 1081-1084. http://hanamizuki2010.sakura.ne.jp/public_html/data/NLP2016P19-3.pdf

Nation, I. S. P. (2001). *Learning vocabulary in another language.* Cambridge: Cambridge University Press.

Nattinger, J. R., & DeCarrico, J. S. (1992). *Lexical phrases and language teaching.* Oxford: Oxford University Press.

New General Service List: http://www.newgeneralservicelist.org/

西村義樹・野矢茂樹 (2014).『言語学の教室』中公新書.

野村益寛 (2014).『ファンダメンタル認知言語学』ひつじ書房.

Nunan, D. (1988). *Syllabus design.* Oxford: Oxford University Press.

Nunan, D. (2004). *Task-based language teaching.* Cambridge: Cambridge University Press.

Odlin, T. (1994). *Perspectives on pedagogical grammar.* Cambridge: Cambridge University Press.

Piaget, J. (1963). *The origins of intelligence in child.* New York: Norton.

Radden, G., & Dirven, R. (2007). *Cognitive English grammar.* Amsterdam: John Benjamins.

Read, J. (2000). *Assessing vocabulary.* Cambridge: Cambridge University Press.

Richards, J. C. (2001). *Curriculum development in language teaching.* Cambridge: Cambridge University Press.

Richards, J. C., & Rodgers, T. S. (1986). *Approaches and methods in language teaching: A description and analysis.* Cambridge: Cambridge University Press.

Rivers, W. (1981). *The psychologist and the foreign language teachers.* Chicago: University of Chicago Press.

Ruhl, C. (1987). *On monosemy.* New York: New York University Press.

Sanders, N. M. (1966). *Classroom questions: What kinds?* New York: Harper & Row.

笹島茂 (編著) (2011).『CLIL 新しい発想の授業―理科や歴史を外国語で教える!?―』三修社.

斎藤兆史・鳥飼玖美子・大津由紀雄・江利川春雄 (2016).『「グローバル人材育成」の英語教育を問う』ひつじ書房.

佐藤健 (2015).『モバイルを用いた外国語教育における Collaborative Dialogue の実践とその効果について』e-Learning 教育研究, 10, 14-22.

佐藤芳明 (2012).『洋楽歌詞にみる語彙文法の世界 Lexical Grammar in Song

Lyrics　− *A New Perspective in English Teaching & Learning* −』湘南藤沢学会.

佐藤芳明・いいずな語彙力習得支援プロジェクト（編著）（2013）. 『世界にはばたくための新・英単語学習システムMEW Exercise Book Core 500』いいずな書店.

佐藤芳明・いいずな語彙力習得支援プロジェクト（編著）（2014）. 『世界にはばたくための新・英単語学習システムMEW Exercise Book Days 1200』いいずな書店.

佐藤芳明・いいずな語彙力習得支援プロジェクト（編著）（2014）. 『世界にはばたくための新・英単語学習システムMEW Exercise Book Expansion 1400』いいずな書店.

佐藤芳明・いいずな語彙力習得支援プロジェクト（編著）（2014）. 『世界にはばたくための新・英単語学習システムMEW Exercise Book Frontier 1600』いいずな書店.

佐藤芳明・田中茂範（2009）. 『レキシカル・グラマーへの招待：新しい教育英文法の可能性』開拓社.

Savignon, S. (1972). *Communicative competence: An experiment in foreign language teaching.* Philadelphia: The Center for Curriculum Development, Inc.

Schmitt, N. (2000). *Vocabulary in language teaching.* Cambridge: Cambridge University Press.

Schmitt, N., & Carter, R. (2004). Formulaic sequences in action: An introduction. In N. Schmitt (Ed.), *Formulaic sequences* (pp. 1–22). Amsterdam, the Netherlands: John Benjamins.

Schmitt, N., & McCarthy, M. (1997). *Vocabulary: Description, acquisition and pedagogy.* Cambridge: Cambridge University Press.

Searle, J. (1969). *Speech acts.* Cambridge: Cambridge University Press.

Selinker, L. (1972). Interlanguage. *International Review of Applied Linguistics, 10*, 209-231.

瀬戸賢一（編）（2007）. 『英語多義ネットワーク辞典』小学館.

Sharwood-Smith, M. (1981). Consciousness-raising and the second language learner. *Applied Linguistics, 2*(2), 159-168.

Singleton, D. (2000). *Language and the lexicon: An introduction.* London: Arnold.

Skinner, B. F. (1957). *Verbal behavior.* New York: Appleton-Century-Crosts.

白畑知彦・村野井仁・若林茂則・冨田祐一（2009）. 『改訂版英語教育用語辞典』大修館書店.

白畑知彦・若林茂則・村野井仁 (2010).『詳説第二言語習得研究：理論から研究法まで』研究社.

白井恭弘 (2004).『外国語学習に成功する人，しない人』岩波書店.

白井恭弘 (2008).『外国語学習の科学—第二言語習得論とは何か』岩波書店.

白井恭弘 (2012).『英語教師のための第二言語習得論入門』大修館書店.

白井恭弘 (2013).『ことばの力学—応用言語学への招待』岩波書店.

染谷泰正 (2010).「大学における翻訳教育の位置づけとその目標」関西大学外国語学部紀要第3号, 73-102.

染谷泰正・河原清志・山本成代 (2013).「英語教育における翻訳 (TILT: Translation and Interpreting in Language Teaching) の意義と位置づけ (CEFR による新たな英語力の定義に関連して)」『語学教育エキスポ2013予稿集』pp. 27-30.

Stevick, E. W. (1980). *Teaching languages: A way and ways.* Rowley, Mass.: Newbury House.

Stevick, E. W. (1998). *Working with teaching methods: What's at stake?* Boston: Thomson Heinle

Stockwell, G., & Hubbard, P. (2013). *Some emerging principles for mobile-assisted language learning.* Monterey, CA: The International Research Foundation for English Language Education. Retrieved from http://www.tirfonline.org/english-in-the-workforce/mobile-assisted-language-learning

鈴木寿一・門田修平 (編著) (2012).『英語音読指導ハンドブック』大修館書店.

鈴木孝明・白畑知彦 (2012).『ことばの習得：母語獲得と第二言語習得』くろしお出版.

鈴木孝夫 (1973).『ことばと文化』岩波新書.

Swain, M. (2000). The output hypothesis and beyond: Mediating acquisition through collaborative dialogue. In J. Lantolf (Ed.), *Sociocultural approaches to second language research* (pp.97-115). Oxford: Oxford University Press.

Sweeting, A. (2009). *Language through film.* Sydney: Phoenix Education.

竹内　理 (編著) (2008).『CALL授業の展開—その可能性を拡げるために』松柏社.

田崎清忠 (編) (1995).『現代英語教授法総覧』大修館書店.

田中茂範 (1990).『認知意味論：英語動詞の多義の構造』三友社.

田中茂範 (2015).『表現英文法 GFE: Grammar For Expression』(増補改訂版)コスモピア.

田中茂範 (2016).『英語を使いこなすための実践的学習法—my English のすすめ』大

修館書店.

田中茂範・阿部一 (2016).『日常まるごと英語表現ハンドブック』コスモピア.

田中茂範・アレン玉井光江・根岸雅史・吉田研作 (編著) (2005).『幼児から大人までの一貫した英語教育のための枠組み：English Curriculum Framework (ECF)』リーベル出版.

田中茂範・岡本茂紀 (2015).『会話を組み立てる英語プレハブ慣用表現150』コスモピア.

田中茂範・深谷昌弘 (1996).『意味づけ論の展開：情況編成・コトバ・会話』紀伊国屋書店.

田中茂範・佐藤芳明・阿部一 (2006).『英語感覚が身につく実践的指導—コアとチャンクの活用法』大修館書店.

田中茂範・武田修一・川出才紀 (編) (2003).『Eゲイト英和辞典』ベネッセコーポレーション.

田中武夫・紺渡弘幸・島田勝正 (2011).『推論発問を取り入れた英語リーディング指導—深い読みを促す英語授業』三省堂.

田中武夫・田中知聡 (2009).『英語教師のための発問テクニック—英語授業を活性化するリーディング指導』大修館書店.

Tarone, E., & Yule, G. (1989). *Focus on the language learner.* Oxford: Oxford University Press.

Taylor, J. R. (2002). *Cognitive grammar.* Oxford: Oxford University Press.

Taylor, J. R. (2004). *Linguistic categorization: Prototypes in linguistic theory (3rd ed.).* Oxford: Oxford University Press.

Taylor, J. R. (2012). *The mental corpus.* Oxford: Oxford University Press.

寺内正典 (編) (2012).『英語教育学の実証的研究入門：Excelで学ぶ統計処理』研究社.

投野由紀夫 (編著) (1997).『英語語彙習得論：ボキャブラリー学習を科学する』河源社.

鳥飼玖美子 (監修) (2003).『はじめてのシャドーイング—プロ通訳者の基礎訓練法で，英語の"音"感覚が飛躍的に身につく』学研.

Travis, J. E. (1948). The use of the film in language teaching and learning. *ELT Journal, 1*(6), 145-149.

Tyler, A. (2012). *Cognitive linguistics and second language learning: Theoretical basics and experimental evidence.* New York: Routledge.

浦野研・亘理陽一・田中武夫・藤田卓郎・髙木亜希子・酒井英樹 (2016).『はじめての英語教育研究　押さえておきたいコツとポイント』研究社.

卯城祐司 (編著) (2009).『英語リーディングの科学—「読めたつもり」の謎を解く』研究社.

卯城祐司 (編著) (2011).『英語で英語を読む授業』研究社.

卯城祐司（編著）(2014).『英語で教える英文法—場面で導入，活動で理解』研究社.

van Ek, J., Alexander, L., & Fitzpatrick, M. (1977). *Waystage English.* Oxford: Pergamon Press.

Verspoor, M., & Lowie, W. (2003). Making sense of polysemous words. *Language Learning, 53*(3), 547-586.

WebParaNews: http://www.antlabsolutions.com/webparanews/

Weir, C. J. (2005). *Language testing and validation: An evidence-based approach.* Basingstoke: Palgrave Macmillan

Widdowson, H. G. (1978). *Teaching language as communication.* Oxford: Oxford University Press.

Widdowson, H. G. (1990). *Aspects of language teaching.* Oxford: Oxford University Press.

Widdowson, H. G. (2003). *Defining issues in English language teaching.* Oxford: Oxford University Press.

Wilkins, D. (1976). *Notional syllabuses.* Oxford: Oxford University Press.

Willis, D. (2003). *Rules, patterns and words: Grammar and lexis in English language teaching.* Cambridge: Cambridge University Press.

Witte, A., Harden, T., & Harder, A. R. (2009). *Translation in second language learning and teaching.* Bern: Peter Lang.

Wray, A. (2000a). Formulaic sequences in second language teaching: Principle and practice. *Applied Linguistics, 21*(4), 463-489.

Wray, A. (2000b). *Formulaic language and the lexicon.* London: Cambridge University Press.

Wray, A., & Perkins, M. R. (2000). The functions of formulaic language: An integrated model. *Language & Communication, 20*(1), 1-28.

柳瀬陽介 (2006).『第二言語コミュニケーション力に関する理論的考察—英語教育内容への指針—』渓水社.

吉田晴世・上村隆一・野澤和典・松田憲・CIEC外国語教育研究部会 (2008).『ICTを活用した外国語教育』東京電機大学出版局.

吉田晴世・野澤和典 (2014).『最新ICTを活用した私の外国語授業』丸善プラネット.

Yu, L., & Odlin, T. (2016). *New perspectives on transfer in second language learning.* Toronto: Multilingual Matters.

さくいん

英 語

A

academic presentation	35
accommodation	22, 234
accountability	284
accuracy	26, 246
Action Step	163
active	
active being	22
active learning	207, 208
Active Learning of English for Science Students	→ALESS
active participant	208
deep active learning	210
addtion	214
adequacy	
descriptive adequacy	24
explanatory adequacy	24
predictive adequacy	24
ALESS	210
alternative assessment	297
approachable	125
argumentative type	264
artificial	179
assessment	293, 296
alternative assessment	297
criterion-referenced assessment	296
formative assessment	296
in-class assessment	301
norm-referenced assessment	296
summative assessment	296
assimilation	22, 234
Attention-getting Step	163
audio-lingual method	20
authentic	113, 179, 213, 215
professionally authentic	176, 181
authenticity	113, 141
text-authenticity	113
usage-authenticity	113
automatization	55, 107, 248
automatize	26
awareness-raising	55, 107, 235

B

backwash effect	299
basic user	29
behavioral psychology	20
behavioral stance	21
biological diversity	10
brainstorming	171

C

CALL	213, 221
CEFR	29
CEFR-J	29
chairing (cards)	133
chunk	149
chunking	177
CLIL	291
CLT	→Communicative Language Teaching
cognitive	
cognitive assimilation	22
cognitive stance	21
collaboration game	170
collaborative dialogue	70
commenting	132, 147, 265, 267
Common European Framework of Reference for Languages	→CEFR
communication strategies	143
communicative	
communicative approach	22
communicative competence	23, 28, 30
Communicative Language Teaching	25
competence	
communicative competence	23, 28, 30
functional competence	30
grammatical competence	30
lexical competence	30
semantic competence	30
composite task	35
comprehensible	142, 179
comprehension	35, 55, 107, 117, 189
comprehension check	265
listening comprehension task	

さくいん

| | 35, 289 |
| reading comprehension task | 35, 289 |
Computer-Assisted Language
Learning → CALL
conflict 10
congruent 20
construct 24, 297
construct validity 297
constructional easiness 94
content
　Content and Language Integrated
Learning → CLIL
　content construction 132, 189
　content validity 297
context setting 123, 125
contextual modulation 58
contextualization 114
contextualized 119
contrastive analysis 20
control group 26
conversational management 146
conviviality 11
criterion validity 297
criterion-referenced assessment 296
curriculum 280, 281
　curriculum development 291

D

DAL → deep active learning
data-driven learning 70
DDL → data-driven learning
Debate-in-Discussion 171, 175
deep active learning 210
delayed post-test 26
descriptive adequacy 24
descriptor 28
designing principles 229
development 271
discourse marker 247
discussion 133
　Discussion & Presentation 133
divergent 20
diversity 10
　biological diversity 10
drills
　pattern practice drills 21

substitution drills 21

E

earth person 13
eclecticism 25
　principled eclecticism 25
　random eclecticism 25
emphatic projection 112
empirical world 24
English
　English as a lingua franca 233
　English as a second language 233
　World Englishes 234
enjoyable 114
evaluation 296
expectancy interpretation 112
experimental group 26
explanatory adequacy 24
expository type 264
expressive optimization 94
Extemporaneous Speech 162

F

fact 147
　fact statement 147
　fact-statement 132
feasibility 163, 297
flow view of formulas 94
fluency 26, 246
　fluency development 61
Focus-on-form 25
form 21
formative assessment 296
formula 36, 88
　flow view of formulas 94
　stock view of formulas 94
formulaic sequences 94
foundation 57
fragment 178
frame of reference 25
function 22
　information-gathering function 139
　interpersonal function 139
　meaning-creating function 139
functional competence 30
functional expression 90

323

G

general purpose	161
grammar	36
grammar in text	131, 178
lexical grammar	80
systemic functional grammar	23
Universal Grammar	22
grammatical competence	30

H

habit formation	20
high-stakes test	300
holistic	297
horizon	17
hypothesis	24

I

ICT	207, 220
idiom	88
imitation	20
impromptu speech	162
incidental	61
in-class assessment	301
independent user	29
individual differences	25
individuation	238, 239
information	
Information and Communications Technology	→ICT
information gap	139
information-gathering function	139
innateness hypothesis	22
innovation	214
innovative	21
input-poor	25
input-rich	25
intelligible	234
interaction	137
interesting	114, 142, 179
inter-lexical network	55, 60
international person	13
interpersonal function	139
inter-rater reliability	299
intra-lexical network	55, 60
intra-rater reliability	299
intriguing	114

issue	133, 170

L

LAD	22
language	
Language Acquisition Device	→LAD
language in text	130
language resources	32, 121, 285
language-focused learning	61
learnable	76
learner	28, 230
learning by doing	112, 137
learning cycle	210
level of understanding	107
level of use	107
lexical	
lexical competence	30
Lexical Core Approach	58, 193
lexical grammar	80
lexicon	36
linearity	177
listening	
listening comprehension task	35, 289
listening mode	35
living	
living in multiculturalism	12
living multiculturalism	12
living together	11

M

making a question	138
MALL	213, 229
manuscript speech	162
material	250
meaning	21
meaning-creating function	139
meaningful	112, 113, 142, 179
meaningful practice	26
meaningfulness	114, 141, 181
mechanical	112
mechanical practice	26
media	250
memorization	295
memorized speech	162
message-focused input	61

さくいん

message-focused output	61
metaphorical extension	200
mixed syllabus	282
Mobile-Assisted Language Learning	→MALL
modal shift	35
mode	
listening mode	35
mode of expression	34
reading mode	35
speaking mode	35
writing mode	35
monolingualism	233
Monroe's Motivated Sequence	163
mood	196
motivation	193
multiculturalism	
living in multiculturalism	12
living multiculturalism	12
multi-faceted	60
multi-modal	35
multi-modal task	35, 289

N

narrative type	264
Need Step	163
network	
inter-lexical network	55, 60
intra-lexical network	55, 60
network knowledge	60
networking	55, 107, 188, 235
Networking Approach	58
New Communicative Way	121
non-verbal task	34, 289
norm-referenced assessment	296
notion	22
notional/functional syllabus	281

O

objective	250
operational definition	24
opinion	147, 171
opinion database	172
opinion statement	132, 147
organization	271
over-extension	47

overlapping	130, 191, 263

P

paradigmatic dimension	177
paraphrasing	112, 147, 267, 268
passive	
passive being	22
passive listener	208
pathos	162
pattern practice drills	21
pause	177
pedagogically sound	76
personal	113, 179
personalization	141
personalize	179
perspective	17
phrasal verb	54
position game	170
positive reinforcement	20
post-test	26
practicality	297
practice	
meaningful practice	26
mechanical practice	26
predictive adequacy	24
prejudice	123
presentation	133
academic presentation	35
pre-test	26
principled eclecticism	25
probability	163
problem-solving speech	166
production	55, 107, 117, 191
productive	
productive skills	34
productive vocabulary	61
professionally authentic	176, 181
proficient user	29
project	137

R

random eclecticism	25
reacting	112, 147
read and react	132, 147, 265, 267
reading	
reading aloud	130

325

さくいん

reading comprehension task 35, 289
reading mode 35
receptive
   receptive skills 34
   receptive vocabulary 61
relevance 142
reliability 297
   inter-rater reliability 299
   intra-rater reliability 299
   reliability coefficient 299
repeating 191, 262
reporting 112, 132, 147, 265
reproduction 295
research 24
responding strategies 143

S

Satisfaction Step 163
self-editing 277
semantic competence 30, 31
semantic potential 47
sentence 149, 171
shadowing 130, 191, 263
situation 22
situational approach 22
situational syllabus 281
skill 34
   productive skills 34
   receptive skills 34
   skill employment 36, 39
sound symbolism 255
speaking
   speaking mode 35
   speaking task 35, 289
speech
   extemporaneous speech 162
   impromptu speech 162
   manuscript speech 162
   memorized speech 162
   problem-solving speech 166
   speech act theory 23
   topic-based speech 166
spiral 33
   Spiral Communication Progress 285
spontaneity 112
standpoint 17

step
   Action Step 163, 166
   Attention-getting Step 163
   Need Step 163
   Satisfaction Step 163
   Visualization Step 163
stimulus-free 21
stock expression 88
stock view of formulas 94
strategies
   communication strategies 143
   responding strategies 143
strong 22
structural linguistics 20
structural syllabus 281
substitution drills 21
summarizing 112, 132, 147, 265, 268
summative assessment 296
syllabus 280
   mixed syllabus 282
   notional/functional syllabus 281
   situational syllabus 281
   structural syllabus 281
   syllabus design 282
   task syllabus 281
   topic-based syllabus 281
symbiosis 11
syntagmatic dimension 177
systemic functional grammar 23

T

tabula rasa 20
task 35, 137
   composite task 35
   listening comprehension task
      35, 289
   multi-modal task 35, 289
   non-verbal task 34, 289
   reading comprehension task 35, 289
   speaking task 35, 289
   task achievement 34
   task handling 32, 122
   task syllabus 281
   task type 35
   verbal task 34, 289
   writing task 35, 289

さくいん

Task-Based Language Teaching
→ TBLT
TBLT 25, 282
teachable 76
test
　delayed-post test 26
　high-stakes test 300
　post-test 26
　pre-test 26
text-authenticity 113
thematic range 58, 288
theoretical world 24
theory of exercises 106
thesis statement 271
TILT 234
tongue twisters 258
topic-based speech 166
topic-based syllabus 281
translanguaging 233
translation 20
Translation in Language Teaching
→ TILT

U
UG → Universal Grammar
under-extension 47
Universal Grammar 22
usable 76
usage-authenticity 113
user 28, 230
　basic user 29
　independent user 29
　proficient user 29

V
validity 297
　construct validity 297
　content validity 297
　criterion validity 297
verbal task 34, 289
Visualization Step 163
vocabulary
　productive vocabulary 61
　receptive vocabulary 61
　vocabulary breadth 60
　vocabulary depth 60

vocabulary size 58
voice training 252

W
weak 22
while-questions 265
word family 59
workability 163
World Englishes 234
writing
　writing mode 35
　writing task 35, 289

Z
zero 20

327

日 本 語

太字は各章のキーワードとして出現するページ

ア

アイディア
- ——の共創 17
- ——の共有化 172
- ——の言語化 171

アウトプット 70, 208, **248**

アクション－リアクション 151

アクセント **255**

アクティブ・ラーニング **207, 224**

アスペクト 195

イ

息継ぎ 153, 258

意見文 **264**

一貫性 **271**

意味
- ——概念 64
- ——記憶 68
- ——機能 187
- ——処理 **240, 246**
- ——生成機能 139
- ——想起 62
- ——的な関連性 61
- ——的動機づけ 193
- ——特性 187
- ——ネットワーク 61
- ——能力 31
- ——の獲得 **237**
- ——の可視化 125
- ——の可能性 47
- ——の壁 **242**
- ——の創造 170
- ——の展開 49
- ——の分断 48
- ——の編成 158
- ——のまとまり 23, 153
- ——の無限遡及 48
- ——の連鎖 156
- ——理論 38
- ——論 49, 51
- 基本語の—— 61

具体的な—— **232**

前置詞の——論 51

抽象概念の—— **269**

抽象的な—— **232**

テクストの——世界 123, 125, 136

発話の—— 190

発話者の—— 190

本質的な—— 42, 49

異文化
- ——（間）コミュニケーション 13

インフォメーション
- ——・ギャップ 23

インプット 22, 61
- 言語—— 22
- 理解可能な—— 70

エ

映画
- ——英語教育学会 176
- ——テクスト **176, 179**
- ——を使った文法指導 183

英語
- ——が使える日本人 12
- ——で授業（を）する 136
- ——特有のリズム **249, 254, 258**
- ——の特質 74
- ——の発音 **251**
- ——の発声 251, 259
- ——の発想 **236**
- ——母語話者 59, 261
- ——を——で理解する **231, 241**

生きた—— 157, 273

外国語としての—— 10

国際（共通）語としての—— 10, 29

コミュニケーション—— 121, 147

世界共通語としての——

230

英語教育
- ——の高次の目標 12
- ——教育学 19

英語力
- ——のエンジン部分 42
- ——の評価 **291**

英文法
- 教育—— 76
- 表現—— 72, **77**, 79

エクササイズ 106
- ——・データベース 120
- ——論 106, 214

エビデンス 169

オ

応化 22

欧州評議会 22, 29

応答
- ——の相 112
- ——方略 137, **143**

オーディオ・リンガル・メソッド 20

オーバーラッピング **260**

オーラル・アプローチ 21

オピニオン
- ——・データベース 172

オブジェクティブ 106, **107**, 119, 215
- ——論 107

音象徴 **255**
- ——語 252, **255**

音声
- ——能力 31
- ——の壁 **241**
- ——の認識 **241**
- ——表現 114
- ——情報 115, 245

音素 20

音読 106, 244, 263

さくいん

カ

外化 208, 210
外国語
　──教育 25, 29, 234, 300
　──としての英語 10
蓋然性 163
概念
　意味── 64
　──／機能シラバス 279
　──領域 46, 61
　概念分類に基づくネットワーキング 64
　構成── 24, 297
　構成──妥当性 295
　集合── 14
外部試験 298
会話
　──におけるチャンキング 150
学習指導要領 72, 207, 220, 284
拡張語 58, 60, 288
　──彙のネットワーキング 62, 64, 66
　──力 42, 58, 288
　基本語と── 60
カリキュラム 278
　──編成 289
感情表現 99
慣用表現
　──の機能 95
　──の種類 90
　──力 37, 87, 94
　ストックとしての── 94
　ナビゲーターとしての── 99
　フローとしての── 94
関連化 55, 107, 288

キ

機械的な訓練 26, 112
記憶
　意味── 68
　エピソード── 68
気づき 55, 107
軌道修正 181

──の原理 181
機能
　意味── 187
　意味生成── 139
　慣用表現の── 95
　──慣用チャンク 90
　──慣用表現 286
　──シラバス 279
　──能力 31
　──表現 90, 139
　情報収集── 139
　体系──文法 23
　対人関係── 139
　発問の── 138
　予測変換── 69
規範 12
基本語
　──と拡張語 60
　──の意味 61
　──のコア 193
　──の習得 47
　──力 38, 42, 46, 47, 288
　──を「使い切る」 42, 56
　──を「使い分ける」 42, 237
can-do
　──リスト 28, 29
　──研究 28
教育
　──課程 279
　──英文法 76
　──の情報化ビジョン 217
教科書 121
　──指導 122
　──消化型の指導法 121
　──で教える 121
　──と英語力の関係 122
　──を教える 121
　──をコミュニカティブに教える 122
　──を使ったスピーチ指導 166
　検定── 121, 282, 291
　デジタル── 115
共感

──調整作用 272
──的投射 190
教材
　Web── 280
　視覚的な── 55
　主── 280
　生の── 179
　副── 280
共棲 11
共生 11
協働する力 11
共有基底言語能力 231

ク

グループワーク 274
クラス・マネジメント・スキル 23
グローバリゼーション 10
グローバル
　──化 11
　──言語 12
　──社会 17
　──・パーソン 10, 12, 16

ケ

形式
　──的類似性 69
　クイズ── 253
　言語（の）── 21
　発表── 161
　リレー── 133
形態素 20
形容詞
　──（慣用）チャンク 91
系列軸 177
結束性 268
研究
　can-do── 28
　効果── 26
　語彙習得── 59
　理論── 24
言語
　共有基底──能力 231
　グローバル── 12
　──インプット 22
　──運用能力 137

さくいん

――活動
　87, 112, 149, 234
――処理の自動化
　230, 248, 250
――テスティング　**295**
――能力　30
――（の）形式　21
――分析　**176**
――リソース　28, 32, 36,
　122, 264, 280, 284,
　286, 301
――リソースの自動化　205
――を伴うタスク　**287**
指導――　**281**
社会――能力　31
単――主義　230
内容――統合型学習　289
非――タスク　**287**
深い――処理　230
複――主義　230
複――能力　230
メタ――能力　**231**
言語習得
　――装置　22
　第二――研究　87
　第二――論　25, 43
検定教科書　121, 282, 291

コ

個
　――が直面する文化　10
　――の視点
　　10, 13, **147**
　――の問題　14
コア　42
　――・イメージ　49
　――図式　42
　――理論　42
　基本語の――　193
　レキシカル・――・アプロー
　チ　**193**
構成概念　24, 297
　――妥当性　**295**
語彙
　拡張――
　基本――

――拡張　61
――間ネットワーク
　42, 55, 60
――項目　37, 58
――習得研究　59
――知識　31, 59
――内ネットワーク　55, 60
――ネットワーキング　66
――能力　31
――の数　70
――（の）サイズ
　59, 60, 298
――量　42, 58
――力　42
産出――　61
受容――　61
行為
　――意図　37, 139
　発話――　87, 178
　発話――理論　23
　未然の――　64
構造主義言語学　20
高大接続　10
行動観察　**294, 301**
行動主義
　――心理学　20
　――的スタンス　21
構造シラバス　**279**
構文
　――（慣用）チャンク　90
　――と配列　79, 287
　――ネットワーク　110
　――分析　123, 240
コース・シラバス　198, 281
コーパス　69
語義
　文脈依存的な――　48
個人
　――化　142
　――の尊厳　16
語法
コミュニカティブ・アプローチ
　19, 22
コミュニケーション
　――英語　121, 147
　――能力　28

――方略　143
――モデル　**283**
―― vs. 文法　73
―― with 文法　73
異文化（間）――　13
対人――　95
語用論
　――的能力　31
コラボレーション
　17, 132, 170
コロケーション　60, 69
　――のネットワーキング　69
　――のネットワーク　69
コンテント・シラバス
　33, 198, 281

サ

サイト・トランスレーション　**242**
サブスティテューション・ドリル
　21
サマライジング　**249, 250**
産出
　――語彙　61
　――スキル　34
　――と理解　34
　――力　**247**
参照
　――レベル　29
　――枠　25

シ

子音
　――連鎖　**253, 254**
刺激
　――の貧困　21
自己
　――肯定感　**303**
　――調整力　87
　――評価　**295, 301**
　――表現力　161
　――への引き寄せ　113
　――編集力　**274**
事態構成　193, 233, 239
実験群　26
実行可能性
　163, 293, 297, 299, 306

330

さくいん

実践
　理論と――
　　19, 24, 25, 27
質問力　137
実用性　**295, 299, 306**
視点
　「今・ここ」の――　17
　個の――　**10, 13, 15, 147**
　表現者の――　**193**
　レキシカル・グラマーの――
　　83
自動化
　言語処理の――
　　230, 248, 250
　言語リソースの――　205
　――のエクササイズ　113
　知識の――　55
しなやかさ　10
社会言語能力　31
シャドーイング　**241**
習慣形成　20, 21
自由表現　87
主題文　**268**
受容
　――受容語彙　61
　――スキル　34
状況／場面シラバス
情報
　音声――　115, 245
　教育の――化ビジョン　**217**
　視覚――　190
　――活用能力　**204**
　――構造　158
　――構造の可視化　158
　――収集機能　139
　――追加の原理　181
　――のズレ　139
　――のチャンク化　**243**
　動画――　115
シラバス　278
　――の作成　**280**
　――の策定　**282**
　概念／機能――　**279**
　構造――　**279**
　コース・――　**198, 281**
　コンテンツ・――

33, 198, 281
　状況／場面――　281
　タスク――　**281**
　トピック中心――　**279**
　複合――　**280**
　文法――　197
シンクロ・リーディング
　　242, 250
信頼性　**291**
　――係数　**297**
　採点者間――　**297**
　採点者内――　**297**

ス
スキーマ　22
　認知的――　22
スキル
　クラス・マネジメント・――
　　23
　産出――　34
　受容――　34
図式
　コア――　42
　――投射　49
　――の焦点化　50
　――融合　54
スクリプト
　――の意識化　118
　――の言語分析　183
スタンス
　行動主義的――　21
　認知的――　21
スピーキング
　――力　**245, 250**
スピーチ　161
　暗記による――　162
　教科書を使った――指導
　　166
　原稿を読み上げる――
　　162
　――指導　166
　――の構成　162
　――の種類　164
　――の目的　161, 164
　即興――　162
　即席――　162

聴衆に行動を起こさせる
　――　165
　聴衆を説得する――　164
　問題解決型――　166
　モンローの――構成法　163

セ
生得仮説　22
正の強化　20
世界
　コト的――　195
　状況的――　196
　――共通語　**230**
　――的視野　16
　モノ的――　194
　理論的――　24
接続
　――語句　**244**
　高大――　10
折衷主義　25
　原理に基づいた――
　　19, 25
接頭辞　62
接尾辞　62
線条性　177
前置詞
　――（慣用）チャンク　91
　――の意味世界　51
　――の意味論　51
　――のコア　53
センテンス・グラマー　205

ソ
創造
　――性　10, 87
　――的協働　16
　――的合意形成　161
ソーシャルメディア　**267**

タ
ダイアローグ　21
大学入学共通テスト　**299**
大学入試センター試験
　　299, 300
対照分析　20
対人関係機能　139

331

さくいん

第二言語
　──習得研究　87
　──習得論　25, 43
対立　10
　最小──　**254**
対話力　**161**
多義
　──語　60
　──性　58
たくましさ　10
他者の他者性　14
タスク
　言語を伴う──　**289**
　──処理　28
　──シラバス　**281**
　──・タイプ　35
　──・データベース　**289**
　非言語──　**289**
　複合──　35
　ライティング──　**264**
立場表明型　170
妥当性　293
　記述的──　24
　構成概念──　**297**
　説明的──　24
　予測的──　24
多文化
　──共生　10, **161**, **233**
　──共生時代　10, 13
　──状況　10
　──の中を生きる　12
　──を生きる　10, 12
多様性　10
　生物──　10
単言語主義　**233**
談話
　──構造　132
　──標識　91

チ
チャンキング　149
　──的発声　**252**, **254**
　──的発想　149, 180, 191, 233
　──分析　155, 265
　日常会話における──　150

チャンク　149
　機能慣用──　90
　形容詞（慣用）──　91
　構文（慣用）──　90
　前置詞（慣用）──　92
　──化　130, 240
　──の断片性　178
　──の連鎖　155
　──訳　130
　動詞（慣用）──　91, 195
　表現の断片としての──　149
　副詞（慣用）──　91, 196
　丸ごと（慣用）──　90
　名詞──　194
調音　**254**
聴衆分析　162
直読直解　158

ツ
通訳　**233**, **250**
　逐次──　**248**, **250**
　同時──　**245**, **250**
使い切り　42
使い過ぎ　47
使い残し　47
使い分け　42

テ
ディープ・アクティブ・ラーニング　**207**, **210**, **211**
ディクテーション　119, 248
ディクトグロス　**248**, **276**
定型文　88
ディスカッション　17, 161, 170, 217
　立場表明型の──　170
　ディベートと──　169, 175
ディベート　161, 169
データ駆動型学習　70
テクスト
　──分析　183, 184
　──の意味世界　123, 125, 136
　映画（の）──　176, 179

デジタル教科書　115
テスティング　**296**, **297**
テスト　**296**, **297**
　──の波及効果　**299**
　パフォーマンス──　**299**
　フラッシュ──　118
　リスニング──　**300**
テンス　195, 205

ト
動機づけ　24, 210
　意味的──　193
統語軸　177
動詞
　──（慣用）チャンク　91, 195
　──の文法　79, 287
　──表現　91
統制群　26
トランスクリプション　**248**, **250**
ドリル　21
　サブスティテュ──ション・──　21

ナ
内化　**210**, **212**
内在化　22
内容　**291**
　──言語統合型学習　**291**
　──構成　189
ナビゲーター　99, 266
　──としての慣用表現　99

ニ
人間の尊厳　16
認知　22
　──的スキーマ　22
　──的スタンス　21

ネ
ネットワーキング　58
　概念分類に基づく──　64
　拡張語彙の──　62, 64, 66
　コロケーションの──　69

さくいん

──の仕方　62, 64
──の発想　58
──の方法　58
ワード・ファミリーによる──　62
ネットワーク
　形式的類似性を利用した　69
　語彙間──　42, 55, 60
　語彙内──　55, 60
　コロケーションの──　69
　──図　66

ノ
能力記述文　28

ハ
波及効果　293, 299
パターン・プラクティス　21, 26
発音練習　254, 257
パッセージ
発問　137
　──の機能　137, 138
　──の条件　137, 141
　──力　147
発話　190
　──行為　87, 178
　──行為理論　23
　──者の意味　190
　──の意味　190
パトス　162
パフォーマンス評価　296
場面シラバス　281
早口言葉　258
パラフレーズ　266
パラレルリーディング　224

ヒ
比喩的拡張　200
評価
　can-do──　297
　形成的──　296
　個別──　172
　集団規準準拠──　296
　授業内──　301
　絶対──　296
　総括的──　296
　相対──　296
　多面的な──　293
　パフォーマンス──　297
　──規準　282
　──者　34, 299
　──の観点　283
　──の基準　33
　──の種類　296
　──の対象　34
　──法　283, 296
　──方法　280, 282, 297
　──論　293
　ポートフォリオ──　296
　目標規準準拠──　296
評語・評定　283
表現
　──英文法　72, 77, 79
　──者の視点　193
　──の断片　149, 160, 272
　──の断片としてのチャンク　149
　──メディア　114
　──モード　28, 34

フ
フィードバック　276, 303
　──セッション　135
複言語
　──主義　233
　──能力　233
複合
　──シラバス　282
　──タスク　35
　──モード　289
副詞
　──（慣用）チャンク　91
振り返りシート　296, 301
ブレインストーミング　171
プレゼンテーション　217
フロー　87, 94
　──としての慣用表現　94
プロジェクト　137

──型学習　217
文化
　「集合概念」としての──　14
　そこにある──　14
　直面する──　10, 14
　──的背景　101
　──の問題　14
　──論　14
　目録としての──　14
文章
　──作成力　264, 273
　──表現力　264
文法
　──かコミュニケーションか　23
　──機能　60
　──構文表現　90
　──指導　74, 176, 193, 287
　──シラバス　197
　──能力　31
　──の縛り　155
　──の全体像　76, 287
　──の明示的な指導　21, 72
　──力　72
文脈依存的な語義　48

ヘ
ペアワーク　277, 283

ホ
ポートフォリオ評価　296
母語
　──転移　234
　──の干渉　21
　──話者　31, 59, 87
翻訳　233, 250

マ
MAP　106
　──の原理　113
マテリアル　106
　──論　106, 113, 120
丸ごと表現　90

さくいん

丸ごと（慣用）チャンク　　　90
マルチメディア　　115, 226
マルチモーダル
　　　　　206, 264, 276

ミ
ミニマルペア　　　　　**254**

ム
無声音　　　　**254, 255**

メ
名詞
　──概念　　　　242
　──句　　　　　**271**
　──形　　　84, 202
　──チャンク　　194
　──の文法　79, 287
　メタ言語能力　　234
メタファー　193, 199, 272
メディア　　　　　　106
　ソーシャル──　　**270**
　道具──　　　　114
　表現──　　　　114
　マルチ──　115, 226
　──の特性　　　106
　──・ミックス　115, 120
　──論
　　106, 114, 119, 120

モ
モード　　　　　　
　表現──　　　　28
　複合──　　　　**289**
　──間のシフト　35
　──としての声　**249**
モデル
　コミュニケーション──　**285**
　4技能──　　31, 34
　らせん状発達──
　　　　　280, 285
物語文　　　**264, 265**
問題解決型　　　　169
　──スピーチ　166, 169
問題発見型　　　　170

ヤ
訳語　　　42, 49, 60
やり取り　　　23, 137

ユ
有意味
　──性　**252, 254, 257**
　──な訓練　26, 112
　──な言語活動　61
　──なネットワーク　94
　──な反復　193
有声音　　　254, 255

ヨ
要約　　132, 249, 266
4技能　　　　　　28
　──モデル　31, 34

ラ
ライティング
　──タスク　　**263**
　──の日常化　**263**
らせん状発達モデル
　　　　　280, 285

リ
リアクション　132, 147, 265
リーディング
　シンクロ・──　242, 250
　パラレル──　　**224**
理解
　産出と──　　　34
　順送り──　　**242**
　──可能であること　179
　──可能なインプット　70
　──の相　　　112
リキャップ　　　**271**
リサーチ　　　**217**
　──・クエスチョンズ　141
リスニング
　──テスト　　**300**
　──力　244, 250, 300
リズム　244, 252, 258
　強勢拍──　　244
　モーラ拍──　244
リプロダクション　**248**

領域
　概念──　　46, 61
理論
　コア──　　**234, 239**
　発話行為──　　23
　──研究　　　24
　──的世界　　24
　──と実践
　　19, 24, 25, 27

ル
類義語　　　　66

レ
レキシカル・グラマー　72
　──の視点　80, 83
レキシカル・コア・アプローチ
　　　　　　193
連想　　　　　58

ワ
ワード・ファミリー　**58, 59, 62**
　──によるネットワーキング
　　　　　　62
話題
　──調整　　　95
　──の種類　　42
　──の幅
　43, 58, 100, 288, 298

334

執筆者（あいうえお順）

阿部　一：阿部一英語総合研究所所長，元・獨協大学外国語学部教授（第2章，第18章担当）

石原佳枝：渋谷教育学園渋谷中学高等学校教諭（第18章担当）

河原清志：関西大学外国語学部教授（第17章担当）

川村正樹：元・千葉県立高等学校教諭（第12章担当）

北村友宏：慶應義塾大学大学院政策・メディア研究科修士課程在籍（第11章担当）

佐藤　健：東京農工大学工学研究院言語文化科学部門講師（第5章担当）

佐藤芳明：cocone言語教育研究所（CIFLE）シニア研究員（第5章，第14章，第19章担当）

田中茂範：慶應義塾大学環境情報学部教授，大学院政策・メディア研究科委員，cocone言語教育研究所（CIFLE）所長（第1章，第3章，第8章，第9章，第10章，第11章，第12章，第13章担当）

中村俊佑：東京都立瑞穂農芸高等学校教諭（第4章，第7章担当）

森本　俊：常磐大学人間科学部コミュニケーション学科助教（第3章，第8章，第15章，第16章，第20章，第21章担当）

弓桁太平：神奈川県立伊志田高等学校教諭（第6章担当）

吉原　学：東京経済大学経済学部特任講師（第16章担当）

※所属は出版当時のもの

● **執筆協力**

田邊博史：元・埼玉県立高等学校教諭

● **ALIPS について**

　ALIPS（Applied Linguistics in Practice Society）は，田中茂範，阿部一，田邊博史を発起人として2015年に設立された，中学・高等学校・大学教員・大学院生有志による英語教育研究会であり，隔月で例会を行っている。

初　版第 1 刷発行　　2017年12月1日

多文化共生時代の
英語教育

編　　　著	森本 俊・佐藤 芳明
監　　　修	田中 茂範・阿部 一
発 行 者	前田 道彦
発 行 所	株式会社 いいずな書店
	〒110-0016　東京都台東区台東 1-32-8　清鷹ビル4F
	TEL 03-5826-4370　　振替 00150-4-281286
	ホームページ http://www.iizuna-shoten.com
印刷・製本	三省堂印刷株式会社

ISBN978-4-86460-309-6 C3082

乱丁・落丁本はお取替えいたします。
本書の内容を無断で複写・複製することを禁じます。

◆ 装丁・本文デザイン・DTP ／伊東 岳美
© Can Stock Photo/ fgnopporn